우리에게 주어진 이 땅에서의 삶은
창조주이시며 구원주이신 예수 그리스도와의 만남과
영원한 삶을 준비하기 위해 주어진 것이다.

영적 성장의 지름길 Ⅰ

구원과 새 생명의 정체성

초판 1쇄 | 2016년 10월 10일 발행
개정판 1쇄 | 2022년 3월 30일 발행
개정판 2쇄 | 2024년 3월 4일 발행

지은이 | 조용식
펴낸이 | 서영미
펴낸곳 | 좋은군사
편집지원 | 재미마주
일러스트 | 정재영
신고번호 | 제 319-2010-40
신고년월일 | 2010. 10.20
주소 | 서울특별시 관악구 낙성대역6길 8-16. 402호
전화 | 02) 844-1230

e-mail | v-center@hanmail.net
독자의 의견을 기다립니다.

ISBN 978-89-968048-5-7

영적 성장의 지름길 I

구원과 새 생명의 정체성

글 조용식

하나님은 모든 사람이 구원을 받으며
진리를 아는 데에 이르기를 원하시느니라
-딤전2:4-

좋은군나

영적 성장이 왜 필요한가?

사람은 하나님의 형상대로 창조된 창조의 결정체이며, 하나님을 대신하여 지구를 다스리고 정복하는 통치자로 창조되었습니다 창1:27-28. 우리가 사람으로 태어났다는 것은 자신 안에 내재한 하나님의 형상을 닮아갈 위대한 기회를 얻은 것입니다. 그러므로 사람이 갖추어야 할 점들이 참으로 많습니다. 그 가운데 가장 중요한 것은 온 세상과 나를 만드신 하나님을 알아가는 것입니다. 또한 하나님의 생명(영원한 생명)으로 새롭게 태어나는 것이고 새롭게 태어난 자신이 어떤 존재인지를 하나님의 말씀을 통해 아는 것입니다요3:5.

하나님의 말씀은 우리가 그분을 알고 그분을 닮아가는 삶을 살기 위해 없어서는 안 될 삶의 지침서입니다. 그러나 현실은 어떤가요? 많은 사람이 하나님의 말씀에 무지하고 무관심합니다. 그래서 하나님은 이렇게 탄식하셨습니다. "내가 저를 위하여 내 율법을 만 가지로 기록하였으나 저희가 관계 없는 것으로 여기도다"호8:12 개역한글.

개개인의 삶은 자신이 알고 있는 지식(진리)을 넘어서서 살 수 없습니다. 자기의 삶을 제한하는 것은 환경이 아니라 자신의 지식입니다. 그래서 하나님께서는 이렇게 말씀하셨습니다. "내 백성이 지식이 없으므로

망하는도다"호4:6. 그리고 예수님께서도 "너희가 내 말에 거하면 참으로 내 제자가 되고 진리를 알지니 진리가 너희를 자유롭게 하리라"고 말씀하신 것입니다요8:31-32; 요17:17.

하나님은 모든 사람이 구원을 받으며 진리를 아는 데에 이르기를 원하십니다딤전2:4. 모든 사람은 영원한 생명을 얻음으로 구원 받아야 합니다. 영생은 예수 그리스도를 믿음으로 시작되고, 그리스도와 진리의 말씀을 올바로 알아갈 때 성장합니다. "영생은 곧 유일하신 참 하나님과 그가 보내신 자 예수 그리스도를 아는 것이니이다"요17:3.

"우리가 다 하나님의 아들을 믿는 것과 아는 일(지식)에 하나가 되어 온전한 사람을 이루어 그리스도의 장성한 분량이 충만한 데까지 이르리니 이는 우리가 이제부터 어린 아이가 되지 아니하여 사람의 속임수와 간사한 유혹에 빠져 온갖 교훈의 풍조에 밀려 요동하지 않게 하려 함이라"엡4:13-14.

영적으로 성장한 사람은 미혹과 자기중심적인 생각에서 벗어나 하나님께서 우리에게 바라시는 참다운 인생을 살 수 있습니다. 하지만 우리가 영적으로 성장하지 않는다면 큰 대가를 치르게 됩니다. 그 대가는 사탄과 사람의 속임수와 세상의 온갖 풍조에 휩싸여 한 번뿐인 인생을 헛

된 것을 추구하며 사는 것입니다. 그리고 하나님이 우리를 위해 예비하신 복되고 풍성한 삶을 놓치는 것입니다. 그러므로 예수 그리스도를 믿어 영원한 생명을 얻고 그 생명을 성장시키는 것은 그 어느 것보다 우선되어야 합니다. 거듭난 새 생명의 성장을 이루어 가는 길은 멀고도 막연하게 느껴질 수 있습니다. 하지만 성령님의 도우심과 믿음의 선배들의 올바른 가르침을 통해 영적 성장의 지름길로 가면 잘 성장할 수 있습니다.

저는 목사로서 성도들에게 영적인 성장을 위해 무엇을 가르쳐야 할지 항상 기도했습니다. 그러던 중 성령님께서 "나의 백성에게 그리스도 안에서 자신이 누구인지, 무엇을 가졌는지, 무엇을 할 수 있는지, 무엇을 해야 하는지, 그리고 어떠한 상급이 주어지는지를 가르치라"고 말씀하셨습니다. 즉 다음의 말씀과 같습니다. "누구든지 그리스도 안에 있으면 새로운 피조물이라 이전 것은 지나갔으니 보라 새 것이 되었도다"고후5:17.

영적 성장은 그리스도 안에서 거듭난 새로운 피조물의 정체성 위에서 시작하는 것입니다. 새로운 피조물은 하나님의 생명과 하나님의 의로움을 얻은 자입니다. 그러나 새 피조물에게 주어진 의로움을 정확하게 모르면 죽은 행실을 반복하며 회개하는 그리스도의 도(교리)의 초보에 머무를 수밖에 없습니다히6:1. 예수 그리스도를 믿는 자에게 주어지는 의로움은 거듭날 때 모든 사람에게 차별이 없이 주어집니다롬3:21-22. 하지만 의로운 새 생명을 인식하는 의의식(義意識)은 자라나야 합니다.

예수 그리스도와 연합된 자신이 어떤 존재인지를 일깨워 주는 것이야말로 새 생명을 성장시키는 지름길이 됩니다. 그리고 성령님과 함께 그 진리 안에서 믿음으로 행할 때 참다운 그리스도인으로 살 수 있습니다.

이 책은 영적 세계를 큰 그림으로 볼 수 있게 하며, 또한 세부적으로도 살펴볼 수 있게 하여, 영적인 세계와 현실 세계에 관한 올바른 통찰력을 갖게 할 것입니다. 그리고 진리가 삶 속에 실제가 되기 위해서는 지속적인 반복 학습으로 진리가 자신의 의식이 되게 하고 믿음으로 고백하고 행하는 훈련이 요구됩니다.

하나님께서 이 책을 읽는 모든 분에게 지혜와 계시의 영을 주셔서 예수 그리스도를 믿어 영원한 생명을 얻으시길 바랍니다. 그리고 그 생명이 성장하여 하나님께서 우리를 위해 예비하신 복되고 풍성한 삶을 누리며 주신 사명을 이루시길 예수님의 이름으로 축복합니다.

조용식 · 서영미

이 책은 성경의 핵심, 신학의 기본 원리, 교리의 유익함을 아주 쉽게 설명해 주고 있다

영적 성장이 멈추면 죽은 믿음입니다. 우리 육체가 태어난 후 어린 시절부터 날마다 조금씩 자라나 성인이 되는 것처럼 우리 영혼 또한 점점 자라나는 존재입니다. 이 영혼의 성장이 바로 영적 성장입니다. 영적 성장은 믿음의 성숙이라 할 수 있습니다, 칼빈은 믿음이란 '하나님을 아는 지식'이라 했는데. 그 지식은 지속적인 영적 성장을 돕습니다. 그 결과로 우리가 그리스도의 장성한 분량에 이르는 것이 곧 믿음의 본질입니다. 믿음은 들음에서 납니다. 지속적인 들음 곧 배우고 깨우침을 통하지 않고는 믿음이 자라나지 않는다는 뜻입니다.

조용식 목사님은 성도들이 믿음의 초보에서부터 바른 신앙으로 균형잡힌 지식을 갖추도록 성경의 핵심, 신학의 기본 원리, 교리의 유익함을 아주 쉽게 설명해주고 있습니다. 이 책을 읽으면 성도들에게 믿음의 눈이 열려 영적으로 성장하는데 밑거름이 될 것으로 확신합니다. 아울러 목회자들도 숙독한다면 양육사역의 탁월한 길잡이가 되리라 믿어 기꺼이 추천하는 바입니다.

고 정필도 목사

서울대학교 졸업, 총신대학교 신학대학원 졸업.
미국 리폼드신학교 목회학박사, 미국 풀러신학교 수학, 공군 군목 예편.
부산성시화운동본부 본부장, 수영로교회 원로목사.

한국 교회를 위한 하나님의 선물

목회자의 평생의 바람과 고민은 성도들의 진정한 변화와 복음의 열매이다. 왜 변화되지 않는가? 어떻게 해야 주님의 제자로 살아갈 것인가? 이 같은 고민과 비전을 갖고 제자훈련을 위한 교재를 쓰고 현장에서 가르치고 또 다듬으면서 탄생한 조용식 목사의 영적 성장의 지름길 두 권의 책을 보는 순간 눈이 확 드는 느낌을 받았다. "바로 이것이다!"

성경적이고 신학적이면서 구체적인 신앙의 문제들을 한 권씩 읽고 되짚어보기를 통해 다시 나누고 확인하면서 예수 그리스도 안에서 나는 누구인가? 그리스도 안의 나의 정체성을 알면 사람은 변화된다. 나를 바로 알면 바로 살게 된다. 저자와 일대일로 여러 시간을 나누고 또 교회에서 7명의 소그룹으로 이 교재를 읽고 나누면서 복음이 다시 살아나고 행복해하는 성도들을 보면서 이 교재를 적극적으로 추천합니다.

신학이나 교단과 관계없이 오직 성경적이기에 누구나 읽을 수 있고 또 다른 이들과 나눌 수 있는 좋은 교재임을 확신합니다. 처음에는 저자의 좋은 학력이 좋은 책을 쓰게 했나 보다 하는 생각이, 글을 읽고 공부하면서 "하나님이 주셨구나! 주님의 은혜이구나"라는 생각으로 바뀌었습니다.

한국교회를 위한 하나님의 선물이라는 확신을 하여 즐거운 마음으로 적극적으로 추천합니다.

황일동 목사

성균관대학교 졸업. 총회신학대학원 졸업.
목회대학원 졸업. 목회학 박사. 리전트대학원(D.Min).
성진교회 원로목사. 목양아카데미 원장.

영적 성장의 지름길 I
구원과 새 생명의 정체성

영적 성장의 지름길 II

어떻게 새 생명으로 살 것인가?

구원과 새 생명의 정체성

모든 사람은 예외 없이 그리스도를 통한 구원이 필요하다.
예수 그리스도는 누구나 알아야 하고 누구나 믿어야 하는 분이시다.
새롭게 태어나지 않으면 하나님의 나라에 갈 수 없다.
새롭게 태어난 사람은 이전 사람과 다른 새로운 사람이다.

Q
당신은 자신의 육체의 죽음
그 이후의 세계를 생각해 보았는가?

이 땅에서의 삶은 영원한 삶을 준비하는 기간이다

"죽음을 미리 배워야 삶이 보인다.
죽음은 남의 얘기가 아니다.
모두에게 반드시 다가오는 자연스러운 현상이다.
삶은 유한하니 더 의미 있게 살아야 한다."
−알폰스 디켄−

Step 1

육체의 죽음 그 이후에도
인간은 영원히 존재한다

"하나님은 죽은 자의 하나님이 아니요 살아 있는 자의 하나님이시라
하나님에게는 모든 사람이 살았느니라" – 눅20:38 –

죽음을 미리 배워야 삶이 보인다

죽음, 그 불편한 진실

진시황은 죽음이 두려워 불로초를 구해 오라고 사방으로 사람들을 보냈다. 솔로몬 왕도 엄청난 영광을 맛보며 살았지만, 그는 이렇게 말했다. "초상집에 가는 것이 잔칫집에 가는 것보다 나으니 모든 사람의 끝이 이와 같이 됨이라. 산 자는 이것을 그의 마음에 둘지어다"전7:2. 왜 그랬을까? 이 세상에 있는 누구도 피할 수 없는 것이 있다. 그것은 곧 죽음이다. 황제나 거지나 누구든지 죽음 앞에서만은 지극히 평등하다. 사람들은 죽음에 관해 말하는 것을 불편해하고 사는 동안 별로 생각하고 싶어 하지도 않는다. 그렇다고 올 죽음이 오지 않는다거나, 늦게 오지 않는다. 죽음은 모든 사람에게 다가온다. 그렇다면 회피하려 하지 말고, 이 중요한 진실에 대해 잘 알고 그것에 대해 준비해야 한다.

그러면 죽음에 대해 어떻게 준비할 수 있을까? 누가 죽음에 관해 우리에게 바른 정보를 줄 수 있단 말인가? 많은 사람이 죽음 이후에 대해 여러 가지 견해를 말하지만 명확한 해답은 하나님의 말씀인 성경만이 줄 수 있다. 인간의 죽음과 그 이후의 세계에 대하여 정확하게 알려주고 있는 성경은 사람들을 위해 기록된 하나님의 말씀으로서 그 권위와 신빙성은 모든 예언의 성취와 고고학적 발굴과 역사적 사실들을 통해 검증되어 왔다.

　예수님께서는 성경의 권위에 대해 이렇게 말씀하셨다. "진실로 너희에게 이르노니 천지가 없어지기 전에는 성경(율법)의 일점일획이라도 반드시 없어지지 아니하고 다 이루리라"마5:18. 예수님께서 성경의 권위에 대하여 이렇게 강조하신 이유는 인간을 죄와 사망에서 구원하시려는 하나님의 계획이 성경을 통해 예언되었고 그 예언이 성취되었기 때문이다.

　누군가가 이렇게 말했다. "사실상 이 시대가 직면하고 있는 문제들은 우리가 하나님의 계시된 진리의 말씀에서 벗어나 인간 중심의 철학으로 얼굴을 돌림으로써 발생하게 된 것이다." 그래서 많은 이들이 육체의 죽음 이후의 세계에 대해 모르고 있으며 또한 오해하고 있다. 그리하여 모두에게 주어진 단 한 번의 기회인 이 땅에서의 삶을 의미와 목적도 모른 채 헛되이 살고 있으며, 죽음을 현실 도피의 수단으로 생각하여 소중한 생명을 스스로 끊기도 한다.

　성경을 살펴보면 인간의 육체의 죽음, 그 이후에 영원한 천국과 지옥이 우리를 기다린다는 사실을 알 수 있다. 그러므로 우리는 성경을 통해 죽음과 영원한 세계를 미리 배움으로써 남은 삶을 더욱더 가치 있게 살아야 한다. 죽음을 미리 배워야 삶이 보인다. 이제부터 죽음에 대한 사람들의 오해와 그에 대한 성경적 해답을 찾아보겠다.

죽음에 대한 몇 가지 오해

죽으면 모든 것이 끝인가?

어떤 이들은 죽으면 더 이상 의식도 없고 그 존재 자체가 없어질 것으로 생각한다. 하지만 그렇지 않다. 사람은 동물과 달리 하나님을 닮은 영적인 존재이므로 육체는 죽지만 그 본질인 영혼은 그대로 존재하며 영원한 세계로 들어가게 된다. 성경은 죽음에 관해 이렇게 말씀한다. "예수께서 이르시되 … 하나님은 죽은 자의 하나님이 아니요 살아 있는 자의 하나님 이시라 하나님에게는 모든 사람이 살았느니라"눅20:34-38.

예수님께서 하나님 앞에는 "모든 사람이 살아 있다"고 말씀하셨다. 그 말씀의 의미는 죽음은 단지 이 땅에서의 육체적 생명이 끝난 것이지, 인간의 본질인 영혼은 죽지 않고 다른 곳(천국, 지옥)에서 영원히 살아간다는 뜻이 된다. 인간은 하나님을 닮은 영적인 존재이므로 육체가 죽어도 인간의 영혼은 영원히 존재한다.

사람이 죽으면 다른 생명으로 태어나는가?

사람은 동물과 달리 하나님을 닮은 영적인 존재이며 영혼이 사람의 본질이므로 육체가 죽어도 그 영혼은 영원히 존재한다. 그러므로 영원히 사람으로 존재하며 다른 생명으로 태어나는 일은 없다. 성경은 사람이 다른 생명체로 윤회하지 않고, 이 땅에서의 삶은 단 한 번뿐이고, 육체의 죽음 후에는 그 삶에 대한 하나님의 심판이 있다고 단호하게 말하고 있다.

"한번 죽는 것은 사람에게 정해진 것이요 그 후에는 심판이 있으리니"히 9:27. 그러므로 다른 생명으로 태어나는 일은 없다.

사람이 죽으면 귀신이 되는가?

아니다! 사람이 죽으면 귀신이 되는 것이 아니라, 천사가 타락하여 귀신이 된 것이다. 마귀와 귀신은 모두 타락한 영을 일컫는 말이다. 사람은 본질이 사람이므로 영원히 사람으로 존재하고, 귀신은 영원히 귀신으로 존재할 따름이다. 가끔 영매자(무당, 점쟁이, 심령술사)들을 통해 사람들의 과거를 알아맞히거나 죽은 사람을 흉내 내는 경우가 있는데 그것은 모두 귀신들의 장난일 뿐이다. 귀신은 떠돌아다니다가 사람에게 붙어 기생하는 악한 영들이다. 성경 곳곳에 예수님께서 사람들에게 붙어있던 귀신을 쫓아내신 일들이 기록되어 있다. "예수께서 육지에 내리시매 그 도시 사람으로서 귀신 들린 자 하나가 예수를 만나니 그 사람은 오래 옷을 입지 아니하며 집에 거하지도 아니하고 무덤 사이에 거하는 자라. 예수를 보고 부르짖으며 그 앞에 엎드려 큰 소리로 불러 이르되 지극히 높으신 하나님의 아들 예수여 당신이 나와 무슨 상관이 있나이까? 당신께 구하노니 나를 괴롭게 하지 마옵소서 하니 이는 예수께서 이미 더러운 귀신을 명하사 그 사람에게서 나오라 하셨음이라"눅8:27-29. 또한 사도 바울도 점치는 여인에게 붙어 있던 귀신을 쫓기도 했다. "그 귀신에게 이르되 예수 그리스도의 이름으로 내가 네게 명하노니 그에게서 나오라 하니 귀신이 즉시 나오니라"행16:18; 행8:7.

그러므로 사람은 사람으로 귀신은 귀신으로 영원히 존재한다.

사람이 죽으면 그의 영혼은 떠돌아다니는가?

그렇지 않다! 어떤 이들은 사람이 죽으면 그 영혼이 이 세상을 떠돈다고 생각하여 제사상을 차려놓고 와서 드시라고 절을 한다. 하지만 그것은 사실이 아니다. 사람의 영혼은 죽는 즉시 천사들에 의해 천국으로 가거나, 귀신들에 의해 지옥으로 끌려가게 된다. 이점을 주의하라! 그렇기에 한번 죽은 사람의 영혼은 자기 마음대로 천국과 지옥에서 나와 이 세상을 떠돌아다닐 수 없다. 예수님께서는 육체적 죽음 이후에 사람에게 무슨 일이 생기는지를 어떤 부자와 그 집 앞에 있던 거지의 죽음 이후의 운명에 관해 다음과 같이 말씀하셨다. "나사로라 이름하는 한 거지가 헌데 투성이로 그(부자)의 대문 앞에 버려진 채 그 부자의 상에서 떨어지는 것으로 배불리려 하매 심지어 개들이 와서 그 헌데를 핥더라. 이에 그 거지가 죽어 천사들에게 받들려 아브라함의 품에 들어가고, 부자도 죽어 장사되매 그가 음부(지옥)에서 고통 중에 눈을 들어 멀리 아브라함과 그의 품에 있는 나사로를 보고 불러 이르되 아버지 아브라함이여 나를 긍휼히 여기사 나사로를 보내어 그 손가락 끝에 물을 찍어 내 혀를 서늘하게 하소서, 내가 이 불꽃 가운데서 괴로워하나이다. 아브라함이 이르되 … 너희와 우리 사이에 큰 구렁텅이가 놓여 있어 여기서 너희에게 건너가고자 하되 갈 수 없고 거기서 우리에게 건너올 수도 없게 하였느니라"눅16:19~26.

육체가 죽은 사람은 고통과 기쁨을 느낄 수 없는가?

그렇지 않다! 사람은 영혼과 육체로 이루어져 있으며, 육체는 죽어도 영혼은 영원히 존재한다. 그리고 영혼은 사람의 본질이므로 사람이 갖는 신체적 그리고 정신적인 고통과 기쁨을 그대로 느낄 수 있다.

"그가 음부(지옥)에서 고통 중에 눈을 들어 멀리 아브라함과 그의 품에 있는 나사로를 보고 불러 이르되 아버지 아브라함이여, 나를 긍휼히 여기사 나사로를 보내어 그 손가락 끝에 물을 찍어 내 혀를 서늘하게 하소서, 내가 이 불꽃 가운데서 괴로워하나이다"눅16:23~24.

우리는 이 말씀을 통해 사람의 영혼은 인격이 갖는 모든 고통과 기쁨을 그대로 느끼고 있음을 알 수 있다. 그러므로 지옥에서는 고통을 느끼게 되며 천국에서는 기쁨과 만족을 느끼게 된다.

육체의 죽음 후에는
하나님의 심판과 영원한 세계가 있다

삶에 대한 하나님의 심판이 없다면 인생은 얼마나 무책임하겠는가?

지구상에 태어나서 살아가는 모든 사람은 이 세상에서의 삶에 대한 하나님의 심판이 있다는 것을 알아야 한다. "한번 죽는 것은 사람에게 정해진 것이요 그 후에는 심판이 있으리니"히9:27; 고후5:10; 요5:28-29.

모든 사람은 그들의 삶의 행적을 기록한 책에 따라 하나님의 공정한 평가와 심판을 받게 된다. 그 심판의 기준은 하나님의 말씀이며, 각자가 자기 행위에 상응하는 상급과 형벌을 받는다. "죽은 자들이 자기 행위를 따라 책들에 기록된 대로 심판을 받으니"계20:12.

"너는 청년의 때에 너의 창조주를 기억하라 곧 곤고한 날이 이르기 전에, 나는 아무 낙이 없다고 할 해들이 가깝기 전에 해와 빛과 달과 별들이 어둡기 전에, 비 뒤에 구름이 다시 일어나기 전에 그리하라 … 하나님을 경외하고 그의 명령들을 지킬지어다. 이것이 모든 사람의 본분이니라. 하나님은 모든 행위와 모든 은밀한 일을 선악 간에 심판하시리라"전12장.

예수님께서는 다음과 같이 말씀하셨다. "독사의 자식들아 너희는 악하니 어떻게 선한 말을 할 수 있느냐? 이는 마음에 가득한 것을 입으로 말함이라. 선한 사람은 그 쌓은 선에서 선한 것을 내고 악한 사람은 그 쌓은 악에서 악한 것을 내느니라. 내가 너희에게 이르노니 사람이 무슨 무익한 말을 하든지 심판 날에 이에 대하여 심문을 받으리니, 네 말로 의롭다 함을 받고 네 말로 정죄함을 받으리라"마12:34-37; 롬2:1-5.

"옛 사람에게 말한 바 살인하지 말라 누구든지 살인하면 심판을 받게 되리라 하였다는 것을 너희가 들었으나 나는 너희에게 이르노니 형제에게 노하는 자마다 심판을 받게 되고 형제를 대하여 라가(바보)라 하는 자는 공회에 잡혀가게 되고 미련한 놈이라 하는 자는 지옥 불에 들어가게 되리라"마5:21-22.

죽은 자들이 자기 행위를 따라 책들에
기록된 대로 심판을 받으니

하나님의 심판이 없다면 인생은 얼마나 무책임하겠는가? 삶에 대한 하나님의 심판이 있다는 사실은 우리로 하여금 삶을 더 의미 있게 살도록 도전한다. 육체의 죽음 이후에 있는 하나님의 심판은 영원한 세계로 들어가는 관문이다요5:22-44. 사도 요한은 최후 심판의 광경을 보게 되었다.

"내가 크고 흰 보좌와 그 위에 앉으신 이를 보니 땅과 하늘이 그 앞에서 피하여 간 데 없더라. 또 내가 보니 죽은 자들이 큰 자나 작은 자나 그 보좌 앞에 서 있는데 책들이 펴 있고 또 다른 책이 펴졌으니 곧 생명책이라 죽은 자들이 자기 행위를 따라 책들에 기록된 대로 심판을 받으니, 바다가 그 가운데에서 죽은 자들을 내주고 또 사망과 음부(지옥)도 그 가운데에서 죽은 자들을 내주매 각 사람이 자기의 행위대로 심판을 받고, 사망과 음부도 불못에 던져지니 이것은 둘째 사망 곧 불못이라. 누구든지 생명책에 기록되지 못한 자는 불못(불로 된 연못)에 던져지더라"계20:11-15; 말3:16.

이제 우리는 죽음과 심판 그 이후의 세계인 지옥과 천국에 관해 더 자세히 알아볼 필요가 있다. 왜냐하면 인간은 육체의 죽음 그 이후에는 두 곳 중 어느 한 곳에서 영원히 시간을 보내야 하기 때문이다.

육체의 죽음 그 이후의 세계
지옥과 영원한 불못

지옥은 실제로 존재하는 곳인가?

그렇다! 존재한다. 지옥은 가상공간이 아니라 실재로 존재하는 곳이다. 하지만 많은 사람이 그 지옥에 관해 심각하게 생각해 보지 않는 것은 참으로 안타까운 일이다. 그러나 사람들은 육체의 죽음이 가까이 다가올 때 비로소 지옥이 실존한다는 것을 본능적으로 인식하고 두려워한다. 왜냐하면 죄를 지은 사람은 지옥에 가게 되며 지옥은 무서운 형벌이 있는 참혹한 곳이기 때문이다. 예수님께서는 지옥이 실제로 존재하고 하나님께서 죄인들을 그곳으로 보낸다고 다음과 같이 말씀하셨다. "내가 내 친구 너희에게 말하노니 몸을 죽이고 그 후에는 능히 더 못하는 자들을 두려워하지 말라. 마땅히 두려워할 자를 내가 너희에게 보이리니 곧 죽인 후에 또한 지옥에 던져 넣는 권세 있는 그를 두려워하라 내가 참으로 너희에게 이르노니 그를 두려워하라"눅12:4-5.

지옥은 어떤 곳인가?

지옥은 하나님의 긍휼이 전혀 없는 형벌의 장소로서 사람들이 상상하는 것보다 훨씬 참혹한 곳이다. 그곳은 타락한 천사들과 죄인들의 죄와 악을 태우는 죄의 소각장으로서 구원받지 못한 사람들이 하나님의 긍휼에서 완전히 분리된 채 영원토록 고통을 당하는 곳이다. 영혼은 사람의 본질이므로 사람이 갖는 고통을 그대로 느낄 수 있으며, 그 괴로움은 신체적 괴로움과 정신적 괴로움을 포함한다.

신체적 괴로움은 죄를 태우는 영원히 꺼지지 않는 유황불 연못이 있고, 죄인을 결박하는 영원한 사슬이 있고, 공포로 짓누르는 흑암과, 살과 뼈를

지옥에 갈 가능성은 누구에게나 있다. 사후 세계인 지옥의 삶은 영원한 고통과 후회뿐이다.

갉아먹는 구더기와 지렁이와 뱀들이 있어 고통을 더해 준다. 또한 극심한 목마름과 배고픔과 고통 때문에 잘 수도 쉴 수도 없다눅16:24. 예수님께서도 죄와 영원한 지옥에 관해 다음과 같이 경고하셨다. "만일 네 손이 너를 범죄하게 하거든 찍어버리라. 장애인으로 영생에 들어가는 것이 두 손을 가지고 지옥 곧 꺼지지 않는 불에 들어가는 것보다 나으니라 … 만일 네 눈이 너를 범죄케 하거든 빼어 버리라 한 눈으로 하나님의 나라에 들어가는 것이 두 눈을 가지고 지옥에 던지우는 것보다 나으니라. 거기는 구더기도 죽지 않고 불도 꺼지지 아니하느니라. 사람마다 불로서 소금 치듯 함을 받으리라"막 9:43-49.

정신적 괴로움은 하나님께서 주신 구원의 기회를 헌신짝 버리듯 버렸다는 것과 이제는 회개해도 구원 받을 수 없다는 것 그리고 지옥에서의 이

고통이 영원토록 끝나지 않는다는 깊은 절망감 속에서 후회하며 괴로워 하는 것이다^{마8:12}. 이들은 사랑하는 사람들과 이별의 고통을 그대로 간직한 채 영원토록 지옥에서 살게 된다. 그래서 지옥에 간 부자는 "내 형제 다섯이 있으니 그들에게 증언하게 하여 그들로 이 고통 받는 곳에 오지 않게 하소서"라고 절규한 것이다^{눅16:28}.

그렇다면 지옥에는 누가 가는가?

하나님은 아무도 지옥에 가는 것을 원하지 않으신다. "하나님은 모든 사람이 구원을 받으며 진리를 아는데에 이르기를 원하시느니라"^{딤전2:4}.

지옥은 원래 사람을 위한 곳이 아니었다. 지옥은 하나님께 반역한 마귀와 그의 부하들이 형벌을 받는 곳으로서 지음 받은 목적대로 살기를 거부한 타락한 천사들을 최후의 심판까지 가두어 두려고 만드신 장소이다.

"자기 지위를 지키지 아니하고 자기 처소를 떠난 천사들을 큰 날의 심판까지 영원한 결박으로 흑암에 가두셨으며"^{유1:6}.

또한 하나님의 형상대로 지음 받은 존귀한 인간이 죄를 지어 마귀를 본받고 그 뒤를 따르다 마귀가 받는 형벌을 함께 받게 되는 곳이다. 그러한 사람들에 대해 예수님께서는 다음과 같이 말씀하셨다.

"너희는 너희 아비 마귀에게서 났으니 너희 아비의 욕심대로 너희도 행하고자 하느니라 그는 처음부터 살인한 자요 진리가 그 속에 없으므로 진리에 서지 못하고 거짓을 말할 때마다 제 것으로 말하나니 이는 그가 거짓말쟁이요 거짓의 아비가 되었음이라"^{요8:44}.

"왼편에 있는 자들에게 이르시되 저주를 받은 자들아 나를 떠나 마귀와 그 사자들을 위하여 예비된 영원한 불에 들어가라"^{마25:41}.

"누구든지 생명책에 기록되지 못한 자는 불못에 던져지더라"^{계20:15}.

영원한 불못(지옥에 있던 영혼들과 타락한 천사들이 최후의 심판 후 가는 곳)은 구원받지 못한 자들, 즉 구원자 예수 그리스도를 믿지 않아 생명책에 이름이 기록되지 못한 자들이 가게 되는 영원한 형벌의 장소이다.

"하나님을 모르는 자들과 우리 주 예수의 복음에 복종하지 않는 자들에게 형벌을 내리시리니"살후1:8. "악인들이 스올(지옥)로 돌아감이여 하나님을 잊어버린 모든 이방 나라들이 그리하리로다"시9:17.

사람들은 자신이 착하므로 지옥에 가지 않을 것이라는 막연한 기대를 하고 있다. 그렇다면 그 착함의 기준은 무엇인가? 인간 스스로 평가하는 것일까? 아니다. 오로지 창조주 하나님의 기준만이 있을 뿐이다. 하나님의 기준으로는 모든 사람이 죄를 지었다. "모든 사람이 죄를 범하였으매 하나님의 영광에 이르지 못하더니"롬3:23. "유대인이나 헬라인(이방인)이나 다 죄 아래에 있다고 우리가 이미 선언하였느니라 기록된 바 의인은 없나니 하나도 없으며"롬3:9-10. 하나님의 공의로운 기준 앞에는 아무리 조그마한 죄도 숨길 수 없으며, 아무리 큰 공적도 티끌에 불과하다. "무릇 우리는 다 부정한 자 같아서 우리의 의는 다 더러운 옷 같으며"사64:6.

모든 인류는 하나님 앞에서 구원이 필요한 죄인이다. 죄의 대가는 사망이다롬6:23. 그리고 지옥은 구원받지 못한 모든 사람이 가게 되는 엄청난 두려움과 고통의 장소이다. 성경은 다음과 같이 우리에게 경고하고 있다. "오직 그 어리석은 자는 죽은 자들이 거기 있는 것과 그의 객들이 스올(지옥) 깊은 곳에 있는 것을 알지 못하느니라"잠9:18. 성경은 왜 지옥에 관해서 이렇게 많은 경고를 하는가? 그 이유는 많은 사람이 눈에 보이지 않는다는 이유로 사후 세계에 무관심하고 믿지 않음으로 준비하지 않기 때문이다. 그래서 설마 나에게 그러한 불행이 닥칠까 하며, 안일하게 살다가 결국 지옥에 가기 때문이다. 이 불편한 진실을 모든 사람은 알아야만 한다. 성경은 이렇게 말한다. "우리가 주목하는 것은 보이는 것이 아니요 보이지 않는 것이니 보이는 것은 잠깐이요 보이지 않는 것은 영원함이라"고후4:18.

지금까지는 고통스러운 지옥에 관해 알아보았다. 그럼 이제 소망스런 천국에 관해 알아보자.

육체의 죽음 그 이후의 세계, 영원한 천국

천국은 정말 있는가?

지옥이 있듯이 천국도 있다. 천국은 실재하는 곳이다. 천국이 존재한다는 것을 모든 사람이 본능적으로 알 수 있다. 그래서 좋을 때는 '천국 같다'고 말하고, 힘들 때는 '지옥 같다'고 말하는 것이다. 모든 사람은 마음 깊은 곳에서 천국을 갈망하고 있다. 그런데 그 천국이 실제로 존재하는데도 그곳에 가지 못한다면 얼마나 불행한 일이겠는가? 예수님께서는 천국에 관해 다음과 같은 말씀을 하셨다. "너희에게 이르노니 동서로부터 많은 사람이 이르러 아브라함과 이삭과 야곱과 함께 천국에 앉으려니와 그 나라의 본 자손들은 바깥 어두운 데 쫓겨나 거기서 울며 이를 갈게 되리라"마8:11-12.

"내 아버지 집에 거할 곳이 많도다. 그렇지 않으면 너희에게 일렀으리라. 내가 너희를 위하여 거처를 예비하러 가노니, 가서 너희를 위하여 거처를 예비하면 내가 다시 와서 너희를 내게로 영접하여 나 있는 곳에 너희도 있게 하리라"요14:2-3.

"예수여 당신의 나라에 임하실 때에 나를 기억하소서 하니 예수께서 이르시되 내가 진실로 네게 이르노니 오늘 네가 나와 함께 낙원에 있으리라" 눅23:42-43.

예수님의 이러한 말씀들은 천국이 실재의 세계로서 많은 사람이 천국에 있을 것이라는 뜻이다. 이제 누구든지 예수 그리스도를 믿음으로 죄 용서받고 거듭나서 천국에 갈 수 있는 복된 길이 열려 있다. 다시 말하면 당신 또한 천국에 갈 수 있다는 말이다.

"보라 지금은 은혜 받을 만한 때요 보라 지금은 구원의 날이로다"고후6:2.

천국에 관한 예수님의 말씀

예수님은 천국을 다음과 같이 설명하셨다. "천국은 마치 밭에 감추인 보화와 같으니 사람이 이를 발견한 후 숨겨 두고 기뻐하며 돌아가서 자기의 소유를 다 팔아 그 밭을 사느니라. 또 천국은 마치 좋은 진주를 구하는 장사와 같으니 극히 값진 진주 하나를 발견하매 가서 자기의 소유를 다 팔아 그 진주를 사느니라. 또 천국은 마치 바다에 치고 각종 물고기를 모는 그물과 같으니 그물에 가득하매 물 가로 끌어 내고 앉아서 좋은 것은 그릇에 담고 못된 것은 내버리느니라. 세상 끝에도 이러하리라 천사들이 와서 의인 중에서 악인을 갈라 내어 풀무 불에 던져 넣으리니 거기서 울며 이를 갈리라"마13:44-50.

"예수께서 다시 비유로 대답하여 이르시되 천국은 마치 자기 아들을 위하여 혼인 잔치를 베푼 어떤 임금과 같으니, 그 종들을 보내어 그 청한 사람들을 혼인 잔치에 오라 하였더니 오기를 싫어하거늘 다시 다른 종들을 보내며 이르되 청한 사람들에게 이르기를 내가 오찬을 준비하되 나의 소와 살진 짐승을 잡고 모든 것을 갖추었으니 혼인 잔치에 오소서 하라 하였더니, 그들이 돌아 보지도 않고 한 사람은 자기 밭으로, 한 사람은 자기 사업하러 가고 … 이에 종들에게 이르되 혼인 잔치는 준비되었으나 청한 사람들은 합당하지 아니하니 네거리 길에 가서 사람을 만나는 대로 혼인 잔치에 청하여 오라 한대 … 청함을 받은 자는 많되 택함을 입은 자는 적으니라"마22:1-14.

천국은 하나님께서 직접 다스리시는 왕국으로 하나님과 피조물이 영원토록 사랑의 교제를 나누는 곳이다. 그곳은 죄, 죽음, 질병, 가난, 애통이 없는 하나님께서 직접 다스리시는 의와 평강과 기쁨의 나라이다.

"하나님의 나라는 먹는 것과 마시는 것이 아니요 오직 성령 안에 있는 의와 평강과 희락이라"롬14:17.

예수 그리스도를 믿음으로 거듭난 하나님의 자녀들은 천국에서 천사들

"하나님이 그들과 함께 계시리니 그들은 하나님의 백성이 되고 하나님은 친히 그들과 함께 계셔서 모든 눈물을 그 눈에서 닦아 주시니 다시는 사망이 없고 애통하는 것이나 곡하는 것이나 아픈 것이 다시 있지 아니하리니 처음 것들이 다 지나갔음이러라"계21:3~4.

의 섬김을 받으며 영원한 기쁨과 행복을 누리게 된다. 그리고 이 땅에서의 수고에 대한 보상으로 하나님의 나라를 상속 받고 자신들에게 맡겨진 일들을 기쁨으로 감당하는 곳이다 마25:21.

누가 천국을 보았는가?

성경에서는 예수 그리스도의 제자인 요한과 바울이 성령의 감동으로 천국을 보았다고 기록하고 있다계1~22장; 고후12:1~4.

요한의 간증 : "내가 곧 성령에 감동되었더니 보라 하늘에 보좌를 베풀었고, 그 보좌 위에 앉으신 이가 있는데 앉으신 이의 모양이 벽옥과 홍보석 같고, 또 무지개가 있어 보좌에 둘렸는데 그 모양이 녹보석 같더라. 또 보좌에 둘려 이십사 보좌들이 있고, 그 보좌들 위에 이십사 장로들이 흰 옷을

입고 머리에 금관을 쓰고 앉았더라"제4:2-4.

"내가 새 하늘과 새 땅을 보니 처음 하늘과 처음 땅이 없어졌고 바다도 다시 있지 않더라. 또 내가 보매 거룩한 성 새 예루살렘이 하나님께로부터 하늘에서 내려오니 그 준비한 것이 신부가 남편을 위하여 단장한 것 같더라. 내가 들으니 보좌에서 큰 음성이 나서 이르되 보라 하나님의 장막이 사람들과 함께 있으매 하나님이 그들과 함께 계시리니 그들은 하나님의 백성이 되고 하나님은 친히 그들과 함께 계셔서 모든 눈물을 그 눈에서 닦아 주시니 다시는 사망이 없고 애통하는 것이나 곡하는 것이나 아픈 것이 다시 있지 아니하리니 처음 것들이 다 지나갔음이러라. 보좌에 앉으신 이가 이르시되 보라 내가 만물을 새롭게 하노라 하시고 또 이르시되 이 말은 신실하고 참되니 기록하라 하시고"제21:1-5.

천국에는 어떤 사람들이 가는가?

천국은 회개하고 복음을 믿고 거듭난 사람이 갈 수 있다.

"예수께서 갈릴리에 오셔서 하나님의 복음을 전파하여 이르시되 때가 찼고 하나님의 나라가 가까이 왔으니 회개하고 복음을 믿으라"막1:14-15.

"하나님이 세상을 이처럼 사랑하사 독생자를 주셨으니, 이는 그를 믿는 자마다 멸망하지 않고 영생을 얻게 하려 하심이라"요3:16; 요1:12.

"예수께서 대답하여 이르시되 진실로 진실로 네게 이르노니 사람이 거듭나지 아니하면 하나님의 나라를 볼 수 없느니라"요3:3.

이 땅에서의 삶은 영원한 삶을 준비하는 기간이다

우리는 영원한 것을 선택해야 한다

우리는 이 세상에 살면서 순간순간 많은 선택을 하며 그 선택의 결과 속에서 살고 있다. 하물며 자신의 영원한 운명에 대한 선택은 얼마나 중요하겠는가? 이 땅에서의 삶은 천국과 지옥을 선택하고 준비할 수 있는 기회의 시간이다. 육체의 죽음 후에 영원히 살아야 할 곳은 천국 아니면 지옥뿐이다. 길이요 진리요 생명이신 예수님의 구원을 받아들이면 천국에서 영원토록 행복한 삶을 누릴 수 있지만, 반대로 구원의 기회를 놓치면 지옥에서 영원히 후회하며 고통을 받게 된다. 그러나 많은 사람이 영원한 것에 주의를 기울이지 않음으로 구원을 놓치고 있다.

이 땅에서의 삶은 영원한 삶을 준비하는 기간이다. 이 세상에는 영원한 것이 세 가지가 있다. 첫째는 하나님이시다. 하나님은 창세 전부터 계셨고 지금도 계시며 영원히 계시는 분이시다. "산이 생기기 전, 땅과 세계도 주께서 조성하시기 전 곧 영원부터 영원까지 주는 하나님이시니이다"시90:2.

둘째는 하나님의 말씀이다. 이 세상의 것들은 다 변하고 사라지지만 하나님의 말씀은 변하지 않으며 영원하다. "모든 육체는 풀과 같고 그 모든 영광은 풀의 꽃과 같으니 풀은 마르고 꽃은 떨어지되 오직 주의 말씀은 세세토록 있도다 하였으니 너희에게 전한 복음이 곧 이 말씀이니라"벧전1:24-25.

셋째는 인간의 영혼이다. 하나님을 닮은 인간의 영혼 또한 육체의 죽음 후에도 영원히 존재한다. 그러므로 우리는 하나님의 말씀을 기준으로 삼아 현재의 삶을 살고 영원한 삶을 지혜롭게 준비해야 한다.

"영원한 것을 얻고자 영원할 수 없는 것을 버리는 자는 바보가 아니다"

– 짐 엘리엇 – 에콰도르 선교사(1927-1956) –

그렇다면 어떻게
영원한 삶을 준비해야 하는가?

첫째, 인간은 육체의 죽음 이후에 하나님의 심판이 있음으로 회개하고 예수 그리스도를 믿어 영원한 생명(구원)을 얻어야 한다. 앞에서도 말했지만 모든 인간은 육체적 죽음을 맞이한다. 그리고 죽음 이후에는 하나님의 심판이 있음으로 반드시 죄의 문제를 해결 받고 구원을 받아야 한다. "한번 죽는 것은 사람에게 정해진 것이요 그 후에는 심판이 있으리니"히9:27.

예수님은 하나님의 아들로서 인류를 죄와 사망에서 구원하기 위해 하나님께서 보내신 구원의 주(主)이시며 또한 심판의 주이시다요5:22; 행17:30-31; 고후5:10. 그러므로 회개하고 주 예수님을 믿어 죄 사함 받고 영원한 생명을 얻어야 한다. "하나님이 세상을 이처럼 사랑하사 독생자를 주셨으니 이는 그를 믿는 자마다 멸망하지 않고 영생을 얻게 하려 하심이라"요3:16.

"주 예수를 믿으라 그리하면 너와 네 집이 구원을 받으리라"행16:31. 이 구원의 문제는 한시라도 늦추어선 안 될 가장 시급하고 중요한 문제이다.

(구원에 관해서는 5과에서 더 깊이 다루고 있다.)

둘째, 하나님을 아는 지식에서 자라감으로 영적으로(새 생명이) 성장해야 한다. 사람으로 태어났다는 것은 위대한 기회를 얻은 것이다. 그 기회는 하나님의 자녀가 되어 그리스도와 함께 하나님의 나라를 상속받아 다스리는 것이다눅22:28-30; 딤후2:12. 그렇게 되기 위해서 우리는 하나님의 생명으로 거듭 태어나야 하고 또한 하나님과 진리를 알아감으로 영적으로 성장해야 한다. "하나님은 모든 사람이 구원을 받으며 진리를 아는데에 이르기를 원하시느니라"딤전2:4. 우리가 태어나면 몸이 성장하는 것과 마찬가지로 거듭난 사람은 영적으로 성장해야 한다. 왜냐하면 육체의 생명은 100년 안팎으로 끝나지만 하나님의 생명으로 거듭난 사람은 이 세상뿐만 아니라 영원한 삶을 살아가기 때문이다. 거듭난 사람은 하나님의 가치관이며 우리 영혼의 양식인 그분의 말씀(성경)을 배우고 실천하므로 성장하게 된다. 하나님의 말씀은 우리가 거짓된 생각에서 자유롭게 되고 하나님을 닮아가도록 하며 그분의 창조계획 안에 있는 풍성한 삶을 살도록 인도한다. 따라서 영적 성장의 중요성은 아무리 강조해도 지나치지 않다.

"우리가 다 하나님의 아들을 믿는 것과 아는 일에 하나가 되어 온전한 사람을 이루어 그리스도의 장성한 분량이 충만한 데까지 이르리니 이는 우리가 이제부터 어린아이가 되지 아니하여 사람의 속임수와 간사한 유혹에 빠져 온갖 교훈의 풍조에 밀려 요동하지 않게 하려 함이라. 오직 사랑 안에서 참된 것을 하여(진리를 말함으로) 범사에 그에게까지 자랄지라 그는 머리니 곧 그리스도라"엡4:13-15.

"갓난아기들 같이 순전하고 신령한 젖(성경)을 사모하라 이는 그로 말미암아 너희로 구원에 이르도록 자라게 하려 함이라"벧전2:2.

셋째, 하나님을 섬기며 주신 사명을 이루어야 한다

이 땅에서의 삶은 영원한 운명을 결정하는 단 한 번뿐인, 지나가면 돌이키지 못하는 기회의 시간이다. 그러므로 자신에게 주어진 시간과 재능과 물질로 하나님을 섬기며 그분의 뜻을 따라 의미 있게 사용해야 한다. 하나님께서는 우리를 그분의 형상과 모양대로 창조하시고 그분처럼 살도록 많은 것을 맡겨주셨다. 그리하여 우리가 이 땅에서 어떻게 살았느냐에 따라 우리의 영원한 운명과 신분이 결정된다. 예수님께서 다음과 같은 비유를 통해 말씀하셨다. "어떤 귀인이 왕위를 받아가지고 오려고 먼 나라로 갈때에 그 종 열을 불러 은화 열 므나를 주며 이르되 내가 돌아올 때까지 장사하라 하니라 … 귀인이 왕위를 받아가지고 돌아와서 은화를 준 종들이 각각 어떻게 장사하였는지를 알고자 하여 그들을 부르니 그 첫째가 나아와 이르되 주인이여 당신의 한 므나로 열 므나를 남겼나이다. 주인이 이르되 잘하였다 착한

인생은 선택의 연속이다. 그 중 최선의 선택은 하나님을 따르는 삶이다.

종이여 네가 지극히 작은 것에 충성하였으니 열 고을 권세를 차지하라 하고, 그 둘째가 와서 이르되 주인이여 당신의 한 므나로 다섯 므나를 만들었나 이다. 주인이 그에게도 이르되 너도 다섯 고을을 차지하라"눅19:12-19; 마25:14-30.

예수님께서 말씀하신 이 비유에서 주인이 종들에게 준 므나는 주님이 우리에게 맡기신 사명을 뜻한다. 그 사명을 잘 감당한 종들은 영원한 나라를 주님과 함께 다스리는 권세를 얻게 된다. 우리에게 주어진 이 땅에서의 삶은 창조주이시며 구원주이신 예수 그리스도와의 만남과 영원한 삶을 준비하기 위해 주어진 것이다. 성경은 다음과 같이 우리에게 충고하고 있다.

"일의 결국을 다 들었으니 하나님을 경외하고 그의 명령들을 지킬지어다 이것이 모든 사람의 본분이니라. 하나님은 모든 행위와 모든 은밀한 일을 선악 간에 심판하시리라"전12:13-14.

"이 세상도, 그 정욕도 지나가되 오직 하나님의 뜻을 행하는 자는 영원히 거하느니라"요일2:17; 눅12:32.

육체의 죽음 그 이후에도
인간은 영원히 존재한다

육체의 죽음 이후에는
하나님의 심판과 영원한 천국과 지옥이 있다.
이 땅에서의 삶은 영원한 삶을 준비하는 기간이다.

1 이번 배움을 통해 깨달은 것을 나눠보자

육체의 죽음 이후의 삶에 대해 나눠보자.

_____

_____

우리는 영원한 삶을 어떻게 준비해야 하는가?

_____

_____

※ 나누기에 대한 해답은 250 쪽에 있습니다.

2 진리를 말(고백)하는 것이 믿음을 효과 있게 한다

(진리의 말씀이 자신의 것이 되기 위해서는 지속적인 반복과 고백이 필수적이다.
우리는 자신의 믿음을 말해야 한다. "우리가 믿었으므로 또한 말하노라" 고후4:13.)

인간은 영원히 존재한다

우리는 천국과 지옥 중 어느 한 곳에서 영원토록 살아갑니다.

육체의 죽음 이후에는 하나님의 심판이 있습니다.

모든 사람은 회개하고 주 예수를 믿어 구원받아야 합니다.

우리는 하나님을 아는 지식에서 자라감으로 영적으로 성장해야 합니다.

우리는 하나님을 섬기며 주신 사명을 이루어야 합니다.

이 땅에서의 삶은 창조주와의 만남과 영원한 삶을 준비하기 위해 주어진 것입니다.

이 땅에서의 삶은 유한하니 영원한 것을 추구하며 살아야 합니다.

3 하나님 아버지!
저에게 영원한 세계에 대한 바른 이해와
현재 내게 주어진 삶을 후회 없이 살 수 있도록 인도해 주옵소서.
예수님의 이름으로 기도드립니다. 아멘.

4 암송해야 할 중요한 성경 말씀

"한 번 죽는 것은 사람에게 정해진 것이요 그 후에는 심판이 있으리니"히브리서9:27.

"하나님은 모든 사람이 구원을 받으며 진리를 아는 데에 이르기를 원하시느니라"
디모데전서2:4.

"하나님이 세상을 이처럼 사랑하사 독생자를 주셨으니 이는 그를 믿는 자마다 멸
망하지 않고 영생을 얻게 하려 하심이라"요한복음3:16.

"이 세상도, 그 정욕도 지나가되 오직 하나님의 뜻을 행하는 자는 영원히 거하느
니라"요한일서2:17.

5 다음 단계로 올라가는 말

당신은 하나님에 관해 얼마나
알고 있는가?
다음 단계에서는 하나님에 대하
여 그리고 천사와 사탄에 대해
알아보겠다.

6 다음 단계를 위해
읽어올 성경말씀

창세기 1–2장.

Q
당신은 하나님에 대해 생각해 보았는가?

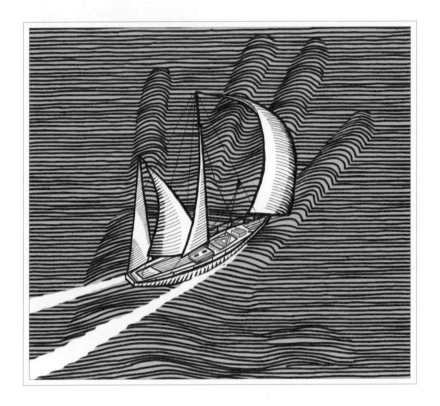

바다 끝에서라도 주의 손이 인도하시며 나를 붙드시리로다

"나는 여호와라 나 외에 다른 이가 없나니 나 밖에 신이 없느니라.
너는 나를 알지 못하였을지라도 나는 네 띠를 동일(네게 힘을 줄) 것이요
해 뜨는 곳에서든지 지는 곳에서든지 나 밖에 다른 이가 없는 줄을
알게 하리라 나는 여호와라 다른 이가 없느니라.
나는 빛도 짓고 어둠도 창조하며 나는 평안도 짓고 환난도 창조하나니
나는 여호와라 이 모든 일들을 행하는 자니라 하였노라"

−사45:5−7−

Step

2

하나님은 어떤 분이신가?

천사와 사탄은 어떤 존재인가?

"주, 나 여호와는 자비롭고 은혜로우며, 노하기를 더디 하고,
한결같은 사랑과 진실이 풍성한 하나님이다"– 출34:6-7 새번역 –

하나님은 과연 존재하시는가?

"나는 스스로 있는 자이니라"출3:14.

많은 사람은 인간이 하나님을 필요로 해서 고안(考案)해낸 분으로 생각하고 있다. 그래서 그분을 믿지 않고 섬기지 않는다. 신(神)이 존재하는가?

이 질문은 모든 인류에게 가장 중요한 생의 질문이 되어왔다. 하지만 하나님은 우리의 인식 여부와 관계없이 스스로 계시는 분이시다. 그분은 우리가 지금 살아 있는 것처럼 실재하신다. 그러한 하나님께서 인간의 역사 속에서 자신을 이렇게 나타내셨다. "하나님이 모세에게 이르시되 나는 스스로 있는 자이니라(I AM WHO I AM) … 하나님 여호와 곧 아브라함의 하나님, 이삭의 하나님, 야곱의 하나님께서 나를 너희에게 보내셨다 하라 이는 나의 영원한 이름이요 대대로 기억할 나의 칭호니라"출3:14-15.

"나는 여호와라 나 외에 다른 이가 없나니 나 밖에 신이 없느니라"사45:5.

스스로 계신 하나님! 그분은 자신의 이름을 "여호와"라고 말씀하셨다.

'여호와'라는 이름의 뜻은 스스로 존재하시며 모든 만물을 존재하게 하는 분이시다는 뜻이다. 온 우주는 우연히 존재하는 것이 아니라 하나님께서 친히 창조하셨다.

"너희는 눈을 높이 들어 누가 이 모든 것을 창조하였나 보라 주께서는 수효대로 만상(별들)을 이끌어 내시고, 그들의 모든 이름을 부르시나니 그의 권세가 크고 그의 능력이 강하므로 하나도 빠짐이 없느니라"사40:26.

"과연 내 손이 땅의 기초를 정하였고 내 오른손이 하늘을 폈나니"사48:13.

"하늘이 하나님의 영광을 선포하고 궁창(창공)이 그의 손으로 하신 일을 나타내는도다"시19:1.

"이는 하나님을 알 만한 것이 그들 속에 보임이라 하나님께서 이를 그들에게 보이셨느니라. 창세로부터 그의 보이지 아니하는 것들 곧 그의 영원하신 능력과 신성이 그가 만드신 만물에 분명히 보여 알려졌나니 그러므로 그들이 핑계하지 못할지니라"롬1:19-20. 하지만 "어리석은 자는 그의 마음에 이르기를 하나님이 없다 하는도다"시14:1.

또한 인류의 역사를 봐도 하나님이 계심을 알 수 있다. 지구 위에 존재하는 수많은 동물과 달리 하나님을 닮은 인간만이 높은 수준의 문화를 만들 수 있고, 누릴 수 있다.

"인류의 모든 족속을 한 혈통으로 만드사 온 땅에 살게 하시고 그들의 연대를 정하시며 거주의 경계를 한정하셨으니, 이는 사람으로 혹 하나님을 더듬어 찾아 발견하게 하려 하심이로되 그는 우리 각 사람에게서 멀리 계시지 아니하도다. 우리가 그를 힘입어 살며 기동하며 존재하느니라"행17:26-28.

"나 외에 다른 신이 없나니 나는 공의를 행하며 구원을 베푸는 하나님이라 나 외에 다른 이가 없느니라 땅의 모든 끝이여 내게로 돌이켜 구원을 받으라 나는 하나님이라 다른 이가 없느니라"사45:21-22.

하나님은 어떤 분이신가?

우주 만물을 창조하시고 나를 창조하신 분이시다

"태초에 하나님이 천지를 창조하시니라"창1:1.

우주만물은 우연히 존재하는 것이 아니다. 우주는 하나님으로 인해 존재하고 있다. 우주는 그분의 치밀한 계획 속에 창조되었고 관리되고 있다. 그래서 성경은 하나님이 만드신 우주 만물을 통해 그분을 알 수 있다고 말한다. 사람도 그 사람의 작품을 보면 그 사람이 어떤 사람인지를 짐작할 수 있는 것과 마찬가지이다. 창조주 하나님은 특히 인간을 자신의 형상과 모양으로 창조하셨다. "하나님이 이르시되 우리의 형상을 따라 우리의 모양대로 우리가 사람을 만들고 그들로 바다의 물고기와 하늘의 새와 가축과 온 땅과 땅에 기는 모든 것을 다스리게 하자 하시고 하나님이 자기 형상 곧 하나님의 형상대로 사람을 창조하시되 남자와 여자를 창조하시고"창1:26-27.

"주께서 내 내장을 지으시며 나의 모태에서 나를 만드셨나이다. 내가 주께 감사하옴은 나를 지으심이 심히 기묘하심이라 주께서 하시는 일이 기이함을 내 영혼이 잘 아나이다"시139:13-14; 시104:30.

"내가 너를 모태에 짓기 전에 너를 알았고 네가 배에서 나오기 전에 너를 성별하였고"렘1:5.

전능하신 분이시다

이 세상을 창조하신 하나님은 전능하신 분이시다. "아브람이 구십구 세 때에 여호와께서 아브람에게 나타나서 그에게 이르시되 나는 전능한 하나님이라 너는 내 앞에서 행하여 완전하라"창17:1.

"주 하나님이 이르시되 나는 알파와 오메가라 이제도 있고 전에도 있었고 장차 올 자요 전능한 자라 하시더라"계1:8.

사랑과 공의를 땅에서 행하시는 분이시다

많은 사람이 하나님을 피상적으로 생각하고 있다. 하지만 하나님은 실제로 계시고 인격을 가지신 분이시다. 그분은 모든 피조물에게 한없는 자비와 은혜를 베푸시는 분이라고 자신을 소개하셨다.

"주 나 여호와는 자비롭고 은혜로우며, 노하기를 더디 하고, 한결같은 사랑과 진실이 풍성한 하나님이다. 수천 대에 이르기까지 한결같은 사랑을 베풀며, 악과 허물과 죄를 용서하는 하나님이다. 그러나 나는 죄를 벌하지 않은 채 그냥 넘기지는 아니한다"출34:6-7 새번역.

하나님은 사랑이 많고 마음이 따뜻한 분이시다. 그래서 성경은 '하나님은 사랑이시다'라고 정의하였다요일4:8. 하지만 다른 한편으로 하나님은 죄를 벌하지 않은 채 그냥 넘기지 않는 공의로운 분이기도 하시다. 하나님의 공평한 심판은 온 우주의 질서를 유지하는 기준이 된다.

"의와 공평이 그의 보좌의 기초로다"시97:2; 시9:7-8.

"여호와께서 이와 같이 말씀하시되 지혜로운 자는 그의 지혜를 자랑하지 말라 용사는 그의 용맹을 자랑하지 말라 부자는 그의 부함을 자랑하지 말라 자랑하는 자는 이것으로 자랑할지니 곧 명철하여 나를 아는 것과 나 여호와는 사랑과 정의와 공의를 땅에 행하는 자인 줄 깨닫는 것이라 나는 이 일을 기뻐하노라 여호와의 말씀이니라"렘9:23-24.

이처럼 하나님의 사랑과 공의는 동전의 양면과도 같다. 죄를 미워하여 심판하시지만, 죄인은 사랑하여 구원하기 원하신다. 이러한 하나님의 사랑과 공의는 곧 성자 하나님께서 그리스도(구원자)가 되셔서 친히 행하셨다.

"우리가 아직 죄인 되었을 때에 그리스도께서 우리를 위하여 죽으심으로 하나님께서 우리에 대한 자기의 사랑을 확증하셨느니라"롬5:8.

선하시고 인자하신 분이시다

하나님은 우리에게 좋은 것을 주시길 원하시는 선하신 분이시다. 그러나 마귀는 우리를 멸망으로 이끄는 악한 자이다. "여호와께 감사하라 그는 선하시며 그 인자하심이 영원함이로다"시136:1. "각양 좋은 은사와 온전한 선물이 다 위로부터 빛들의 아버지께로서 내려오나니"약1:17.

"도둑이 오는 것은 도둑질하고 죽이고 멸망시키려는 것뿐이요 내가(예수님) 온 것은 양으로 생명을 얻게 하고 더 풍성히 얻게 하려는 것이라. 나는 선한 목자라 선한 목자는 양들을 위하여 목숨을 버리거니와"요10:10-11.

신실하신 분이시다

인간은 거짓을 말하고 약속을 저버릴 때가 참 많다. 하지만 하나님은 참되시며 약속하신 것을 이루시는 변함이 없는 신실하신 분이시다. 그러므로 우리는 하나님이 하신 말씀을 믿고 하나님을 신뢰할 수 있다.

"하나님은 사람이 아니시니 거짓말을 하지 않으시고 인생이 아니시니 후회가 없으시도다 어찌 그 말씀하신 바를 행하지 않으시며 하신 말씀을 실행하지 않으시랴"민23:19. "그런즉 너는 알라 오직 네 하나님 여호와는 하나님이시요 신실하신 하나님이시라"신7:9. "어떤 자들이 믿지 아니하였으면 어찌하리요 그 믿지 아니함이 하나님의 미쁘심(신실하심)을 폐하겠느냐 그럴 수 없느니라 사람은 다 거짓되되 오직 하나님은 참되시다 할지어다"롬3:3-4; 히6:18.

이러한 하나님의 성품은 그분이 인격적인 분이심을 나타낸다. 인간이 도덕적 기준을 갖고 사는 것은 하나님의 성품을 닮았기 때문이다. 세계 어느 곳에서도 인간은 동물들과 달리 높은 도덕적 기준을 가지고 살고 있다. 인간이 완전함과 사랑을 추구하는 것은 하나님을 닮았기 때문이다. 비록 인간이 죄와 허물로 하나님 본래의 완전함을 많이 잃어버리긴 했으나 그래도 여전히 하나님의 존귀한 성품을 지니고 있다. 따라서 하나님을 알아가는 것은 내가 어떠한 존재이며 나의 존재 목적이 무엇인지 그리고 더 나아가 인생 전체와 온 세계를 이해할 수 있는 유일한 길이다잠9:10.

삼위일체로 존재하시는 하나님

"우리의 형상을 따라 우리의 모양대로 우리가 사람을 만들고"창1:26.

스스로 계시는 하나님은 존재 자체가 신비롭다. 온 우주를 창조하시고 통치하시는 그분은 자신만의 독특한 방법으로 존재하신다. 하나님은 본질상 한 분이시다신6:4. 그러나 동시에 세 인격 성부, 성자, 성령으로 존재하신다요일5:7 KJV.

성부 하나님은 천국 보좌에 앉아 계시지만 그의 전능하신 영(성령)은 모든 곳에 계신다. 그의 권능은 부족함이 없으시며 그의 귀는 우리의 모든 기도를 들으시고 그의 전지하신 눈은 모든 것을 보실 수 있다.

"내가 곧 성령에 감동되었더니 보라 하늘에 보좌를 베풀었고 그 보좌 위에 앉으신 이가 있는데 앉으신 이의 모양이 벽옥과 홍보석 같고 또 무지개가 있어 보좌에 둘렸는데 그 모양이 녹보석 같더라"계4:2-3.

성부 하나님의 위대하심과 능력의 모든 속성은 그의 아들이신 성자 하나님 안에도 있다골2:9. 예수님은 성부 우편에 앉아 계시지만 온 우주에서 하나님을 찾는 이들에게 나타나실 수 있는 분으로, 인간 세상에 육신을 입고 찾아오신 하나님이시다. "본래 하나님을 본 사람이 없으되 아버지 품 속에 있는 독생하신 하나님이 나타내셨느니라"요1:18.

"예수께서 이르시되 … 나를 본 자는 아버지를 보았거늘 어찌하여 아버지를 보이라 하느냐?"요14:9. "나와 아버지는 하나이니라"요10:30.

"그는 근본 하나님의 본체시나 하나님과 동등됨을 취할 것으로 여기지 아니하시고 오히려 자기를 비워 종의 형체를 가지사 사람들과 같이 되셨고 사람의 모양으로 나타나사 자기를 낮추시고 죽기까지 복종하셨으니 곧 십자가에 죽으심이라"빌2:6-8.

성령 하나님은 하나님의 영으로서 성부 하나님의 보좌 앞에 계신다.

"보좌 앞에 켠 등불 일곱이 있으니 이는 하나님의 일곱 영이라"계4:5.

또한 성령님은 우주 만물 가운데 운행하시고 역사하시는 분으로 특히 하나님의 형상을 닮은 인간 안에 들어오셔서 진리를 깨닫게 하시고 인도하시며 인간의 구원을 완성시키시는 개인의 하나님이시다.

"내가 아버지께로부터 너희에게 보낼 보혜사 곧 아버지께로부터 나오시는 진리의 성령이 오실 때에 그가 나를 증언하실 것이요"요15:26; 요14:16.

"그러나 진리의 성령이 오시면 그가 너희를 모든 진리 가운데로 인도하시리니"요16:13; 요일4:13; 요14:16-20, 요14:26; 요16:7-14.

하나님께서 삼위일체로 존재하신다는 성경적 증거는 다음과 같다.

"하나님이 이르시되 우리의 형상을 따라 우리의 모양대로 우리가 사람을 만들고 그들로 바다의 물고기와 하늘의 새와 가축과 온 땅과 땅에 기는 모든 것을 다스리게 하자 하시고"창1:26.

이 말씀에서 하나님은 자신을 '우리'라는 복수형으로 말씀하셨다. 그 이유는 하나님은 한 분이시지만 완전한 하나됨을 이루시는 세 인격으로 존재하시기 때문이다. 우리는 예수님께서 세례를 받으실 때와 부활 후 하늘로 올라가시기 전 마지막 명령을 하실 때도 삼위 하나님을 알 수 있다.

"예수(성자)께서 세례(침례)를 받으시고 곧 물에서 올라오실새 하늘이 열리고 하나님의 성령이 비둘기같이 내려 자기 위에 임하심을 보시더니, 하늘로부터 소리(성부의 소리)가 있어 말씀하시되 이는 내 사랑하는 아들이요 내 기뻐하는 자라 하시니라"마3:16-17.

"너희는 가서 모든 민족을 제자로 삼아 아버지와 아들과 성령의 이름으로 세례(침례)를 베풀고, 내가 너희에게 분부한 모든 것을 가르쳐 지키게 하라"마28:19.

"하늘에 증언하는 세 분이 계시니 곧 아버지와 말씀(성자)과 성령님이시라. 또 이 세 분은 하나이시니라"요일5:7 KJV; 요1:1.

이러한 말씀 속에 나타난 삼위(세 인격)는 사람의 인격처럼 분리된 세 인격이 아니라 완전한 일체를 이루면서도 서로 인격적 교제를 나눌 수 있는 하나님만의 특별한 존재 방법이시다. 삼위의 하나님께서는 온 우주 만물을 창조하실 때에 함께 일하셨고, 지금도 인간 구원을 위해 일하시며 함께 다스리신다. 하나님은 어제나 오늘이나 영원토록 동일한 분이시다히13:8.

삼위의 하나님은 사랑 안에서 완전한 일체와 연합을 이루고 계신다. 그리고 우리를 그분의 가족으로 초청하고 계신다. 삼위의 하나님은 사랑 안에서 완전한 일체와 연합을 이루고 계신다. 그리고 우리를 하나님의 사랑 안으로 초청하고 계신다. 하나님은 죄로 인하여 하나님과 분리된 인간을 예수 그리스도를 통해 하나님 가족의 일원으로 초청해 주셨다.이러한 하나님의 사랑과 계획은 예수님의 기도 속에서도 알 수 있다.

"우리가 하나가 된 것 같이 그들도 하나가 되게 하려 함이니이다. 곧 내가 그들 안에 있고 아버지께서 내 안에 계시어 그들로 온전함을 이루어 하나가 되게 하려 함은 아버지께서 나를 보내신 것과 또 나를 사랑하심 같이 그들도 사랑하신 것을 세상으로 알게 하려 함이로소이다. 아버지여 내게 주신 자도 나 있는 곳에 나와 함께 있어 아버지께서 창세 전부터 나를 사랑하시므로 내게 주신 나의 영광을 그들로 보게 하시기를 원하옵나이다"요17:22-24.

이 초청에 응답할 경우 성부는 아버지의 사랑으로, 성자는 형제의 사랑으로, 성령은 스승과 어머니와 같은 사랑으로 우리를 사랑하시고 돌보신다. "예수께서 대답하여 이르시되 사람이 나를 사랑하면 내 말을 지키리니, 내 아버지께서 그를 사랑하실 것이요 우리가 그에게 가서 거처를 그와 함께 하리라"요14:23.

이 진리는 바로 당신을 위한 것이다. 삼위일체 하나님에 대한 근거는 성경 여러 곳에 나타나 있다창11:7; 16:7-13; 18:1-21; 19:1-22; 사48:16; 사63:10; 마28:19; 눅1:35; 눅3:21-22; 요14:16; 고전12:4-6; 고후13:13 등.

천사와 사탄은 존재하는가?

천사와 사탄은 실제로 존재한다

천사와 사탄은 실재하는 영적존재로서 인간의 삶과 밀접한 관계를 맺고 있다. 천사는 인간을 돕는 유익한 존재이지만 사탄과 그의 악령들은 인간을 멸망으로 이끌어가는 사악한 존재이다. 성경에는 천사가 사람을 도와준 예가 많이 등장한다. 그 중에서 몇 가지를 소개한다면, 구약의 선지자 엘리야가 힘들고 지쳐 있을 때 천사가 나타나 그에게 음식을 제공한 사건이다.

"(엘리야가) 로뎀 나무 아래에 누워 자더니 천사가 그를 어루만지며 그에게 이르되 일어나서 먹으라 하는지라 본즉 머리맡에 숯불에 구운 떡과 한 병 물이 있더라. 이에 먹고 마시고 다시 누웠더니 여호와의 천사가 또다시 와서 어루만지며 이르되 일어나 먹으라. 네가 갈 길을 다 가지 못할까 하노라 하는지라"^{왕상19:5-7}.

또 다른 예는 예수님의 제자 베드로가 천사의 도움을 받은 사건이다.

"베드로가 두 군인 틈에서 두 쇠사슬에 매여 누워 자는데 파수꾼들이 문 밖에서 옥을 지키더니 홀연히 주의 사자가 나타나매 옥중에 광채가 빛나며 또 베드로의 옆구리를 쳐 깨워 이르되 급히 일어나라 하니 쇠사슬이 그 손에서 벗어지더라 천사가 이르되 띠를 띠고 신을 신으라 하거늘 베드로가 그대로 하니 천사가 또 이르되 겉옷을 입고 따라오라 한대 베드로가 나와서 따라갈새 천사가 하는 것이 생시인 줄 알지 못하고 환상을 보는가 하니라"^{행12:6-9}.

이와 같은 천사의 출현은 하나님이 자신의 백성들을 보살피고 있다는 단적인 예를 보여준 것이다. 하지만 사탄과 귀신들은 사람들을 속여 지옥으로 이끌어가는 악한 자들이다. "큰 용이 내쫓기니 옛 뱀 곧 마귀라고도 하고 사탄이라고도 하며 온 천하를 꾀는 자라. 그가 땅으로 내쫓기니 그의 사자(부하)들도 그와 함께 내쫓기니라"계12:9.

천사와 사탄은 우리의 삶에 실질적인 영향을 주는 존재들이다. 그러므로 그들의 실상을 알고 적절하게 대처해야 한다.

천사는 어떤 존재인가?

천사(angel)는 하나님과 하나님의 자녀들을 섬기는 영적 존재이다

천사는 하나님과 하나님의 자녀들을 섬기는 영적 존재이며 자유의지를 가진 인격적 존재이다. 이들은 인간보다 먼저 창조된 하나님의 피조물로서 인간과 달리 결혼하거나 생육하지 않는다 겔28:13; 마22:30.

천사는 하나님의 사자(일꾼)로서 하나님을 찬양하고 섬기며 온 우주에서 하나님께서 맡기신 일을 수행한다. 이들은 하나님으로부터 계급과 질서를 부여받아 자신이 맡은 위치에서 하나님과 구원받은 그분의 자녀들을 섬기고 있다. "모든 천사들은 섬기는 영으로서 구원받을 상속자들을 위하여 섬기라고 보내심이 아니냐?"히1:14. 천사들은 천국과 지상을 오가며 하나님의 자녀들에게 하나님의 말씀과 기도 응답을 전달하고 그들이 하나님의 부르심을 향해 살도록 도우며 보호하는 일을 한다 단8:16; 슥1:13-14; 눅1:18-19; 시139:16.

예수님께서는 다음과 같이 말씀하셨다. "삼가 이 작은 자 중의 하나도 업신여기지 말라 너희에게 말하노니 그들의 천사들이 하늘에 계신 내 아버지의 얼굴을 항상 뵈옵느니라"마18:10. 이 말씀에서 천사들은 구원받은 하나님의 자녀들을 섬기며 그들에 관해서 항상 하나님께 보고 드리고 있음을 알 수 있다.

"그가 너를 위하여 그의 천사들을 명령하사 네 모든 길에서 너를 지키게 하심이라. 그들이 그들의 손으로 너를 붙들어 발이 돌에 부딪히지 아니하게 하리로다"시91:11-12.

"능력이 있어 여호와의 말씀을 행하며 그의 말씀의 소리를 듣는 여호와의 천사들이여 여호와를 송축하라"시103:20.

우리를 섬기는 천사들이 존재한다는 것은 우리에게 큰 위로가 된다. 하늘과 땅에는 수많은 천군과 천사들이 있으며, 이들을 통솔하는 천사장들이 있다. 그 가운데서 성경에 나타난 천사장들은 다음과 같다.

가브리엘 천사장

가브리엘 천사장은 하나님의 모든 사무 천사들을 주관하는 천사장이다. 그는 하나님의 중요한 말씀을 직접 전달하는 임무를 수행한다. 특히 예수 그리스도의 탄생을 마리아에게 전해주었다. "천사가 대답하여 이르되 나는 하나님 앞에 서 있는 가브리엘이라 이 좋은 소식을 전하여 네게 말하라고 보내심을 받았노라"눅1:19.

또한 그는 천국과 지구를 오가며 하나님의 기도 응답을 전달하기도 한다. 구약성경에 다니엘이 자기 나라를 위해 기도할 때, 가브리엘은 그 기도의 응답을 하나님께로부터 받아서 다니엘에게 전해주었다. "곧 내가 기도할 때에 이전에 환상 중에 본 그 사람(천사) 가브리엘이 빨리 날아서 저녁 제사를 드릴 때 즈음에 내게 이르더니 내게 가르치며 내게 말하여 이르되 다니엘아 내가 이제 네게 지혜와 총명을 주려고 왔느니라. 곧 네가 기도를 시작할 즈음에 명령이 내렸으므로 이제 네게 알리러 왔느니라"단9:21-23.

우리는 이 말씀을 통해 하나님께서 우리의 기도를 들으시고, 그 응답을 천사들을 통해 내리심을 알 수 있다.

미가엘 천사장

미가엘 천사장은 하나님의 지시에 따라 하나님의 군대를 이끄는 천사장으로 하나님의 백성을 보호하는 역할을 한다. 하나님은 천사의 큰 군대를 동원하여 사탄과 그의 부하들을 물리치시고, 그의 자녀들을 보호하신다시91:11. 구약성경에 선지자 엘리사가 도단이라는 곳에 있을 때 적군의 군대가 성을 에워쌌고 그의 사환이 그 광경을 보며 두려워했다. 이때 엘리사

천사는 하나님과 구원받은 하나님의 자녀들을 섬기고 있다.

가 그 사환에게 천사들이 그들을 지켜준다고 말했다.

"두려워하지 말라 우리와 함께 한 자(천사)가 그들과 함께 한 자보다 많으니라 하고 기도하며 이르되 여호와여 원하건대 그의 눈을 열어서 보게 하옵소서 하니 여호와께서 그 청년의 눈을 여시매 그가 보니 불말과 불병거가 산에 가득하여 엘리사를 둘렀더라"왕하6:16-17.

"그 때에 네 민족을 호위하는 대군 미가엘이 일어날 것이요"단12:1.

"하늘에 전쟁이 있으니 미가엘과 그의 사자들이 용(사탄)으로 더불어 싸울 때 용과 그의 사자들도 싸우나, 이기지 못하여 다시 하늘에서 저희의 있을 곳을 얻지 못한지라"계12:7-8.

사탄과 그의 부하들은 어떤 존재인가?

사탄은 타락한 천사장으로서 온 세상을 속이는 거짓의 아비이다

사탄(마귀)은 원래 하나님을 찬양하며 예배하는 천사장 루시퍼 (Lucifer)였다. 그러나 그가 타락하여 사탄이 되었다. 사탄은 대적자 혹은 파괴자라는 뜻으로 온 세상을 꾀는 거짓의 아비이다. "큰 용이 내쫓기니 옛 뱀 곧 마귀라고도 하고 사탄이라고도 하며 온 천하를 꾀는 자라"계12:9.

예수님께서는 그의 정체를 이렇게 말씀하셨다. "너희는 너희 아비 마귀 에게서 났으니 너희 아비의 욕심대로 너희도 행하고자 하느니라. 그는 처 음부터 살인한 자요 진리가 그 속에 없으므로 진리에 서지 못하고 거짓을 말할 때마다 제 것으로 말하나니 이는 그가 거짓말쟁이요 거짓의 아비가 되었음이라"요8:44.

루시퍼 천사장은 지혜가 충만하고 온전히 아름다웠다. 그가 처음에는 그 행실이 완전하였으나 마침내 자신의 아름다움과 능력에 교만해져 하나 님의 보좌를 넘보았다. "너 아침의 아들 계명성(루시퍼)이여 어찌 그리 하 늘에서 떨어졌으며 너 열국을 엎은 자여 어찌 그리 땅에 찍혔는고, 네가 네 마음에 이르기를 내가 하늘에 올라 하나님의 뭇 별 위에 내 자리를 높이리 라. 내가 북극 집회의 산 위에 앉으리라. 가장 높은 구름에 올라가 지극히 높은 이와 같아지리라 하는도다. 그러나 이제 네가 스올(지옥) 곧 구덩이 맨 밑에 떨어짐을 당하리로다"사14:12-15; 겔28:12-17.

루시퍼 천사장은 하나님께서 주신 영광과 능력에 감사하며 자신의 자 리에서 하나님을 섬겼어야 했다. 그러나 그는 교만해져 자신이 하나님의 자리에 올라가고자 했다. 그는 하늘의 천사들을 동원해 반란을 일으켰으며 이때 천사들의 삼 분의 일이 자신의 자리에서 이탈하여 루시퍼의 뒤를 따라 반역에 동참했다계12:4. 그러므로 하나님께서는 죄를 범한 천사들을 천국에서 쫓아내셨다. 이 타락한 천사장을 사탄 또는 마귀라 하고 그를 따르는 부하들을 귀신(악령)이라 부른다. 귀신들은 집단을 이루며 각각의 계급과 역할을 가지고 사탄의 지시에 따라 움직이고 있다.

"또 자기 지위를 지키지 아니하고 자기 처소를 떠난 천사들을 큰 날의 심판까지 영원한 결박으로 흑암에 가두셨으며"유1:6.

"큰 용이 내쫓기니 옛 뱀 곧 마귀라고도 하고 사탄이라고도 하며 온 천하를 꾀는 자라. 그가 땅으로 내쫓기니 그의 사자(부하)들도 그와 함께 내쫓기니라 … 우리 형제들을 참소하던 자 곧 우리 하나님 앞에서 밤낮 참소하던 자가 쫓겨났고"계12:9-10.

사탄과 그의 귀신들이 하는 일

사탄은 거짓말쟁이요 거짓의 아비로서 하나님의 형상으로 지음 받은 인간을 미혹하고 참소하며 죄를 짓게 하여 지옥으로 이끌고 있다. 그리고 하나님의 모든 창조질서를 파괴함으로 하나님을 대적하고 있다. 그는 말씀(믿음)과 축복과 생명을 도둑질하고 죽이고 멸망시키는 인간의 적이다.

"도둑(사탄)이 오는 것은 도둑질하고 죽이고 멸망시키려는 것뿐이요 내가(예수님) 온 것은 양으로 생명을 얻게하고 더 풍성히 얻게 하려는 것이라"요10:10.

예수님께서는 마귀가 말씀을 빼앗는다고 말씀하셨다. "마귀가 가서 그들이 믿어 구원을 얻지 못하게 하려고 말씀을 그 마음에서 빼앗는 것이요"눅8:12.

사탄은 사람들의 마음을 거짓으로 혼미하게 하고 각종 종교와 이단을 만들어 창조주이시며 구원자이신 예수 그리스도를 믿지 못하게 하여 구원받지 못하게 한다. "그 중에 이 세상의 신이 믿지 아니하는 자들의 마음을

사탄은 언제나 감미롭게 다가오지만 그 끝은 항상 파멸로 이어진다.

혼미하게 하여 그리스도의 영광의 복음의 광채가 비치지 못하게 함이니 그리스도는 하나님의 형상이니라"고후4:4.

　"성령이 밝히 말씀하시기를 후일에 어떤 사람들이 믿음에서 떠나 미혹하는 영과 귀신의 가르침을 따르리라 하셨으니"딤전4:1.

　또한 사람의 생각 속에 부정적이고 악한 생각, 염려와 두려움, 무가치감과 불안감, 절망감과 우울감, 자살 충동 등을 심어주려 한다. 그러한 좋은 예는 사탄(마귀)이 가룟 유다의 마음에 예수님을 팔 생각을 심어준 것이다. "마귀가 벌써 시몬의 아들 가룟 유다의 마음에 예수를 팔려는 생각을 넣었더니"요13:2.

그는 거짓된 생각으로 사람들을 속여 하나님 보다 영원하지 않은 세상을 쫓게 하여 하나님을 찾고 따르지 않도록 이끈다눅8:14. 그리고 우리의 생명과 복의 근원 되시는 하나님에게서 멀어지게 하고 믿음의 길에서 벗어나도록 미혹하고 있다. 하지만 우리가 알아야 할 것은 사탄과 그의 악한 영들보다 더 강한 하나님이 계시고, 더 많은 수의 천사들이 우리를 돕기 위해 존재한다는 사실이다. 그리고 무엇보다 주 예수를 믿어 거듭난 그리스도인에게는 그들을 능가하는 권세가 주어진다는 것과 하나님의 말씀인 진리를 알 때 우리는 사탄의 모든 거짓과 올무에서 자유롭게 된다는 사실이다눅10:19. "진리를 알지니 진리가 너희를 자유케 하리라"요8:32.

"믿는 자들에게는 이런 표적이 따르리니 곧 그들이 내 이름으로 귀신을 쫓아내며"막16:17.

"근신하라 깨어라 너희 대적 마귀가 우는 사자 같이 두루 다니며 삼킬 자를 찾나니 너희는 믿음을 굳건하게 하여 그를 대적하라"벧전5:8.

천사와 사탄은 어떤 존재인가?

하나님은 어떤 분이신가?

하나님은 선하시며 그 인자하심이 영원하시다.
그리고 천사는 우리를 섬기는 유익한 존재이지만
사탄은 우리를 멸망으로 이끌어가려는 사악한 존재이다.

1 이번 배움을 통해 깨달은 것을 나눠보자

하나님은 어떤 분이신가? _____

하나님께서 존재하시는 방법은 무엇인가? _____

천사는 어떤 존재이며 어떤 일을 하는가? _____

사탄은 어떤 존재이며 어떤 일을 하는가? _____

※나누기에 대한 해답은 250쪽에 있습니다.

2 믿음을 말(고백)하는 것이 믿음을 효과 있게 한다
("사람이 마음으로 믿어 의에 이르고 입으로 시인하여 구원에 이르느니라"롬10:10.)

하나님은 어떤 분이신가?

하나님은 창조주이시며 전능하신 분이십니다.

하나님은 사랑과 공의의 하나님이십니다.

하나님은 선하시며 신실하신 분이십니다.

하나님은 성부와 성자와 성령으로 존재하십니다.

천사들은 하나님과 구원받은 성도들을 섬기는 유익한 존재입니다.

사탄은 사람들을 멸망으로 이끌어가는 악한 존재입니다.

3 하나님 아버지!
저로 하여금 하나님을 알게 하시고 영적인 세계에 대한
지혜와 통찰력을 주옵소서. 예수님의 이름으로 기도드립니다. 아멘.

4 암송해야 할 중요한 성경 말씀

"태초에 하나님이 천지를 창조하시니라"창세기1:1.

"주, 나 여호와는 자비롭고 은혜로우며 노하기를 더디하고 한결같은 사랑과 진실이 풍성한 하나님이다"출애굽기34:6. 새번역.

"모든 천사들은 섬기는 영으로서 구원 받을 상속자들을 위하여 섬기라고 보내심이 아니냐?"히브리서1:14.

"큰 용이 내쫓기니 옛 뱀 곧 마귀라고도 하고 사탄이라고도 하며 온 천하를 꾀는 자라"요한계시록12:9.

"도둑이 오는 것은 도둑질하고 죽이고 멸망시키려는 것뿐이요 내가 온 것은 양으로 생명을 얻게 하고 더 풍성히 얻게 하려는 것이라"요한복음10:10.

5 다음 단계로 올라가는 말

당신은 자신이 왜 존재하며 삶의 목적이 무엇인지 생각해 보았는가?

인간은 왜 가난, 질병, 무가치감 그리고 불안감 가운데 고통 받으며 살고 있는가?

6 다음 단계를 위해 읽어올 성경말씀

창세기 3-7장.

Q
우리는 원숭이의 후손인가?

"하나님이 자기 형상 곧 하나님의 형상대로 사람을
창조하시되 남자와 여자를 창조하시고"
−창1:27−

우리가 원숭이의 후손이라면
삶에 대해 고민할 필요가 없다.
하지만 하나님을 닮았다면 어떻게 살아야 할지
진지하게 고민해야 할 것이다.

인간의 기원과 존재 목적

인간의 타락과 하나님의 구원계획

"하나님이 이르시되 우리의 형상을 따라 우리의 모양대로
우리가 사람을 만들고 그들로 바다의 물고기와 하늘의 새와
가축과 온 땅과 땅에 기는 모든 것을 다스리게 하자 하시고"
– 창1:26 –

사람의 근원을 아는 것은
사람의 존재 가치와 어떻게 살아야 하는가를 알게 한다

　　사람은 원숭이의 후손인가? 1871년 찰스 다윈은 '인간의 계보(The Descent of Man)'에서 사람이 원숭이에서 진화되었다고 주장하였다. 그는 사람과 원숭이의 약간의 유사성을 근거로 해서 진화론을 주장하였지만 증명되지는 않았다. 현재 어떤 원숭이도 사람으로 진화되지 않고 있다. 태초부터 원숭이는 원숭이로 사람은 사람으로 창조되었다. 본질적으로 사람은 하나님과 같은 영적인 존재이지만 원숭이는 한낱 동물에 불과하다. 생명의 기원에 관해서 하나님의 말씀인 성경은 원숭이를 포함한 모든 동물은 일괄적으로 창조되었으나 사람만은 하나님이 손수 하나님의 형상과 모양대로 만드시고 그 코에 생기를 불어넣어 창조하셨다고 말씀한다창2:7.

　　"하나님이 땅의 짐승을 그 종류대로, 가축을 그 종류대로, 땅에 기는 모든 것을 그 종류대로 만드시니 하나님이 보시기에 좋았더라"창1:25.

사람은 하나님의 형상과 모양대로 창조된 하나님의 걸작품이다

"하나님이 이르시되 우리의 형상을 따라 우리의 모양대로 우리가 사람을 만들고 그들로 바다의 물고기와 하늘의 새와 가축과 온 땅과 땅에 기는 모든 것을 다스리게 하자 하시고, 하나님이 자기 형상 곧 하나님의 형상대로 사람을 창조하시되 남자와 여자를 창조하시고, 하나님이 그들에게 복을 주시며 하나님이 그들에게 이르시되 생육하고 번성하여 땅에 충만하라, 땅을 정복하라, 바다의 물고기와 공중의 새와 땅에 움직이는 모든 생물을 다스리라 하시니라 … 하나님이 지으신 그 모든 것을 보시니 보시기에 심히 좋았더라 저녁이 되고 아침이 되니 이는 여섯째 날이니라"창1:26-31.

사람은 하나님의 형상과 모양대로 창조된 영적 존재이며 하나님의 성품과 완벽함을 반영한 창조의 걸작품이다. 사람은 그 어떠한 동물과도 비교될 수 없는 존귀한 존재로서 하나님을 대신하여 지구를 다스리고 정복하는 통치자로 창조되었다. 그러기에 사람은 하나님과 사랑의 교제를 나누는 대상이 되며, 다른 동물들과 달리 고도의 문명사회를 만들고, 높은 도덕적 표준을 갖고 자신의 운명을 자유롭게 선택하는 것이다. 하지만 원숭이를 포함한 모든 동물은 사람의 지배를 받는 존재들이다. 그러므로 찰스 다윈이 원숭이가 진화하여 사람이 되었다고 주장하는 것은 전혀 받아들일 수 없는 가설에 불과하다. 어떻게 원숭이가 사람과 비교될 수 있겠는가?

하나님처럼 다스리는 자로 살도록 창조된 사람

"사람이 무엇이기에 주께서 그를 생각하시며 인자가 무엇이기에 주께서 그를 돌보시나이까? 그를 하나님보다 조금 못하게 하시고 영화와 존귀로 관을 씌우셨나이다. 주의 손으로 만드신 것을 다스리게 하시고 만물을 그의 발 아래 두셨으니 곧 모든 소와 양과 들짐승이며 공중의 새와 바다의 물고기와 바닷길에 다니는 것이니이다"시8:4-8. 하나님께서는 사람에게 이 지구와 그 안에 있는 모든 것들을 하나님처럼 다스리고 지키도록 하셨다.

우리는 하나님 처럼 다스리는 자로 살도록 창조되었다.

그리고 그 일을 위하여 사람에게 권세가 주어졌다. 따라서 사람들이 어떻게 생각하고 행하느냐에 따라 지구는 번성하고 살기 좋은 곳이 될 수도 있고, 반대로 손상되고 파괴될 수도 있다. 만일 우리의 선택에 대한 어떠한 결과가 없다면 우리의 선택은 무의미하고, 자유의지 또한 의미가 없게 된다. 하나님은 사람에게 자유와 그에 따른 결과와 보람을 창조해 갈 수 있는 큰 선택의 장을 만들어주셨다. 하나님은 자신을 닮은 사람들이 하나님처럼 생각하고 다스리길 원하셔서 모든 것들을 위임하신 것이다.

　　그러면 이제부터 하나님께서 사람을 존귀하게 만드신 계획과 목적이 무엇인지 구체적으로 알아보자.

우리가 이 세상에 존재하는
이유와 목적은 무엇인가?

이 세상의 많은 사람이 삶의 의미와 목적을 모른 채 살아가고 있다. 나는 어디서 와서 어디로 가는가? 삶의 의미와 목적은 무엇인가? 이러한 질문에 대한 해답은 우리 자신에게서는 찾을 수 없다. 그 해답은 하나님께서 왜 사람을 창조하셨는가를 알게 되면 얻을 수 있다.

첫째, 우리는 하나님과 사랑의 교제를 나누기 위해 태어났다

부모가 왜 자녀를 낳는가? 그 이유는 무엇보다도 자녀는 부모의 기쁨이 되며 자녀와 친밀한 사랑의 교제를 나누기 위해서이다. 하나님이 우리를 그분의 형상과 모양으로 만드신 목적은 우리가 하나님의 자녀가 되어 하나님과 사랑의 교제를 나누고, 그의 외아들 예수님과 사귀고 인간 상호 간에도 사랑을 나누도록 하기 위함이다.

"나는 그의 하나님이 되고 그는 내 아들이 되리라"계21:7.

"우리의 사귐은 아버지와 그 아들 예수 그리스도와 함께 함이라"요일1:3.

"너희가 아들이므로 하나님이 그 아들의 영을 우리 마음 가운데 보내사 아빠 아버지라 부르게 하셨느니라"갈4:6; 롬8:15.

둘째, 우리는 이 세상을 다스리며 지키기 위해 태어났다

우리 인간은 하나님께서 창조하신 온 땅과 모든 생물을 다스리고 지키는 존재로 창조되었다. "하나님이 그들에게 복을 주시며 하나님이 그들에게 이르시되 생육하고 번성하여 땅에 충만하라, 땅을 정복하라, 바다의 물고기와 하늘의 새와 땅에 움직이는 모든 생물을 다스리라 하시니라"창1:28.

"여호와 하나님이 그 사람을 이끌어 에덴 동산에 두어 그것을 경작하며 지키게 하시고"창2:15.

셋째, 우리는 하나님을 알아가고 그분을 닮아가기 위해 태어났다

우리는 이 땅에 살면서 다양한 지식을 쌓아간다. 그러나 가장 고귀한 지식은 창조주 하나님을 아는 지식이며 모든 배움의 궁극적 목적은 하나님을 알아가고 그분을 닮아가는 것이다호6:3; 요17:3. "여호와를 경외하는 것이 지혜의 근본이요 거룩하신 자를 아는 것이 명철이니라"잠9:10.

"우리 주 예수 그리스도의 하나님, 영광의 아버지께서 지혜와 계시의 영을 너희에게 주사 하나님을 알게 하시고"엡1:17.

"우리가 다 하나님의 아들을 믿는 것과 아는 일에 하나가 되어 온전한 사람을 이루어 그리스도의 장성한 분량이 충만한 데까지 이르리니 … 오직 사랑 안에서 참된 것을 하여 범사(모든 일)에 그에게까지 자랄지라 그는 머리니 곧 그리스도라"엡4:13-15; 빌3:7-8.

"그러므로 사랑을 받는 자녀 같이 너희는 하나님을 본받는 자가 되고"엡5:1; 롬8:29.

넷째, 우리는 하나님을 섬기고 그분을 영화롭게 하기 위해 태어났다

모든 사람은 자신들이 알건 모르건 무엇인가에 최고의 가치를 두고 그것을 추구하고 섬기며 살아간다. 사람들은 자기만족을 위하여 돈, 쾌락, 성공, 명예를 쫓아간다. 또한 자녀, 연인, 연예인이나 어떤 형상을 우상화하여 섬기기도 한다. 그러나 반드시 알아야 할 것은 그 무엇보다 그 누구보다 우리가 섬겨야 할 대상은 우리의 창조주이시며 구원주이신 하나님이시다. 그리고 하나님이 나를 위해 존재하는 것이 아니라, 내가 하나님의 영광을 위해 존재한다는 사실이다.

"무릇 내 이름으로 일컫는 자 곧 내가 내 영광을 위하여 창조한 자를 오게 하라 그들을 내가 지었고 만들었느니라"사43:7; 마5:16.

"이 백성은 내가 나를 위하여 지었나니 나의 찬송을 부르게 하려 함이니라"사43:21; 출8:1.

"그분에 의해서 모든 것이 창조되었다. 하늘과 땅에 있는 것들과 보이는 것과 보이지 않는 것들과 천사들과 영적 존재들과 만물이 다 그분에 의해서 창조되었고 그분을 위해 창조되었다"골1:16 현대인.

"너희가 먹든지 마시든지 무엇을 하든지 다 하나님의 영광을 위하여 하라"고전10:31.

"우리는 그가 만드신 바라 그리스도 예수 안에서 선한 일을 위하여 지으심을 받은 자니 이 일은 하나님이 전에 예비하사 우리로 그 가운데서 행하게 하려 하심이니라"엡2:10; 딛2:14.

"일의 결국을 다 들었으니 하나님을 경외하고 그의 명령들을 지킬지어다 이것이 모든 사람의 본분이니라"전12:13.

다섯째, 우리는 하나님과 영원한 영광을 함께 누리기 위해 태어났다

하나님은 사람을 사랑하셔서 자녀로 삼으시고 그 아들 예수 그리스도와 함께 우주 만물의 상속자로 삼으시려고 우리를 창조하셨다.

"다만 너희는 그의 나라를 구하라 그리하면 이런 것들을 너희에게 더하시리라 적은 무리여 무서워 말라 너희 아버지께서 그 나라를 너희에게 주시기를 기뻐하시느니라"눅12:31-32.

"자녀이면 또한 상속자 곧 하나님의 상속자요 그리스도와 함께한 상속자니 우리가 그와 함께 영광을 받기 위하여 고난도 함께 받아야 할 것이니라"롬8:17; 골1:13; 딤후2:10-12. "이기는 그에게는 내가 내 보좌에 함께 앉게 하여 주기를 내가 이기고 아버지 보좌에 함께 앉은 것과 같이 하리라"계3:21.

위와 같은 하나님의 심오한 계획과 목적을 따라 우리가 창조되었으므로 우리 삶의 진정한 의미와 목적은 하나님과의 친밀한 관계 속에서만이 찾을 수 있다. 또한 이 땅에서 우리의 삶은 영원으로 이어지는 여정이며 또한 준비기간인 것이다.

자유의지를 가진 사람

사람은 선을 이룰 수 있는 잠재력과 악으로 빠질 가능성을 동시에 가진 자유의지를 지닌 존재로 창조되었다. 하나님께서는 자신의 피조물들에게 자유의지를 부여하셨다. 자유의지를 가진 피조물들은 자율적으로 하나님을 섬기며, 자신의 삶을 살아가도록 창조되었다. 진정한 자유란 그 어떤 것에도 영향을 받지 않고, 자기 존재에 관하여 스스로 결정할 수 있어야 한다. 하나님은 자신의 피조물들에게 자유의지를 주심으로 하나님과 자유로운 인격적 관계를 맺기 원하셨다. 만일 자유의지가 없다면 인격적 관계를 맺을 수 없으며, 존재에 대한 보람과 가치 또한 느낄 수 없다.

천사들은 사람보다 먼저 창조된 영적 존재로서 자유의지와 권한과 책임을 하나님으로부터 받았다. 그러나 천사들 가운데 일부는 하나님 섬기기를 거부하고 자기의 지위를 버렸다유1:6. 하나님을 닮은 사람 또한 자유와 그에 따르는 책임 있는 도덕적 인격체로서 이 땅을 자유롭게 다스릴 수 있는 권세를 하나님으로부터 받았다. 진정한 권세는 그에 따르는 영향력을 통해 알 수 있다. 아담과 하와는 선을 이룰 수 있는 잠재력과 악으로 빠질 가능성을 동시에 가진 자유의지를 지닌 존재로 창조함을 받았다. 불순종할 수 있는 자유가 없다면 진정한 순종도 있을 수 없다. 그렇기에 하나님은 선악과를 통해 그들이 하나님께 사랑과 순종을 증명해 보일 수 있도록 하셨다.

모든 것은 자유다. 그러나 그것만은 안 된다

"여호와 하나님이 그 사람을 이끌어 에덴 동산에 두어 그것을 경작하며 지키게 하시고 여호와 하나님이 그 사람에게 명하여 이르시되 동산 각종

"동산 각종 나무의 열매는 네가 임의로 먹되
선악을 알게 하는 나무의 열매는 먹지 말라" 하지만 …

나무의 열매는 네가 임의로(마음대로) 먹되 선악을 알게 하는 나무의 열매
는 먹지 말라. 네가 먹는 날에는 반드시 죽으리라 하시니라"창2:15-17.

　하나님은 왜 동산 가운데에 생명 나무와 선악을 알게하는 나무를 두셨
을까? 창조주 하나님께서는 자신을 닮은 사람에게 지구의 통치권을 맡기
면서 단 한 가지 조건만을 지킬 것을 명령하셨다. 이 선악과의 명령은 창조
주이신 하나님께서 피조물과 맺은 언약으로 창조주와 피조물의 경계선을
정한 것이었다호6:7. 불순종할 수 있는 자유 없이는 진정한 순종도 있을 수
없기 때문이다. 그리고 이 명령은 사랑과 순종에 대한 사탄의 시험이 있을
것을 예고한 것이기도 했다창3:1-5.

하나님의 목적에서 벗어난 사람들

과일 하나에 목숨을 건 어리석은 사람들

"뱀이 여자에게 이르되 너희가 결코 죽지 아니하리라. 너희가 그것을 먹는 날에는 너희 눈이 밝아져 하나님과 같이 되어 선악을 알 줄 하나님이 아심이니라. 여자가 그 나무를 본즉 먹음직도 하고 보암직도 하고 지혜롭게 할 만큼 탐스럽기도 한 나무인지라 여자가 그 열매를 따먹고 자기와 함께 있는 남편에게도 주매 그도 먹은지라"창3:6.

하나님은 사람을 하나님의 형상을 닮은 존귀한 존재로 창조하셨으며 한 열매만을 제외한 모든 것을 부족함 없이 베풀어 주셨다창2:16-17.

그러나 사탄(뱀)은 하나님의 말씀을 왜곡하고 사람으로 하여금 하나님의 선하심을 의심하여 죄를 짓도록 유혹하였다계12:9. 그리하여 사람은 하나님이 먹지 말라고 한 선악과를 먹고 말았다. 하와가 먼저 먹고 아담이 따라 먹었다는 선후 관계는 그리 중요하지 않다. 이를 두고 어떤 사람들은 하나님께서 그럴 수밖에 없도록 한 게 아니냐고 볼멘소리를 한다. 그렇지만 어떤 유혹도 이겨낼 힘이 있었는데 그걸 떨치지 못한 것은 분명 사람의 잘못이다. 지혜의 왕 솔로몬은 이렇게 말했다. "내가 깨달은 것은 오직 이것이라 곧 하나님은 사람을 정직하게(올바르게) 지으셨으나 사람이 많은 꾀들을 낸 것이니라"전7:29.

사람은 왜 하나님의 말씀에 불순종했는가?

왜 사람들은 꾀를 낼까? 아담과 하와는 풍요한 에덴동산에서 그 어떤 것에도 부족함이 없었다. 그들은 지구의 통치자였으며, 선악과 외에는 어떤 것도 그들에게 금지된 것이 없었다. 그들은 자기에게 주어진 권세에 감사하고 하나님의 선하심을 신뢰하며 그분의 말씀에 복종했어야만 했다. 그러나 그들은 사탄의 달콤한 거짓말로 인해 미혹되어 그들을 창조하신 하나님의 선하심을 불신하며 하나님과 같이 되고자 하나님의 말씀보다 자기의 감각적 판단에 따라 그 한 가지 명령에 불순종했다. "너희가 그것을 먹는 날에는 너희 눈이 밝아져 하나님과 같이 되어 선악을 알 줄 하나님이 아심이니라. 여자가 그 나무를 본즉 먹음직도 하고 보암직도 하고 지혜롭게 할 만큼 탐스럽기도 한 나무인지라 여자가 그 열매를 따먹고"창3:5-6.

자유의지를 지닌 존재는 자신의 운명을 스스로 선택할 수 있다. 즉 창조주 하나님의 말씀에 순종하든지 아니면 자기가 주인(하나님이) 되어 자신의 판단에 따라 불순종을 선택할 수도 있다. 사탄 또한 천국에서 불순종을 선택하였고 그 결과로 사탄과 그의 부하들은 천국에서 쫓겨났다. 아담과 하와도 하나님을 신뢰하며 그분의 말씀을 따르는 대신에 불순종을 선택하여 에덴동산에서 쫓겨났다. 그리고 결국 하나님의 말씀대로 죽게 되었다창3:24; 5:8.

하나님의 말씀은 진리이다. 그리고 하나님은 말씀으로 모든 피조물들에게 생명과 질서를 부여하셨다. 하지만 오늘날에도 많은 사람이 하나님의 선하심을 알지 못하고 하나님의 목적에서 벗어나 하나님 대신 자기가 주인 되어 자기중심적인 생각과 감각적인 세상에 눈이 멀어 자신의 영원한 운명의 기준이 되는 하나님의 말씀에 주의를 기울이지 않고 따르지 않고 있다. 이에 대해 성경은 다음과 같이 말하고 있다.

"사람이 흑암과 사망의 그늘에 앉으며 곤고와 쇠사슬에 매임은 하나님의 말씀을 거역하며 지존자의 뜻을 멸시함이라"시107:10-11; 고후4:4.

"내가(예수님) 내 자의로 말한 것이 아니요 나를 보내신 아버지께서 내가 말할 것과 이를 것을 친히 명령하여 주셨으니 나는 그의 명령이 영생(eternal life)인 줄 아노라 그러므로 내가 이르는 것은 내 아버지께서 내게 말씀하신 그대로니라"요12:49-50.

불순종이 이렇게 큰 불행을 가져올 줄이야 …

존귀한 통치자가 순간의 선택으로 죄인이 되었다

하나님께서는 모든 피조물을 다스리시는 원칙을 갖고 계신다. 그 원칙은 하나님은 모든 피조물에게 사랑과 은혜를 베푸시고, 그의 피조물들은 그분을 사랑하며 그분의 말씀을 믿고 순종하는 것이다출20:6. 그러나 아담과 하와는 불순종을 선택하였다. 그 결과로 하나님에 대한 불순종의 죄(원죄)가 이 세상에 들어오게 되었고 이로 인해 자범죄(파생죄)가 뒤를 이어 일어나게 되었다. 우리는 사람과의 관계 속에서 짓는 죄를 중요시하는데, 그보다 더 근본적인 죄는 피조물인 사람이 창조주 하나님과의 관계 속에서 짓는 죄로서 하나님의 명령에 불순종하는 죄이다. 그 죄로 인해 사람은 존귀한 통치자에서 죄인으로 추락하였고 하나님과 분리되었다.

죄는 하나님과의 분리를 가져왔고 또한 사망을 가져왔다

거룩하신 하나님은 죄를 미워하시고 죄와 함께 하실 수 없는 분이시다. 그러므로 죄를 지은 인간은 하나님과 분리되었으며 그분의 말씀대로 사망에 이르게 되었다. "선악을 알게 하는 나무의 열매는 먹지 말라 네가 먹는 날에는 반드시 죽으리라 하시니라"창2:17. "죄의 삯(대가)은 사망이요"롬6:23.

여기에서 말하는 사망은 생명의 근원 되신 하나님으로부터 끊어지는 것을 말한다. 인간관계에서도 죄가 있으면 멀어진다. 사탄은 하나님과 인간 사이를 갈라놓기 위해 인간이 죄를 범하도록 유혹한 것이다. 그리하여 인간은 하나님의 생명과 영광에서 분리되었으며 죄인은 또 죄인을 낳게 되었다. "모든 사람이 죄를 범하였으매 하나님의 영광에 이르지 못하더니"롬 3:23; 롬9-12.

영적으로 죽은 인간의 상태

죄로 인해 생명의 근원 되시는 하나님으로부터 분리된 인간은 영적으로 죽게 되었으며 하나님의 존귀함을 잃어버린 죄인으로 추락하게 되었다. 그리고 육체적 죽음도 찾아왔으며, 죄를 범하는 자마다 죄의 종이 될 수밖에 없는 법칙에 의해 사탄의 권세 아래 들어가게 되었다. "예수께서 대답하시되 진실로 진실로 너희에게 이르노니 죄(罪)를 범하는 자마다 죄의 종이라"요8:34. 사탄이 노린 것이 바로 그것이었다. 죄인이 되어 영적으로 죽은 사람들은 사탄의 권세 아래에서 육체와 마음의 욕심을 따라 죄를 지으며 살아가는 존재로 타락한 것이다. 가인이 동생 아벨을 죽인 것이 바로 그런 죄이다창4:8. 범죄 후 하나님과 분리된 사람의 상태를 성경은 이렇게 말한다. "그는 허물과 죄로 죽었던 너희를 살리셨도다. 그 때에 너희는 그 가운데서 행하여 이 세상 풍조를 따르고 공중의 권세 잡은 자를 따랐으니, 곧 지금 불순종의 아들들 가운데서 역사하는 영이라. 전에는 우리도 다 그 가운데서 우리 육체의 욕심을 따라 지내며 육체와 마음의 원하는 것을 하여 다른 이들과 같이 본질상 진노의 자녀이었더니"엡2:1-3.

아담과 하와 이야기가 동화라고요?

아담과 하와의 사건은 전설이나 동화가 아니냐고 묻는 사람이 있다. 분명한 것은 이 사건은 현재까지 모든 사람에게 영향을 준 실제의 사건이라는 것이다. 왜냐하면 아담은 온 인류의 근원(대표)이기 때문이다롬5:14. "한 사람으로 말미암아 죄가 세상에 들어오고 죄로 말미암아 사망이 왔나니 이와 같이 모든 사람이 죄를 지었으므로 사망이 모든 사람에게 이르렀느니라"롬5:12.

한 사람을 통해 죄가 세상에 들어왔으며 모든 사람 또한 스스로 죄를 지어 하나님의 영광과 분리되었다. 따라서 모든 사람은 하나님의 구원을 필요로 하는 죄인인 것이다. 어떻게 보면 인류는 아담과 하와로 인해 억울한 상태에 처해진 것이다. 하지만 우리가 알아야 할 것은 아담은 인류의 대표이기 때문에 그의 불순종은 전 인류에게 영향을 미쳤다.

인류는 자기 스스로를 구원할 수 없었다

인류는 구원자를 갈망하고 있다

아담과 하와의 타락 이후 모든 사람은 죄와 사망의 그늘에 신음하며 고통받고 있다. 그리고 구원자를 갈망하고 있다.

"인류의 근본 생각은 사람이 인류를 구원한다는 것이었다. 그러므로 많은 영웅이 역사에 출현하였다. 그들은 자신을 구원자로 자처했다. 따라서 인류를 구원하기 위해 그들은 많은 정복을 수행하였고, 그 정복과 지배가 인류의 구원이 되는 줄 믿었다. 그러나 그들의 정복과 지배는 인류의 구원이 아니라 더 큰 속박이 되어서 또 다른 해방자를 차례로 요구하게 되었다. 결국, 인간 해방자는 해방자가 아니고 압제자였고, 영웅들과 황제들은 구원자가 아니라 파괴자였다.

인간은 인간 자신을 구원하지 못하며 따라서 인류를 구원해내지 못했다. 인류구원은 창조주만이 하실 수 있다. 창조주 자신이 사람이 됨으로써 사람의 방식으로 인류를 구원하기로 하신 것이다. 이 일은 인간이 이해하기 힘든 일이므로 오랜 준비의 역사가 필요하였다. 그러나 하나님께서는 인류에게 구원을 약속하셨으며, 긴 준비의 역사를 통하여 마침내 이를 이루어내셨다. 이 준비의 그릇으로 이스라엘이 한 민족으로 조성되고, 그 역사 속에서 구세주 오심이 예고되고, 그 민족이 구속주의 출산 도구로 준비되고 단련되었다."

– 서철원 교수의 '복음적 설교' 중에서 –

인류를 구원하기 위한 하나님의 방법

대속을 통한 구원을 예고하심

대속(代贖)이란 노예나 죄인을 자유롭게 하려고 대신 몸(죄)값을 지불하는 것을 말한다민18:15. 구약시대에는 사람의 죄값을 치르기 위해 흠 없는 짐승이 대신 제물이 되어 죽었다(대속과 같은 개념으로 속량이라는 단어가 쓰인다)출13:13; 민3:49; 욥33:24; 마20:28; 막10:45.

공의(정의)로운 하나님은 반드시 죄에 대해 정당한 심판을 하신다. 그러므로 사람 창조 이전에 하나님께 반역한 천사들에게 엄중한 심판을 내리셨고 죄를 범한 사람에게도 공의의 심판을 하셔야만 했다유1:6. 그러나 다른 한편 하나님은 사람을 사랑하셔서 구원하기 원하셨기에 대속이라는 방법을 통해 인류를 구원하고자 계획하셨다.

이 일은 사람이 이해하기 힘든 일이므로 하나님께서는 동물을 사용하는 제사를 통해 오랜 세월 동안 사람들에게 이 방법을 주지시키셨다. 사람의 죄가 하나님께 용서받기 위해서는 대제사장이 흠 없는 제물(소, 양, 염소)의 머리에 안수하며 백성들의 죄를 고백하고 이를 죽여, 그 제물은 번제단 위에 불태우고, 그 피를 받아 하나님 앞 속죄소에 뿌림으로 백성들이 죄를 속죄 받았다히9:12-22; 레16장.

하나님은 예수 그리스도가 오시기 전 동물제사를 통해 장차 예수님께서 자기 백성의 죄를 위한 대속물이 되실 것을 예고해 주신 것이다. 왜냐하면 죄가 없으신 흠 없는 예수 그리스도에 의한 대속이야말로 하나님의 공의(公義)와 사랑을 함께 이루는 유일한 길이었기 때문이다막10:45; 벧전1:18-21.

대속물로 오실 그리스도(구원자)에 대한 예언

아담과 하와의 범죄 후 하나님께서는 그리스도가 여자의 후손으로 와서 뱀(사탄)의 머리를 상하게 할 것을 예언하셨으며 또한 흠 없는 어린양의 대속제물을 통해 죄사함 받는 것도 가르치셨다창3:15.

그리스도가 오시기 약 700년 전에 그리스도께서 우리 모두의 죄악을 짊어지고 대속물로 죽으실 것이 이사야 선지자를 통해 다음과 같이 예언되었다. "그는 실로 우리의 질고를 지고 우리의 슬픔을 당하였거늘 우리는 생각하기를 그는 징벌을 받아 하나님께 맞으며 고난을 당한다 하였노라. 그가 찔림은 우리의 허물 때문이요 그가 상함은 우리의 죄악 때문이라. 그가 징계를 받으므로 우리는 평화를 누리고 그가 채찍에 맞으므로 우리는 나음을 받았도다. 우리는 다 양 같아서 그릇 행하여 각기 제 길로 갔거늘 여호와께서는 우리 모두의 죄악을 그에게 담당시키셨도다"사53:4-6.

구약시대 욥은 다음과 같이 예언 하였다. "내가 알기에는 나의 대속자가 살아 계시니 마침내 그가 땅 위에 서실 것이라"욥19:25.

세례 요한은 이렇게 말했다. "이튿날 요한이 예수께서 자기에게 나아오심을 보고 이르되 보라 세상 죄를 지고 가는 하나님의 어린 양이로다"요1:29.

예수님께서도 친히 다음과 같이 말씀하셨다. "인자가 온 것은 섬김을 받으려 함이 아니라 도리어 섬기려 하고 자기 목숨을 많은 사람의 대속물로 주려 함이니라"마20:28.

인간의 기원과 존재 목적
인간의 타락과 하나님의 구원계획

하나님은 선하시며 그분의 창조는 완벽했다.
인간은 하나님의 동반자와 대리인으로 창조되었으나
인간은 그 기대를 저버렸다. 하지만 인간을 사랑하시는
하나님은 그들의 구원을 준비하셨다.

1 **이번 배움을 통해 깨달은 것을 나눠보자**

우리가 이 세상에 존재하는 이유와 목적은 무엇인가?

_____

하나님과 분리되어 영적으로 죽은 사람은 어떤 상태인가?

_____

하나님께서 인류를 구원하기 위해 어떤 방법을 사용하셨는가?

_____

※나누기에 대한 해답은 250쪽에 있습니다.

2 **믿음을 말(고백)하는 것이 믿음을 효과 있게 한다**

인간의 타락과 하나님의 구원계획

우리는 하나님의 형상과 모양대로 창조되었습니다.

우리는 하나님과 사랑의 교제를 나누기 위해 태어났습니다.

우리는 이 세상을 다스리고 지키기 위해 태어났습니다.

우리는 하나님을 알아가고 그분을 닮아가기 위해 태어났습니다.

우리는 하나님을 섬기고 그분을 영화롭게 하기 위해 태어났습니다.

우리는 하나님과 영원한 영광을 함께 누리기 위해 태어났습니다.

모든 사람은 죄를 지었으므로 하나님의 구원이 필요합니다.

하나님은 타락한 인류를 위해 대속을 통한 구원을 준비하셨습니다.

3 하나님 아버지!
저를 향한 하나님의 계획과 목적을 깨닫고 그 목적을 이루는 삶을 살게 하옵소서.
예수님의 이름으로 기도드립니다. 아멘.

4 암송해야 할 중요한 성경 말씀

"하나님이 자기 형상 곧 하나님의 형상대로 사람을 창조하시되 남자와 여자를
창조하시고 하나님이 그들에게 복을 주시며 하나님이 그들에게 이르시되 생육
하고 번성하여 땅에 충만하라. 땅을 정복하라. 바다의 물고기와 하늘의 새와 땅
에 움직이는 모든 생물을 다스리라 하시니라"창세기1:27-28.

"모든 사람이 죄를 범하였으매 하나님의 영광에 이르지 못하더니"로마서3:23.

"죄의 삯(대가)은 사망이요"로마서6:23.

"인자가 온 것은 섬김을 받으려 함이 아니라 도리어 섬기려 하고 자기 목숨을
많은 사람의 대속물로 주려 함이니라"마태복음20:28.

5 다음 단계로 올라가는 말

대속을 통한 구원이 개개인에게
주어지려면 어떠한 전제가
필요한가?

6 다음 단계를 위해
읽어올 성경말씀

누가복음 22장, 히브리서 8-10장.

Q
당신은 하나님이 인간과 언약을
맺으셨다는 것을 알고 있는가?

"이것은 죄 사함을 얻게 하려고 많은 사람을 위하여
흘리는 바 나의 피 곧 언약의 피니라"
-마26:28-

하나님께서는 인간과 언약을 맺으셨다.
그리고 서로의 권한과 책임을 명확히 하셨다.
대속을 통한 구원이 개개인에게 실제가 되려면
언약이 먼저 맺어져야 했다.

예수 그리스도께서 대속을 위해

인간과 맺은 새 언약

"그 첫째 것을 폐하심은 둘째 것을 세우려 하심이라" – 히10:9 –

하나님께서 인간과 맺은 언약들

하나님께서는 인간과 언약을 맺으셨다

하나님은 언약의 하나님이시다. 하나님은 인간들과 언약을 맺으시고 그 언약을 지키시는 신실한 분이시다. 언약은 관계를 설정하는 것으로, 옛 언약은 예수 그리스도가 오시기 전에 하나님이 그의 백성들과 맺은 언약이며, 새 언약은 예수 그리스도가 오셔서 그를 믿는 자들과 맺은 더 좋은 언약이다. 그러면 먼저 옛 언약에 대해 알아보자.

아담과의 언약(종주권 언약) : 하나님께서는 인류의 대표자인 아담에게 이 세상에 관한 모든 통치권을 주시면서, 단 한 가지만을 제한하셨다. 그것은 바로 선악과를 먹지 말라는 것이었으며 이것이 하나님께서 아담과 맺은 언약이었다. 자비하신 하나님께서는 자신의 피조물인 아담에게 에덴이라는 살기 좋은 땅에 모든 먹을 것과 바다의 물고기와 하늘의 새와 땅에 움직이는 모든 생물을 다스리는 권세를 주셨다. 그리고 단 한 가지, 선악을 알게 하는 나무의 열매만을 금지하셨다. 이 얼마나 자비로운 언약인가? 하지만 아담과 하와는 그 언약을 깨고 말았다. 우리는 하나님께서 범죄한 이스라엘 백성을 향해 하신 말씀을 통해 선악과가 언약이었다는 것을 알 수 있다. "그들은 아담처럼 언약을 어기고 거기에서 나를 반역하였느니라"호6:7.

하나님과 아담은 종주권 언약(宗主權 言約)을 맺었다. 종주권 조약은 영주와 백성들이 맺는 조약으로, 영주가 백성들에게 영토를 주고 그들을 보호해주는 대신에 백성들은 영주에게 충성을 맹세하고 순종하는 것이다. 구약성경에서 하나님이 자기 백성과 언약 관계를 맺으실 때, 이 조약의 형식을 사용하고 있다. 출애굽기 20장에 나오는 십계명의 형식이 그 좋은 예이다. "세계가 다 내게 속하였나니 너희가 내 말을 잘 듣고 내 언약을 지키면 너희는 모든 민족 중에서 내 소유가 되겠고 너희가 내게 대하여 제사장 나라가 되며 거룩한 백성이 되리라 너는 이 말을 이스라엘 자손에게 전할지니라"출19:5-6.

노아와의 언약 : 대홍수 후 하나님께서는 노아와 그 후손과 언약을 맺으셨다. "하나님이 노아와 그와 함께 한 아들들에게 말씀하여 이르시되 … 내가 너희와 언약을 세우리니 다시는 모든 생물을 홍수로 멸하지 아니할 것이라. 땅을 멸할 홍수가 다시 있지 아니하리라. 하나님이 이르시되 내가 나와 너희와 및 너희와 함께 하는 모든 생물 사이에 대대로 영원히 세우는 언약의 증거는 이것이니라. 내가 내 무지개를 구름 속에 두었나니 이것이 나와 세상 사이의 언약의 증거니라"창9:8-13.

아브라함과의 언약 : 하나님께서는 믿음의 조상인 아브라함과 언약을 맺으셨다. 이 아브라함과의 언약을 통해 예수 그리스도의 오심이 구체화

된다. "내가 네게 큰 복을 주고 네 씨가 크게 번성하여 하늘의 별과 같고 바닷가의 모래와 같게 하리니 네 씨가 그 대적의 성문을 차지하리라. 또 네 씨로 말미암아 천하 만민이 복을 받으리니"창22:17-18.

그 외의 언약들 : 하나님이 인간과 맺은 언약에는 그 외에도 할례 언약창 17장, 시내산 언약출19:5-6, 비느하스와의 언약민25:12-13, 다윗과의 언약삼하7:16, 등이 있다. 이처럼 하나님이 인간과 맺은 언약은 장차 인간을 구원할 하나님의 계획을 예고한 것이다. 또한 언약 체결 안에는 인간을 존중하여 그들에게 권리를 주시고자 하는 하나님의 깊은 사랑이 숨겨져 있다.

새 언약을 약속함 : 인류의 대표인 아담이 언약을 어김으로 이 땅에 죄가 들어오게 되었으며, 그 이후도 인간들은 하나님과의 언약을 지키지 못하고 죄를 범하게 되었다. 그래서 하나님께서는 인간의 죄값을 대신 치르기 위한 새 언약을 맺으실 것을 그리스도가 오시기 약 600년 전에 선지자 예레미야를 통해 다음과 같이 말씀하셨다. "여호와의 말씀이니라 보라 날이 이르리니 내가 이스라엘 집과 유다 집에 새 언약을 맺으리라. 이 언약은 내가 그들의 조상들의 손을 잡고 애굽 땅에서 인도하여 내던 날에 맺은 것과 같지 아니할 것은, 내가 그들의 남편이 되었어도 그들이 내 언약을 깨뜨렸음이라 여호와의 말씀이니라. 그러나 그 날 후에 내가 이스라엘 집과 맺을 언약은 이러하니, 곧 내가 나의 법을 그들의 속에 두며 그들의 마음에 기록하여 나는 그들의 하나님이 되고 그들은 내 백성이 될 것이라 여호와의 말씀이니라"렘31:31-33; 히8:6-13.

또한 에스겔 선지자를 통해서도 다음과 같이 말씀하셨다. "새 영을 너희 속에 두고 새 마음을 너희에게 주되 너희 육신에서 굳은 마음을 제거하고 부드러운 마음을 줄 것이며, 또 내 영을 너희 속에 두어 너희로 내 율례를 행하게 하리니 너희가 내 규례를 지켜 행할지라"겔36:26-27.

예수님께서 제자들에게 그분의 몸과 피를 주심으로 그들과 하나가 되는 언약을 하셨다.

"그 첫째 것을 폐하심은 둘째 것을 세우려 하심이라. 이 뜻을 따라 예수 그리스도의 몸을 단번에 드리심으로 말미암아 우리가 거룩함을 얻었노라 … 주께서 이르시되 그 날 후로는 그들과 맺을 언약이 이것이라 하시고 내 법을 그들의 마음에 두고 그들의 생각에 기록하리라 하신 후에 또 그들의 죄와 그들의 불법을 내가 다시 기억하지 아니하리라 하셨으니"히10:9-17.

이 말씀들은 새 언약을 통해 신성한 본성을 가진 새로운 피조물이 탄생될 것을 예언한 것으로 그들은 새 영과 새 마음으로 하나님의 말씀을 행하는 자들로 부름을 받았으며, 그 예언은 예수 그리스도를 통해 이루어졌다.

"그는 새 언약의 중보자시니 이는 첫 언약 때에 범한 죄에서 속량하려고 죽으사 부르심을 입은 자로 하여금 영원한 기업의 약속을 얻게 하려 하심이라"히9:15.

대속을 이루기 위한 새 언약

왕자와 목동이 맺은 아름다운 언약(새 언약의 예표)

성경에는 남녀 간의 사랑보다 더 아름다운 우정을 소개한다. 이스라엘의 초대 왕 사울의 아들인 왕자 요나단이 목동인 다윗과 맺은 언약의 이야기이다. 왕자 요나단은 다윗을 자기 생명처럼 사랑하여 다윗에게 자기의 겉옷과 무기를 주며 언약을 맺는다. 이 언약으로 왕자 요나단은 자신의 신분을 상징하는 겉옷을 다윗에게 줌으로 다윗을 자신과 같은 수준의 교제 대상으로 삼았다. 또한 왕자는 자기의 군복과 칼과 활을 줌으로 이제 다윗의 적을 자신의 적으로 여겼다. "다윗이 사울에게 말하기를 마치매 요나단의 마음이 다윗의 마음과 하나가 되어 요나단이 그를 자기 생명 같이 사랑하니라 … 요나단은 다윗을 자기 생명 같이 사랑하여 더불어 언약을 맺었으며, 요나단이 자기가 입었던 겉옷을 벗어 다윗에게 주었고 자기의 군복과 칼과 활과 띠도 그리하였더라"삼상18:1-4.

이 언약 이후 요나단은 아버지 사울 왕이 다윗을 죽이고자 했을 때 자기 목숨을 걸고 다윗을 보호한다. 세월이 지나 사울과 요나단이 블레셋과의 전투에서 죽고 그의 왕가는 멸망하고 만다. 하지만 다윗은 왕이 되었을 때 요나단과 맺은 언약을 기억해서 요나단의 아들 절름발이 므비보셋을 불러 그의 할아버지 사울 왕의 모든 재산을 되찾아주고 그를 자신의 왕자들과 함께 왕의 식탁에서 먹게 한다삼하9:6-13.

이 사건은 하나님의 아들이 죄인 된 인간들과 맺을 새 언약을 예고한 것이었다. 하나님의 아들이신 예수께서 먼저 우리를 사랑하셔서 우리에게 하나님 자녀의 신분을 주셨고 우리의 대적인 사탄과 싸워 우리를 구원하신다. 이 모든 일은 그리스도가 그분을 믿는자와 맺은 새 언약을 통해서 이루어진다.

하나님의 아들이 우리를 대속하기 위해 그리스도로 오셨다

하나님께서는 죄로 말미암아 사탄에게 고통받는 인류를 구원하실 것을 출애굽 사건을 통해 계시하셨다. 사탄을 상징하는 바로 왕(이집트 왕)이 이스라엘 백성을 노예로 삼아 노동력을 착취할 때 하나님께서는 어린양의 대속을 통해 그들을 애굽에서 탈출시키셨다. 그리고 하나님께서는 이 날을 유월절(the Passover)로 기념하여 대대로 지키라고 명령하셨다출12:5-27.

이 일은 장차 예수 그리스도께서 유월절 희생양이 되셔서 온 인류를 구원하실 것을 예고하신 것이다요1:29. 그리스도의 대속은 하나님의 공의와 사랑을 이루는 방법이다. 유월절에 사람들이 희생양을 먹고 그 피를 문틀의 옆과 위에 발라 구원을 받았듯이, 유월절 희생양으로 오신 예수 그리스도의 몸과 피를 먹고 마심을 통해 구원 얻게 하셨다. "요한이 예수께서 자기에게 나아오심을 보고 이르되 보라 세상 죄를 지고 가는 하나님의 어린 양이로다"요1:29.

그리스도의 대속을 통한 구원이 개개인에게 실제가 되려면 언약이 먼저 맺어져야 했다. 예수님께서는 백성들의 죄를 대속하기 위해 제자들과 하나됨을 언약하셨다. 유월절 희생양으로 돌아가시기 전날 제자들과 함께 최후의 만찬을 가지셨을 때 다음과 같이 말씀하셨다.

"그들이 먹을 때에 예수께서 떡을 가지사 축복하시고 떼어 제자들에게 주시며 이르시되 받아서 먹으라 이것은 내 몸이니라 하시고 또 잔을 가지사 감사 기도 하시고 그들에게 주시며 이르시되 너희가 다 이것을 마시라. 이것은 죄 사함을 얻게 하려고 많은 사람을 위하여 흘리는 바 나의 피 곧 (새) 언약의 피니라"마26:26-28; 고전11:25.

"저녁 먹은 후에 잔도 그와 같이 하여 이르시되 이 잔은 내 피로 세우는 새 언약이니 곧 너희를 위하여 붓는 것이라"눅22:20.

예수 그리스도는 제자들 대신 죽으시기 위해 자신의 몸과 피를 나눔으

로 그들과 하나가 되는 새 언약을 맺으셨다. 이 언약으로 예수님께서는 제 자들과 하나가 된 것뿐만이 아니고 모든 믿는 자들과 하나가 되는 것이다.

"내가 비옵는 것은 이 사람들만 위함이 아니요 또 그들의 말로 말미암 아 나를 믿는 사람들도 위함이니"요17:20. 그리고 이 언약에 관해 사도 베드 로는 다음과 같이 말하였다. "그 보배롭고 지극히 큰 약속을 우리에게 주사 이 약속으로 말미암아 너희로 정욕을 인하여 세상에서 썩어질 것을 피하여 신의 성품에 참여하는 자가 되게 하려 하셨으니"벧후1:4 개역한글.

"그는 새 언약의 중보자시니 이는 첫 언약 때에 범한 죄에서 속량하려고 죽으사 부르심을 입은 자로 하여금 영원한 기업의 약속을 얻게 하려 하심 이라"히9:15.

예수 그리스도는 제자들과 맺은 새 언약에 근거하여 우리를 대신하여 죽으시고 부활하셨다. 그리스도와 인간이 언약을 맺음으로 하나가 되었으 며 그 하나 됨에 근거하여 죄인들에게 내려져야 할 하나님의 심판이 그리 스도에게 내려졌다. 그리고 서로의 것을 공유하게 되었다(혈맹관계). 즉 믿 는 자들이 가진 죄의 짐은 그리스도에게 옮겨지고, 하나님 아들의 신분은 믿는 자들이 공유하게 되었다. 그래서 하나님은 이 새 언약 안에 있는 모든 믿는 자들의 아버지와 하나님이 되셨다.

"예수께서 이르시되 나를 붙들지 말라 내가 아직 아버지께로 올라가지 아니하였노라 너는 내 형제들에게 가서 이르되 내가 내 아버지 곧 너희 아 버지, 내 하나님 곧 너희 하나님께로 올라간다 하라"요20:17.

옛 언약(율법)은 행위의 주체자가 나이고
새 언약은 행위의 주체자가 예수님이시다

인간은 하나님과의 옛 언약을 지키지 못했다. 그러므로 하나님께서 인간이 지은 죄를 해결하시기 위해 그리스도로 오셔서 새 언약을 맺으셨다.

옛 언약 안에서는 율법을 행해야 하는 자가 인간 자신이었으나 인간은 그 율법을 지키지 못했다. 그러므로 우주의 창조주이시며 최고의 통치자이신 성자 하나님께서는 당신의 모든 특권을 포기하시고 죄로 오염된 이 땅에 인간의 몸을 입은 그리스도로 오셨다. 그리스도께서는 전 생애 속에서 우리와 같이 시험을 받으셨지만 죄를 짓지 않으셨다히4:15. 그분의 삶은 인간을 구원하시기 위해 율법의 모든 요구를 이루신 순종의 생애였다롬10:4. 왜냐하면 예수 그리스도의 순종이 그를 믿는 자들에게 전이(impart)되기 때문이었다. "한 사람이 순종하지 아니함으로 많은 사람이 죄인 된 것 같이 한 사람이 순종하심으로 많은 사람이 의인이 되리라"롬5:19.

또한 그리스도께서는 인간과 새 언약을 맺음으로 우리와 하나가 되어 우리의 허물과 죄를 위한 대속물이 되셨다. "그가 찔림은 우리의 허물 때문이요 그가 상함은 우리의 죄악 때문이라 그가 징계를 받으므로 우리는 평화를 누리고 그가 채찍에 맞으므로 우리는 나음을 받았도다 우리는 다 양 같아서 그릇 행하여 각기 제 길로 갔거늘 여호와께서는 우리 모두의 죄악을 그에게 담당시키셨도다"사53:5-6.

하나님께서는 예수님이 오시기 약 700년 전에 이사야 선지자를 통해 영원한 언약, 확실한 은혜의 언약을 맺을 것이라 말씀하셨다. 왜냐하면 예수님께서 행위의 주체자가 되셔서 우리의 모든 죄악을 담당하시고 확실한 은혜를 베풀어 주시기 때문이다. "너희는 귀를 기울이고 내게로 나아와 들으라 그리하면 너희의 영혼이 살리라 내가 너희를 위하여 영원한 언약을 맺으리니 곧 다윗에게 허락한 확실한 은혜이니라"사55:3.

성경의 예언을 성취하신 예수 그리스도

성경에 예언된 대로 이 땅에 오신 예수 그리스도

"그가 세상에 계셨으며 세상은 그로 말미암아 지은 바 되었으되 세상이 그를 알지 못하였고 자기 땅에 오매 자기 백성이 영접하지 아니하였으나 영접하는 자 곧 그 이름을 믿는 자들에게는 하나님의 자녀가 되는 권세를 주셨으니"요1:10-12.

아담과 하와의 타락 이후 모든 인류는 죄로 말미암아 사망에 이르게 되었고 하나님의 심판의 대상이 되었다롬5:12. 하지만 사랑의 하나님께서는 예수님이 이 땅에 오시기 오래전부터 그리스도(구원자)를 보내실 것을 선지자들을 통해 말씀하셨다. 성경 예언 백과사전(Barton Payne's Encyclopedia of Biblical Prophecy)에 따르면 성경에는 그리스도의 탄생, 생애, 십자가에서의 죽음, 부활에 관한 예언이 191개가 제시되어 있으며 성경의 예언대로 성자 하나님께서 이 세상에 그리스도로 오셔서 우리 죄를 위하여 죽으시고 장사된지 삼일 만에 다시 살아나셨다. "내가 받은 것을 먼저 너희에게 전하였노니 이는 성경대로 그리스도께서 우리 죄를 위하여 죽으시고 장사 지낸 바 되셨다가 성경대로 사흘 만에 다시 살아나사"고전15:3-4.

그러면 많은 예언들 중 몇가지를 알아보자.

성경의 예언들과 새 언약 안에서 예언을 성취하신 예수 그리스도

하나님께서 인간을 구원하시기 위해 이 땅에 사람으로 오실 것이 선지자를 통해 예언되었고 그대로 성취되었다(약 BC 700년).

예언 "한 아기가 우리를 위해 태어났다. 우리가 한 아들을 모셨다. 그는 우리의 통치자가 될 것이다. 그의 이름은 '놀라우신 조언자', '전능하신 하나님', '영존하시는 아버지', '평화의 왕'이라고 불릴 것이다"사9:6; 요14:9 새번역.

예수님의 말씀: "나와 아버지는 하나이니라 하신대 유대인들이 다시 돌을 들어 치려 하거늘 예수께서 대답하시되 내가 아버지로 말미암아 여러 가지 선한 일로 너희에게 보였거늘 그 중에 어떤 일로 나를 돌로 치려 하느냐 유대인들이 대답하되 선한 일로 말미암아 우리가 너를 돌로 치려는 것이 아니라 신성모독으로 인함이니 네가 사람이 되어 자칭 하나님이라 함이로라"요10:30-33.

"나를 본 자는 아버지를 보았거늘 어찌하여 아버지를 보이라 하느냐?" 요14:9.

하나님께서 이 땅에 처녀의 몸을 통해 오실 것이 예언되었고 그대로 성취되었다(약 BC 700년). 예언: "그러므로 주께서 친히 징조를 너희에게 주실 것이라 보라 처녀가 잉태하여 아들을 낳을 것이요 그의 이름을 임마누엘이라 하리라"사7:14.

예언의 성취: "예수 그리스도의 나심은 이러하니라. 그의 어머니 마리아가 요셉과 약혼하고 동거하기 전에 성령으로 잉태된 것이 나타났더니… 주의 사자가 현몽하여 이르되 다윗의 자손 요셉아 네 아내 마리아 데려오기를 무서워하지 말라 그에게 잉태된 자는 성령으로 된 것이라. 아들을 낳으리니 이름을 예수라 하라 이는 그가 자기 백성을 그들의 죄에서 구원할 자이심이라 하니라. 이 모든 일이 된 것은 주께서 선지자로 하신 말씀을 이루려 하심이니 이르시되 보라 처녀가 잉태하여 아들을 낳을 것이요 그의 이름은 임마누엘이라 하리라 하셨으니 이를 번역한즉 하나님이 우리와 함께 계시다 함이라"마1:18-23.

하나님께서 그리스도(구원자)가 되어 처녀의 몸에서 태어난다는 예언은 중요한 의미가 있다. 왜냐하면 아담과 하와가 뱀의 유혹에 따라 죄를 범했을 때 하나님께서는 이렇게 말씀하셨기 때문이다. "뱀에게 이르시되 … 여자의 후손(그리스도)은 네 머리를 상하게 할 것이요 너는 그의 발꿈치를 상하게 할 것이니라"창3:14-15; 골2:14-15.

아담 이후 모든 인류는 죄의 유전자를 가지고 태어난 죄인이다. 그러므로 하나님께서 인류를 구원하기 위해서는 죄의 유전자를 가진 아담의 씨가 아닌 죄 없는 생명이 필요했다. 예수 그리스도는 생물학적인 탄생이 아닌 동정녀 마리아의 몸을 통해 성령으로 잉태되어 탄생하심으로써 남자의 후손이 아닌 여자의 후손이라는 예언이 성취되었다.

그리스도가 유다 베들레헴에서 태어나실 것과 이집트로 피신하실 것, 그리고 나사렛에서 사실 것이 예언되었으며 그대로 성취되었다. 예수 그리스도께서 베들레헴에서 탄생하실 것을 그가 오시기 약 720년 전에 미가 선지자가 예언하였다.

예언: "너 베들레헴 에브라다야 너는 유다 족속 가운데서 작은 족속이지만 이스라엘을 다스릴 자가 네게서 내게로 나올 것이다. 그의 기원은 아득한 옛날, 태초에 까지 거슬러 올라간다"미5:2 새번역.

예언의 성취: "천사들이 떠나 하늘로 올라가니 목자가 서로 말하되 이제 베들레헴으로 가서 주께서 우리에게 알리신 바 이 이루어진 일을 보자"눅2:15. "주의 사자가 요셉에게 현몽하여 이르되 헤롯이 아기를 찾아 죽이려 하니 일어나 아기와 그의 어머니를 데리고 애굽(이집트)으로 피하여 내가 네게 이르기까지 거기 있으라 하시니⋯ 헤롯이 죽기까지 거기 있었으니 이는 주께서 선지자를 통하여 말씀하신 바 애굽으로부터 내 아들을 불렀다 함을 이루려 하심이라 ⋯ 꿈에 지시하심을 받아 갈릴리 지방으로 떠나가 나사렛이란 동네에 가서 사니 이는 선지자로 하신 말씀에 나사렛 사람이라 칭하리라 하심을 이루려 함이러라"미2:13-23; 호11:1.

그리스도의 오심이 세례 요한에 의해 예비될 것이 예언되었으며 그대로 성취되었다. 구약의 이사야 선지자는 그리스도가 오시기 약 700년 전에 세례 요한이 광야에서 예수 그리스도의 오심을 준비할 것에 대해 예언하였

다사:40:3. 또한 약 400년 전에 말라기 선지자도 세례 요한이 예수 그리스도의 길을 예비할 것을 예언하였다.

예언: "만군의 여호와가 이르노라 보라 내가 내 사자를 보내리니 그가 내 앞에서 길을 예비할 것이요"말3:1.

예언의 성취: "그 때에 세례 요한이 이르러 유대 광야에서 전파하여 말하되 회개하라 천국이 가까이 왔느니라 하였으니 그는 선지자 이사야를 통하여 말씀하신 자라 일렀으되 광야에 외치는 자의 소리가 있어 이르되 너희는 주의 길을 준비하라 그가 오실 길을 곧게 하라 하였느니라"마3:1-3.

그리스도에게 성령이 임하여 복음이 전파되고 하나님의 나라가(왕국이) 임할 것이 예언되었으며 그대로 성취되었다. 예수 그리스도가 오시기 약 700년 전에 이사야 선지자는 그리스도가 오셔서 행하실 일들을 예언하였고 그대로 성취 되었다.

예언과 예수님의 말씀: "예수께서 그 자라나신 곳 나사렛에 이르사 안식일에 늘 하시던 대로 회당에 들어가사 성경을 읽으려고 서시매 선지자 이사야의 글을 드리거늘 책을 펴서 이렇게 기록된 데를 찾으시니 곧 주의 성령이 내게 임하셨으니 이는 가난한 자에게 복음을 전하게 하시려고 내게 기름을 부으시고 나를 보내사 포로 된 자에게 자유를, 눈 먼 자에게 다시 보게 함을 전파하며 눌린 자를 자유롭게 하고 주의 은혜의 해를 전파하게 하려 하심이라 하였더라. 책을 덮어 그 맡은 자에게 주시고 앉으시니 회당에 있는 자들이 다 주목하여 보더라. 이에 예수께서 그들에게 말씀하시되 이 글이 오늘 너희 귀에 응하였느니라 하시니"눅4:16-21; 사61:1-2.

예언의 성취: "예수께서 온 갈릴리에 두루 다니사 그들의 회당에서 가르치시며 천국복음을 전파하시며 백성 중의 모든 병과 모든 약한 것을 고치시니"마4:23.

또한 이사야는 다음과 같이 예언하였으며 그대로 이루어졌다.

예언: "하나님이 오사 너희를 구하시리라 하라. 그 때에 맹인의 눈이 밝을 것이며 못 듣는 사람의 귀가 열릴 것이며 그 때에 저는 자는 사슴 같이 뛸 것이며 말 못하는 자의 혀는 노래하리니"사35:4-6; 사42:1-7.

예언의 성취: "맹인과 저는 자들이 성전에서 예수께 나아오매 고쳐주시니"마21:14.

"사람들이 귀 먹고 말 더듬는 자를 데리고 예수께 나아와 안수하여 주시기를 간구하거늘 예수께서 그 사람을 따로 데리고 무리를 떠나사 손가락을 그의 양 귀에 넣고 침을 뱉어 그의 혀에 손을 대시며 하늘을 우러러 탄식하시며 그에게 이르시되 에바다 하시니 이는 열리라는 뜻이라. 그의 귀가 열리고 혀가 맺힌 것이 곧 풀려 말이 분명하여졌더라"막7:32-35.

그리스도의 이런 행하심은 하나님의 나라는 인간의 어떠한 고통과 저주도 없는 곳임을 보여주는 증거이다.

그리스도가 비유로 천국의 비밀을 말씀하실 것이 예언되었으며 그대로 성취되었다. 예언과 예언의 성취: "예수께서 이 모든 것을 무리에게 비유로 말씀하시고 비유가 아니면 아무 것도 말씀하지 아니하셨으니 이는 선지자를 통하여 말씀하신 바 내가 입을 열어 비유로 말하고 창세부터 감추인 것들을 드러내리라 함을 이루려 하심이라"마13:34-35; 시78:2.

예수께서 그들 앞에 또 비유를 들어 이르시되 "천국은 마치 밭에 감추인 보화와 같으니 사람이 이를 발견한 후 숨겨 두고 기뻐하며 돌아가서 자기의 소유를 다 팔아 그 밭을 사느니라. 또 천국은 마치 좋은 진주를 구하는 장사와 같으니 극히 값진 진주 하나를 발견하매 가서 자기의 소유를 다 팔아 그 진주를 사느니라. 또 천국은 마치 바다에 치고 각종 물고기를 모는 그물과 같으니 그물에 가득하매 물 가로 끌어 내고 앉아서 좋은 것은 그릇에 담고 못된 것은 내버리느니라. 세상 끝에도 이러하리라 천사들이 와서 의인 중에서 악인을 갈라 내어 풀무 불에 던져 넣으리니 거기서 울며 이를 갈리라"마13:44-50.

그리스도가 인류의 죄를 대속하기 위한 희생양으로 고난받고 죽으실 것이 예언되었으며 그대로 성취되었다. 이사야 선지자는 그리스도가 오시기 약 700년 전에 그가 오셔서 우리의 죄악을 담당하실 것을 예언하였다.

예언: "그가 찔림은 우리의 허물 때문이요 그가 상함은 우리의 죄악 때문이라. 그가 징계를 받으므로 우리는 평화를 누리고 그가 채찍에 맞으므로 우리는 나음을 받았도다. 우리는 다 양 같아서 그릇 행하여 각기 제 길로 갔거늘 여호와께서는 우리 모두의 죄악을 그에게 담당시키셨도다"사53:5-6.

예수님의 말씀: "인자가 온 것은 섬김을 받으려 함이 아니라 도리어 섬기려 하고 자기 목숨을 많은 사람의 대속물로 주려 함이니라"마20:28.

예언의 성취: "예수께서 신 포도주를 받으신 후에 이르시되 다 이루었다 하시고 머리를 숙이니 영혼이 떠나가시니라"요19:30.

그리스도께서 유월절 어린양으로 죽으시고 그의 뼈가 하나도 꺾이지 않을 것이 예언되었으며 그대로 성취되었다. 인간의 죄를 대신하여 죽는 유월절 어린양은 그 뼈를 하나도 꺾지 않는 것이 규례였다민9:12. 그리고 장차 세상 죄를 짊어지기 위해 오실 그리스도의 뼈는 하나도 꺾이지 아니할 것이 예언되었다.

예언: "그의 모든 뼈를 보호하심이여 그 중에서 하나도 꺾이지 아니하도다"시34:20. "요한이 예수께서 자기에게 나아오심을 보고 이르되 보라 세상 죄를 지고 가는 하나님의 어린 양이로다"요1:29.

유월절에 인간의 죄를 대신하여 희생양으로 죽으신 예수님의 뼈는 하나도 꺾이지 아니하였으며 이것은 예언을 성취하기 위함이었다.

예언의 성취: "군인들이 가서 예수와 함께 못 박힌 첫째 사람과 또 그 다른 사람의 다리를 꺾고 예수께 이르러서는 이미 죽으신 것을 보고 다리를 꺾지 아니하고 그 중 한 군인이 창으로 옆구리를 찌르니 곧 피와 물이 나오더라 … 이 일이 일어난 것은 그 뼈가 하나도 꺾이지 아니하리라 한

step 4 예수 그리스도께서 인간과 맺은 새 언약

성경을 응하게 하려 함이라"요19:32-36.

그리스도께서 죽으시고 다시 살아나실 것이 예언되었으며 그대로 성취되었다. 다윗 왕은 그리스도가 오시기 약 1000년 전에 그리스도의 부활을 예언했다. 예언: "이는 내 영혼을 음부에 버리지 아니하시며 주의 거룩한 자로 썩지 않게 하실 것임이니이다"시16;10 개역한글.

"그(다윗)는 선지자라 … 그리스도의 부활을 말하되 그가 음부(지옥)에 버림이 되지 않고 그의 육신이 썩음을 당하지 아니하시리라 (예언)하더니 (성취)이 예수를 하나님이 살리신지라 우리가 다 이 일에 증인이로다"행2:30-32. 예수님께서도 자신이 죽으시고 3일 만에 다시 살아나실 것을 말씀하셨다. 예수님의 말씀: "요나가 밤낮 사흘 동안 큰 물고기 뱃속에 있었던 것 같이 인자도 밤낮 사흘 동안 땅 속에 있으리라"마12:40.

"예수 그리스도께서 자기가 예루살렘에 올라가 장로들과 대제사장들과 서기관들에게 많은 고난을 받고 죽임을 당하고 제삼일에 살아나야 할 것을 제자들에게 비로소 나타내시니"마16:21.

"예수께서 답하여 이르시되 너희가 이 성전을 헐라 내가 사흘 동안에 일으키리라 … 그러나 예수는 성전된 자기 육체를 가리켜 말씀하신 것이라. 죽은 자 가운데서 살아나신 후에야 제자들이 이 말씀하신 것을 기억하고 성경과 예수께서 하신 말씀을 믿었더라"요2:19-22.

예언의 성취: "내가 받은 것을 먼저 너희에게 전하였노니 이는 성경대로 그리스도께서 우리 죄를 위하여 죽으시고 장사 지낸 바 되셨다가 성경대로 사흘 만에 다시 살아나사 게바에게 보이시고 후에 열두 제자에게와 그 후에 오백여 형제에게 일시에 보이셨나니 그 중에 지금까지 대다수는 살아 있고"고전15:3-6, "그가 고난 받으신 후에 또한 그들에게 확실한 많은 증거로 친히 살아 계심을 나타내사 사십 일 동안 그들에게 보이시며 하나님 나라의 일을 말씀하시니라"행1:3.

예수 그리스도께서
대속을 위해 인간과 맺은 새 언약

하나님은 언약의 하나님이시다.
사랑이 많으신 하나님께서는 언약을 통하여
연약한 인간들의 권리와 특권을 보장하셨다.
성경대로 오신 예수 그리스도께서 우리와 새 언약을 맺으신 후
우리를 대표해서 죽으시고 부활하셔서 모든 예언을 성취하셨다.

1 이번 배움을 통해 깨달은 것을 나눠보자

예수님이 성경의 모든 예언을 성취하셨다는 것은 어떤 의미인가?

_____

새 언약은 무엇이며 예수님께서는 왜 제자들과 언약을 맺으셨는가?

_____

옛 언약과 새 언약의 차이는 무엇인가?

_____

예수님은 이 땅에서 어떤 일들을 하셨는가?

_____

2 믿음을 말(고백)하는 것이 믿음을 효과 있게 한다

예수 그리스도가 인간과 맺은 새 언약

그리스도께서 성경의 예언대로 오시고 죽으시고 다시 살아나셨습니다.

새 언약을 통해 예수 그리스도는 우리와 하나됨을 언약하셨습니다.

새 언약을 통해 그리스도는 나의 죄와 연약함을 담당하셨습니다.

그리고 그리스도의 좋은 것은 나의 것이 되었습니다.

나는 새 언약을 통해 신의 성품(본성)에 참여하였습니다.

3 하나님 아버지!
우리를 사랑하셔서 그리스도를 통해 새 언약을 맺어 주심에 감사드립니다.
그 언약에 내가 믿음으로 동참합니다.
예수님의 이름으로 기도드립니다. 아멘.

4 암송해야 할 중요한 성경 말씀

"내가 받은 것을 먼저 너희에게 전하였노니 이는 성경대로 그리스도께서 우리
죄를 위하여 죽으시고 장사 지낸 바 되셨다가 성경대로 사흘 만에 다시 살아
나사"고린도전15:3-4.

"이것은 죄 사함을 얻게 하려고 많은 사람을 위하여 흘리는 바 나의 피 곧 언약
의 피니라"마태복음26:28.

"그 보배롭고 지극히 큰 약속(새 언약)을 우리에게 주사 이 약속으로 말미암아
너희가 정욕 때문에 세상에서 썩어질 것을 피하여 신성한 성품에 참여하는 자가
되게 하려 하셨느니라"베드로후서1:4.

5 다음 단계로 올라가는 말

예수 그리스도는 자기 백성들의 죄를 대속하기 위해 십자가를 향해 가셨다.

6 다음 단계를 위해 읽어올 성경말씀

마가복음15-16장, 누가복음 23-24장.

Q
당신은 예수 그리스도의 죽음과 부활이
자신에게 어떤 의미를 주는지 아는가?

인간이 구원받을 수 있는 기회는
쉽게 만들어진 것이 아니다

예수님께서 나를 대신한 대속 제물이 되어 죽으시고 부활하셨다.
예수님의 죽음은 죄인 된 나의 죽음이요
그의 부활은 의인 된 나의 탄생이다.

새 언약 안에서 우리의 대표자 예수 그리스도의
죽음과 부활 그리고 나

"예수는 우리가 범죄한 것 때문에 내어줌이 되고
또한 우리를 의롭다 하시기 위하여 살아나셨느니라"
– 롬4:25 –

새 언약 안에서
우리의 대표자이신 예수 그리스도의 죽음

겸손함이 필요한 죄인들

예수 그리스도께서 십자가에서 이루신 일은 깊고 심오하다. 깊고 심오한 이 진리를 알기 위해서는 먼저 우리가 하나님의 구원을 필요로 하는 죄인이라는 사실부터 인정해야 한다. 그렇게 되면 우리의 오만함은 사라지고 겸손함이 자리 잡을 것이다.

사람은 하나님을 위해서 하나님으로 인해 창조된 피조물이다. 그리고 우리는 하나님께서 주신 생명으로 그분이 만드신 자연의 모든 혜택 속에서 살아가고 있다. 그럼에도 불구하고 사람들은 우리의 근원 되시는 하나님을 찾지도 않고 섬기지도 않으며 온갖 죄를 범하고 있다. 이에 대하여 성경은 이렇게 말하고 있다. "사람들이 하나님을 아는 것을 하찮게 여겼으므로, 하나님께서는 사람들이 타락한 생각에 빠지게 하시고 사람들이 해서는 안 될 일들을 하게 내버려 두셨습니다. 그들은 온갖 불의와 악행과 탐욕과 악독으로 가득 찬 사람들입니다. 또한 시기와 살인과 다툼과 속임과 적의로 가득 찼으며, 남에 대해 말하기를 좋아하고, 남들을 비방하고, 하나님을 미워하며, 거만하고 건방지며, 뽐내기를 잘합니다. 그들은 악한 일을 계획하고 부모님께 순종하지 않습니다. 그들은 양심도 없으며, 약속을 지키지 않으며, 친절하지도 않고, 동정심도 없습니다. 사람들은 그런 일을 행하는 사람은 죽어 마땅하다는 하나님의 의로우신 법을 알면서도 자신들만 그런 악한 행동을 계속하는 것이 아니라 그런 행동을 저지르는 다른 사람들까지 잘한다고 두둔합니다"롬1:28-32 쉬운성경.

사람들은 마음에 하나님 모시기를 거부하면서 그들의 부패한 본성에서 나오는 경건치 않은 마음과 행위로 하나님을 거역하며 이웃과 자기 스스로를 고통스럽게 만들고 있다. 그들은 하나님을 섬기지 않고, 교만하며, 남들을 비방하고, 신의를 지키지 않으며, 거짓말, 도둑질, 간음, 낙태, 잔인한 분노와 미움, 질투 등의 죄를 지으며 살아가고 있다. 우리가 이러한 죄를 지을 때 곧 죄책감이 찾아온다. 왜 그런 것일까? 그 이유는 하나님이 우리 마음에 새겨둔 양심의 법이 자신을 정죄하는 것이며, 그 죄에 따른 무서운 형벌이 있다는 것을 양심이 알고 있기 때문이다. 성경은 모든 사람이 죄를 범했다고 말하고 있으며 죄에 대한 대가가 사망이라고 분명히 경고하고 있다롬3:23. "죄의 삯은 사망이요"롬6:23.

모든 인간은 숙명처럼 내려오는 원죄(죄인의 본성)와, 살면서 짓는 죄로 인해 하나님의 심판을 피할 수 없는 죄인이 되었다.

예수 그리스도의 고난과 죽음이 나에게 주는 의미와 효과는 무엇인가?

나의 죄를 위한 대속 제물이 되어 대신 저주(형벌)를 받으신 것이다

하나님께서는 온 우주를 공의로 다스리신다. "여호와께서 영원히 앉으심이여 심판을 위하여 보좌를 준비하셨도다. 공의로 세계를 심판하심이여 정직으로 만민에게 판결을 내리시리로다"시9:7-8.

하나님의 공의는 죄인들을 심판하셔야 했지만 다른 한편으로 죄인들을 사랑하셔서 구원하길 원하셨다. 그래서 하나님의 아들 예수님께서 그리스도(구원자)로 오셔서 죄인들을 위해 대신 형벌을 받으신 것이다.

그런데 사람들은 흔히 예수 그리스도의 고난과 죽음이 나와 무슨 상관이냐고 반문한다. 내가 죄를 지었으면 내가 지옥에 가면 되지, 왜 예수님께서 대신 죽었다고 하느냐는 의문을 품는다. 만일 대화를 거부하는 사춘기 자녀가 방안에 문 잠그고 틀어박히면 누가 먼저 대화를 시도하는가? 먼저 다가가 문을 열어달라고 하거나 배고플테니 밥 먹으라면서 방문을 여는 사람은 바로 부모이다. 이와 마찬가지로 하나님께서는 우리와 하나님 사이를 막은 죄의 담을 예수님을 통해 허셨다. 즉 예수님께서 우리의 죄에 대한 대속 제물이 되어 저주 받으심으로 하나님의 공의를 만족시키신 것이다.

"그가 찔림은 우리의 허물 때문이요 그가 상함은 우리의 죄악 때문이라. 그가 징계를 받으므로 우리는 평화를 누리고 그가 채찍에 맞으므로 우리는 나음을 받았도다. 우리는 다 양 같아서 그릇 행하여 각기 제 길로 갔거늘 여호와께서는 우리 모두의 죄악을 그에게 담당시키셨도다"시53:5-6.

"인자가 온 것은 섬김을 받으려 함이 아니라 도리어 섬기려 하고 자기 목숨을 많은 사람의 대속물로 주려 함이니라"마20:28.

"그리스도께서 우리를 위하여 저주를 받은바 되사 율법의 저주에서 우리를 속량하셨으니 기록된 바 나무에 달린 자마다 저주 아래 있는 자라 하였음이라"갈3:13.

나의 죄를 씻어 의롭게 하여 하나님 앞으로 인도하기 위함이다

거룩하신 하나님 앞에 죄를 가지고는 나갈 수 없다. 그러므로 우리의 죄를 씻기 위해서는 죄 없는 생명이 대신 죽어야 했다. 왜냐하면 생명이 피에 있고 피가 죄를 속죄하기 때문이다.

"육체의 생명은 피에 있음이라 내가 이 피를 너희에게 주어 제단에 뿌려 너희의 생명을 위하여 속죄하게 하였나니 생명이 피에 있으므로 피가 죄를 속하느니라"레17:11. "피흘림이 없은즉 사함이 없느니라"히9:22.

"염소와 송아지의 피로 하지 아니하고 오직 자기의 피로 영원한 속죄를 이루사 단번에 성소에 들어가셨느니라"히9:12.

"그리스도께서도 단번에 죄를 위하여 죽으사 의인으로서 불의한 자를 대신하셨으니 이는 우리를 하나님 앞으로 인도하려 하심이라"벧전3:18.

"그의 십자가의 피로 화평을 이루사 만물 곧 땅에 있는 것들이나 하늘에 있는 것들이 그로 말미암아 자기와 화목하게 되기를 기뻐하심이라. 전에 악한 행실로 멀리 떠나 마음으로 원수가 되었던 너희를 이제는 그의 육체의 죽음으로 말미암아 화목하게 하사 너희를 거룩하고 흠 없고 책망할 것이 없는 자로 그 앞에 세우고자 하셨으니"골1:20-22.

"예수께서 이르시되 내가 곧 길이요 진리요 생명이니 나로 말미암지 않고는 아버지께로 올 자가 없느니라"요14:6.

나의 옛 사람이 예수와 함께 죽어 다시는 죄에게 종 노릇하지 않게 하기 위함이다. 예수님의 죽음은 곧 나의 죽음이다. 즉 죄의 본성을 가진 나의 죽음이다. 예수님께서 십자가에서 대신 죽으신 것은 우리 죄의 몸이 죽어 다시는 우리가 죄에게 종 노릇하지 않게 하기 위함이다. 따라서 예수님과 함께 죽고 장사된 자는 더 이상 죄의 종이 아니다.

"우리가 알거니와 우리의 옛 사람이 예수와 함께 십자가에 못 박힌 것은 죄의 몸이 죽어 다시는 우리가 죄에게 종 노릇 하지 아니하려 함이니"롬6:6.

예수님은 인류를 구원하려고 오셨지만 인류는 구덩이 속에서 나올 이유를 모르고 있다.

"그가 죽으심은 죄에 대하여 단번에 죽으심이요 그가 살아 계심은 하나님께 대하여 살아 계심이니 이와 같이 너희도 너희 자신을 죄에 대하여는 죽은 자요 그리스도 예수 안에서 하나님께 대하여는 살아 있는 자로 여길지어다"롬6:10-11.

"친히 나무에 달려 그 몸으로 우리 죄를 담당하셨으니 이는 우리로 죄에 대하여 죽고 의에 대하여 살게 하려 하심이라"벧전 2:24.

죽음의 세력 마귀로부터 나를 해방시켜 자유케 하기 위함이다

"예수께서 대답하시되 진실로 진실로 너희에게 이르노니 죄를 범하는 자마다 죄의 종이라. 종은 영원히 집에 거하지 못하되 아들은 영원히 거하나니, 그러므로 아들이 너희를 자유롭게 하면 너희가 참으로 자유로우리라"요8:34-36.

"그가 우리를 흑암의 권세에서 건져내사 그의 사랑의 아들의 나라로 옮기셨으니 그 아들 안에서 우리가 속량 곧 죄 사함을 얻었도다"골1:13-14.

"자녀들은 혈과 육에 속하였으매 그도 또한 같은 모양으로 혈과 육을 함께 지니심은 죽음을 통하여 죽음의 세력을 잡은 자 곧 마귀를 멸하시며, 또 죽기를 무서워하므로 한평생 매여 종 노릇 하는 모든 자들을 놓아 주려 하심이니"히2:14-15.

나의 연약함과 병을 짊어지시기 위함이다

"그는 실로 우리의 질고를 지고 우리의 슬픔을 당하였거늘 우리는 생각하기를 그는 징벌을 받아 하나님께 맞으며 고난을 당한다 하였노라 그가 찔림은 우리의 허물 때문이요 그가 상함은 우리의 죄악 때문이라. 그가 징계를 받으므로 우리는 평화를 누리고 그가 채찍에 맞으므로 우리는 나음을 받았도다"사53:4-5.

"예수께서 말씀으로 귀신들을 쫓아 내시고 병든 자들을 다 고치시니 이는 선지자 이사야를 통하여 하신 말씀에 우리의 연약한 것을 친히 담당하시고 병을 짊어지셨도다 함을 이루려 하심이더라"마8:16-17.

"친히 나무에 달려 그 몸으로 우리 죄를 담당하셨으니 이는 우리로 죄에 대하여 죽고 의에 대하여 살게 하려 하심이라 그가 채찍에 맞음으로 너희는 나음을 얻었나니"벧전2:24.

나에게 영원한 생명을 주시기 위해서이다

죄의 삯은 사망이다. 따라서 죄를 제거해야만 영원한 생명을 주실 수 있다. 그리스도께서 우리의 죄에 대한 대속물이 되어 죽으심으로 하나님의 공의(公義)를 만족시키셨다. 그로인해 하나님께서는 그리스도를 믿는 자들에게 영원한 생명(영생)을 주실 수 있다. "모세가 광야에서 뱀을 든 것 같이 인자도 들려야 하리니, 이는 그를 믿는 자마다 영생을 얻게 하려 하심이니라. 하나님이 세상을 이처럼 사랑하사 독생자를 주셨으니, 이는 그를 믿는 자마다 멸망하지 않고 영생을 얻게 하려 하심이라"요3:14-16.

하나님의 사랑을 나타내신 것이다

하나님은 우리를 사랑하신다. 이것은 성경이 말하는 변함없는 진리이다. 하나님 자신이 새 언약 안에서 우리의 대표자가 되셔서 십자가에서 죽으심으로 우리 죄에 대한 저주를 대신 받으셨다는 사실이 그 사랑을 증명해 주고 있다.

"우리가 아직 죄인 되었을 때에 그리스도께서 우리를 위하여 죽으심으로 하나님께서 우리에게 대한 자기의 사랑을 확증하셨느니라"롬5:8.

"사랑은 여기 있으니 우리가 하나님을 사랑한 것이 아니요 하나님이 우리를 사랑하사 우리 죄를 속하기 위하여 화목 제물로 그 아들을 보내셨음이라"요일4:10.

예수님의 죽음은 죄인 된 나의 죽음이며 하나님이 나를 사랑하신다는 증거이다.

새 언약 안에서
우리의 대표자이신 예수 그리스도의 부활

"허물로 죽은 우리를 그리스도와 함께 살리셨고 (너희는 은혜로 구원을 받은 것이라) 또 함께 일으키사 그리스도 예수 안에서 함께 하늘에 앉히시니"엡2:5-6.

예수 그리스도께서 부활하시고 승천하셨다!

부활이란 죽었다가 다시 영원히 살아나는 것을 말한다. 예수 그리스도께서는 장례를 치른 후 사흘 만에 다시 살아나셨다. 이것은 엄연한 역사적 사실이다. 간혹 그 부활을 다른 의미로, 혹은 문학적 비유나 상징으로 해석하는 사람도 있지만 절대 그렇지 않다. 물리적으로 화학적으로 실재한 사람으로 부활하신 것이다. 그 증거로 주님께서는 부활하신 후 40일 동안 세상에 많은 사람에게 자신을 나타내셨다. 안식 후 첫날 아침 제일 먼저 막달라 마리아에게 나타나셨으며막16:9, 엠마오로 내려가던 제자들에게 나타나셨다눅24:13-31. 또한 안식 후 첫날 저녁에 제자들에게요20:19, 두 번째 주일에 제자들에게요20:26-29, 디베랴 바다에서 제자들에게 나타나셨다요21:1-14. 그리고 500명이 넘는 사람들에게 일시에 나타나셨으며고전15:6, 마지막 감람산에서 많은 사람이 보는 가운데서 하늘로 올라가셨다.

"이 말씀을 마치시고 그들이 보는데 올려져 가시니 구름이 그를 가리어 보이지 않게 하더라. 올라가실 때에 제자들이 자세히 하늘을 쳐다보고 있는데 흰 옷 입은 두 사람이 그들 곁에 서서 이르되 갈릴리 사람들아 어찌하여 서서 하늘을 쳐다보느냐 너희 가운데서 하늘로 올려지신 이 예수는 하늘로 가심을 본 그대로 오시리라 하였느니라"행1:9-11.

부활에 관해서 〈시카고 트리뷴〉지 기자 출신인 리 스트로벨은 다음과 같이 말했다. "부활은 역사적 사실이다. 십자가 처형이 발생했던 바로 그도시에서 교회가 기적적으로 출현했다. 이것은 예수 그리스도가 다시 살아났음을 목격한 증인들을 떠나서는 설명할 수 없는 일이다."

부활은 십자가에서 죽으신 예수님께서 하나님의 아들이시며 그리스도(구원자)이심을 보여주는 증거가 된다. 만일 부활이 없었다면 예수님의 죽음은 한 인간의 억울한 죽음으로 끝났을 것이다. 하지만 예수님께서는 선지자들을 통해 성경에 예언된 대로 오셔서 죽으시고 장사한지 사흘 만에 부활하셨다. "성경대로 그리스도께서 우리 죄를 위하여 죽으시고 장사 지낸 바 되셨다가 성경대로 사흘 만에 다시 살아나사"고전15:3-4.

예수님의 부활은 이 땅에 오신 예수님이 하나님의 아들이시며 그리스도이심을 보여주는 증거이다.

"이는 정하신 사람으로 하여금 천하를 공의로 심판할 날을 작정하시고 이에 그를 죽은 자 가운데서 다시 살리신 것으로 모든 사람에게 믿을 만한 증거를 주셨음이니라"행17:31.

"성결의 영으로는 죽은 자들 가운데서 부활하사 능력으로 하나님의 아들로 선포되셨으니 곧 우리 주 예수 그리스도시니라"롬1:4.

예수님을 따르던 열두 제자 중 한 사람인 도마는 십자가에서 죽으신 예수님의 부활소식을 믿지 못하다가 그분을 만나서 손과 옆구리를 직접 만져본 후에야 나의 주 나의 하나님이라 고백하였다요20:25-28.

예수님께서도 하늘로부터 온 표적을 구하는 자들에게 자신이 죽음에서 부활하실 것을 말씀하셨다. "예수께서 대답하여 이르시되 악하고 음란한 세대가 표적을 구하나 선지자 요나의 표적 밖에는 보일 표적이 없느니라 요나가 밤낮 사흘 동안 큰 물고기 뱃속에 있었던 것 같이 인자도 밤낮 사흘 동안 땅 속에 있으리라"마12:39-40; 마16:1-4.

예수님의 죽으심과 부활하심은 하나님의 계획이며 예수 그리스도가 하나님의 아들, 즉 하나님이시며 구원자이심을 보여주는 증거가 된다.

예수 그리스도의 부활이 나에게 주는 의미와 효과는 무엇인가?

나를 거듭나게 하여 하나님의 생명으로 살게 하기 위해서이다

예수님께서 죽음에서 부활하심은 죽음을 정복하셨다는 의미이다. 그러므로 예수님과 새 언약으로 연합된 자들은 하나님의 영원한 생명을 얻음으로 거듭나서 새 생명으로 살게 되는 것이다. 이 새 생명은 죽음을 이기는 생명, 하나님과 예수님께서 가지신 영원한 생명으로서 이 생명 안에는 하나님의 사랑(아가페), 지혜, 의로움, 능력, 영원함 등이 있다고전1:30.

"예수 그리스도를 죽은 자 가운데서 부활하게 하심으로 말미암아 우리를 거듭나게 하사 산 소망이 있게 하시며"벧전1:3.

"그러므로 우리가 그의 죽으심과 합하여 세례(침례)를 받음으로 그와 함께 장사되었나니 이는 아버지의 영광으로 말미암아 그리스도를 죽은 자 가운데서 살리심과 같이 우리로 또한 새 생명(ZOE) 가운데서 행하게 하려 함이라"롬6:4.

예수 그리스도의 부활은 믿는 자들의 부활을 확증한다

예수 그리스도의 부활은 예수님을 믿는 자들도 예수님처럼 부활할 것임을 보여준다. 왜냐하면 예수 그리스도는 새 언약을 통해 믿는 자들과 하나이기 때문이다. "만일 우리가 그의 죽으심과 같은 모양으로 연합한 자가 되었으면 또한 그의 부활과 같은 모양으로 연합한 자도 되리라"롬6:5.

"허물로 죽은 우리를 그리스도 예수와 함께 살리셨고 또 함께 일으키사 그리스도 예수 안에서 함께 하늘에 앉히시니"엡2:5-6.

"주 예수를 다시 살리신 이가 예수와 함께 우리도 다시 살리사 너희와 함께 그 앞에 서게 하실 줄을 아노라"고후4:14.

"예수께서 가라사대 나는 부활이요 생명이니 나를 믿는 자는 죽어도 살겠고, 무릇 살아서 나를 믿는 자는 영원히 죽지 아니하리니 이것을 네가 믿느냐?"요11:25-26.

"나는 처음이요 마지막이니 곧 살아 있는 자라 내가 전에 죽었었노라 볼지어다 이제 세세토록 살아 있어 사망과 음부의 열쇠를 가졌노니"계1:17-18.

"그는 만물을 자기에게 복종하게 하실 수 있는 자의 역사로 우리의 낮은 몸을 자기 영광의 몸의 형체와 같이 변하게 하시리라"빌3:21.

"이제 그리스도께서 죽은 자 가운데서 다시 살아나사 잠자는 자들의 첫 열매가 되셨도다. 사망이 한 사람으로 말미암았으니 죽은 자의 부활도 한 사람으로 말미암는도다. 아담 안에서 모든 사람이 죽은 것 같이 그리스도 안에서 모든 사람이 삶(부활)을 얻으리라. 그러나 각각 자기 차례대로 되리니 먼저는 첫 열매인 그리스도요 다음에는 그가 강림하실 때에 그리스도에게 속한 자요"고전15:20-23; 고전15:42-44.

나를 의롭다 하시기 위함이다

예수 그리스도의 대속적 죽음과 부활은 믿음으로 주님과 연합된 자들을 의롭게 하셨다. "예수는 우리가 범죄한 것 때문에 내줌이 되고, 또한 우리를 의롭다 하시기 위하여 살아나셨느니라"롬4:25.

"그리스도 예수 안에 있는 속량으로 말미암아 하나님의 은혜로 값 없이 의롭다 하심을 얻은 자 되었느니라"롬3:24.

나의 주(主)가 되시기 위해서이다

"그런즉 이스라엘 온 집은 확실히 알지니 너희가 십자가에 못 박은 이 예수를 하나님이 주와 그리스도가 되게 하셨느니라 하니라"행2:36.

예수님께서 죽으시고 부활하신 목적은 단순히 우리를 죄에서 구원하시는 것뿐만 아니라 우리의 주(主)가 되시기 위해서이다. 자신이 주인 되어 죄와 사망 가운데 살던 죄인들이 예수님을 나의 주 나의 하나님으로 믿을 때 예수님은 나의 삶 전체를 생명의 길로 인도하신다.

"우리가 살아도 주를 위하여 살고 죽어도 주를 위하여 죽나니 그러므로 사나 죽으나 우리가 주의 것이로다. 이를 위하여 그리스도께서 죽었다가 다시 살아나셨으니 곧 죽은 자와 산 자의 주가 되려 하심이라"롬14:8-9; 빌2:10-11.

"그가 모든 사람을 대신하여 죽으심은 살아 있는 자들로 하여금 다시는 그들 자신을 위하여 살지 않고 오직 그들을 대신하여 죽었다가 다시 살아나신 이를 위하여 살게 하려 함이라"고후5:15.

나를 예수님의 몸의 지체로 만드신 것이다

우리는 새 언약을 통해 예수님과 하나가 되어 함께 죽고 예수님께서 부활하실 때 그분 몸의 한 지체로 함께 부활한 것이다. "허물로 죽은 우리를 그리스도와 함께 살리셨고 (너희는 은혜로 구원을 받은 것이라) 또 함께 일으키사 그리스도 예수 안에서 함께 하늘에 앉히시니"엡2:5-6.

"이는 이방인들이 복음으로 말미암아 그리스도 예수 안에서 함께 상속자가 되고 함께 지체가 되고 함께 약속에 참여하는 자가 됨이라"엡3:6.

"너희는 그리스도의 몸이요 지체의 각 부분이라"고전12:27; 롬12:4-5; 엡5:30.

"나는 포도나무요 너희는 가지라 그가 내 안에, 내가 그 안에 거하면 사람이 열매를 많이 맺나니 나를 떠나서는 너희가 아무 것도 할 수 없음이라" 요15:5.

예수님께서 하나님의 아들이심을 믿을 수 있는 증거가 된다

예수 그리스도는 성경에 예언된 대로 오셔서 죽으시고 그리고 부활하셨다. 부활은 2000년 전 당시에 부인할 수 없는 엄청난 사건이었다. 예수님께서는 죽음에서 다시 살아나신 후에 40일 동안 많은 사람들에게 자신을 보이신 후 제자들과 여러 사람들이 지켜보는 가운데 하늘로 올려지셨다 행1:9-11. 이 사건은 예수님께서 하나님의 약속대로 이 땅에 그리스도로 오신 하나님의 아들이심을 믿을 수 있는 근거가 된다.

"이는 정하신 사람으로 하여금 천하를 공의로 심판할 날을 작정하시고 이에 그를 죽은 자 가운데서 다시 살리신 것으로 모든 사람에게 믿을 만한 증거를 주셨음이니라 하니라"행17:31.

"내가 받은 것을 먼저 너희에게 전하였노니 이는 성경대로 그리스도께서 우리 죄를 위하여 죽으시고 장사 지낸 바 되셨다가 성경대로 사흘 만에 다시 살아나사 게바에게 보이시고 후에 열두 제자에게와 그 후에 오백여 형제에게 일시에 보이셨나니"고전15:3-6.

"성결의 영으로는 죽은 자들 가운데서 부활하사 능력으로 하나님의 아들로 선포되셨으니 곧 우리 주 예수 그리스도시니라"롬1:4.

예수님의 부활은 새로운 인류의 탄생이며 예수님께서 하나님의 아들이시라는 증거이다.

하나님의 가장 큰 선물인 예수 그리스도

예수 그리스도는 하나님께서 인류를 위해 주신 가장 큰 선물이다. 우리는 우리를 사랑하셔서 대신 죽으시고 부활하신 예수님을 나의 구원자와 주로 믿고 받아 들여야 한다. 그러나 만일 우리가 예수님을 자신의 구원자와 주님으로 받아들이지 않는다면 그의 생명과 피는 우리와는 상관없는 것이 될 것이며, 우리는 자신의 죄를 짊어진 채 영원한 지옥으로 가게 된다.

그러므로 주 예수 그리스도를 믿는 것은 하나님의 사랑을 받아들이는 것이며, 구원받을 유일한 기회를 붙잡는 것이다.

예수 그리스도와 나의 관계

모든 사람은 자신의 영원한 시간을 누구와 살 것인가를 선택해야 한다

인생은 매 순간이 선택의 연속이다. 옷을 살 때도 음식을 먹을 때도 선택이고 직장이나 결혼 그리고 사는 집도 다 나의 선택에 의한 것들이다. 이런 선택이 쌓이고 쌓여서 나를 이루는 것이다. 좋은 선택은 나를 행복하게 만들지만 그릇된 선택은 나를 불행하게 만든다.

모든 사람은 창조주이시며 구원자이신 예수님과 거짓의 우두머리인 사탄 사이에서 선택해야만 한다. 그리고 인간이 해야 할 가장 바른 선택은 하나님이 보내주신 구원자 예수 그리스도를 선택하는 것이다. 그 선택은 우리의 영원한 운명을 결정한다. 그리고 우리가 알아야 할 사실은 구원자 예수님을 선택하지 않는 사람은 자동적으로 사탄의 속박 아래 머물러 있게 된다는 것이다.

모든 사람은 그 마음에 하나님이 사시도록 설계되고 창조되었다. 그래서 마음에 그리스도를 모시지 않은 사람들은 심령이 목말라 방황하며 세상의 그 무엇인가로 채우려 하는 것이다. 술, 영화, 게임, 쇼핑, 부와 명예, 쾌락, 섹스, 마약 등 온갖 자신의 만족을 추구하며 살지만 그 공허함은 채워지지 않는다. 왜냐하면 그 자리는 오직 그리스도로만 채울 수 있기 때문이다. 그러므로 우리가 예수 그리스도를 내 마음과 내 삶의 주인으로 믿고 받아들이는 것은 인생 최고의 축복이다. 예수님은 나를 창조하신 창조주이시며 또한 나를 사랑하시어 멸망으로부터 구원하기 원하시는 구원주이시다.

인간의 구원주(그리스도)가 되려면 어떤 조건을 갖추어야 하나?

인간을 구원해줄 구원주는 아무나 될 수 없다. 인간의 구원주가 되려면

두 가지 조건을 갖추어야 한다. 첫째는 전능하신 하나님(신성)이어야 한다. 그리고 둘째는 인간의 고통과 약함을 이해하고 인간의 처지를 대변하며, 인간을 위해 대신 죽을 수 있는 육체를 가진 인간(인성)이어야 하며 죄가 전혀 없어야 한다. 이 두 가지 조건을 충족시킬 수 있는 존재는 한 마디로 하나님이시며 또한 인간이어야 한다는 뜻이다. 인류의 역사상 우리의 구원주가 되실 수 있는 사람은 오직 예수님뿐이시다.

"그는 근본 하나님의 본체시나 하나님과 동등됨을 취할 것으로 여기지 아니하시고 오히려 자기를 비워 종의 형체를 가지사, 사람들과 같이 되셨고 사람의 모양으로 나타나사 자기를 낮추시고 죽기까지 복종하셨으니 곧 십자가에 죽으심이라"빌2:6-8.

"다른 이로써는 구원을 받을 수 없나니 천하 사람 중에 구원을 받을 만한 다른 이름을 우리에게 주신 일이 없음이라"행4:12.

"예수께서 이르시되 내가 곧 길이요 진리요 생명이니 나로 말미암지 않고는 아버지께로 올 자가 없느니라"요14:6.

어떻게 하면 구원을 받을 수 있는가?

예수 그리스도를 구원자로 아는 것만으로는 구원받을 수 없다. 구원은 관계성이기 때문이다. 구원은 회개하고 예수님을 나의 구원자와 주님으로 믿어야 얻을 수 있다. 즉 예수님을 믿지 않고 내가 주인 되어 살아온 죄를 회개하고 나를 위해 죽으시고 부활하신 예수님이 나의 주인이심을 마음 중심으로 믿는 것이다. 예수님께서 그리스도가 되셔서 우리의 죄를 위해 죽으시고 부활하신 이유는 우리의 주가 되기 위해서이다.

"이를 위하여 그리스도께서 죽었다가 다시 살아나셨으니 곧 죽은 자와 산 자의 주가 되려 하심이라"롬14:9.

"죄에 대하여라 함은 그들이 나(예수님)를 믿지 아니함이요"요16:9.

"선생들이여 내가 어떻게 하여야 구원을 받으리이까? 하거늘 이르되

회개는 마음의 반성이 아니다. 하나님께로 돌아오는 것이다.

주 예수를 믿으라 그리하면 너와 네 집이 구원을 받으리라"행16:30-31.

　"너희가 회개하여 각각 예수 그리스도의 이름으로 세례(침례)를 받고 죄 사함을 받으라 그리하면 성령의 선물을 받으리니"행2:38; 눅24:47; 행20:21.

　구원은 회개하고 주 예수님을 마음으로 믿고 입으로 시인하는 것이다. 그래서 마음 중심에 모시는 것이다. 예수 그리스도께서 나의 죄를 위해 죽으시고 부활하셔서 지금 살아계심을 마음으로 믿는 것이다. 그리고 예수님이 나의 주님이심을 입으로 시인하는 것이다.

　"네가 만일 네 입으로 예수를 주(主)로 시인하며 또 하나님께서 그를 죽은 자 가운데서 살리신 것을 네 마음에 믿으면 구원을 얻으리니. 사람이 마음으로 믿어 의에 이르고 입으로 시인하여 구원에 이르느니라"롬10:9-10.

　"그가 세상에 계셨으며 세상은 그로 말미암아 지은 바 되었으되 세상이 그를 알지 못하였고 자기 땅에 오매 자기 백성이 영접하지 아니하였으나 영접하는 자 곧 그 이름을 믿는 자들에게는 하나님의 자녀가 되는 권세를 주셨으니"요1:10-12.

예수님을 '주'(主)로 시인하는 것의 의미는?

주(Lord)는 원어로는 '퀴리오스'(kurios)로 하나님이 내 삶의 주관자이시며 내 삶 전체가 하나님께 속한다는 의미를 담고 있다창4:14;15:2-3. 특히 예수님께서 나의 주인 나의 하나님 되심을 고백하는 호칭이다. 예수 그리스도의 제자인 도마는 부활하신 예수님을 만난 후에 다음과 같은 신앙을 고백하였다. "나의 주님이시요 나의 하나님이시니이다"요20:28.

과거 우리에게 기독교가 전파될 때 이를 탄압했던 조선에서는 순교를 앞두고 있는 이들에게 이렇게 다그쳤다. "나는 예수를 믿는 신자가 아니다"라고 한마디만 하라는 거였다. 그렇게 하면 바로 무죄방면 했던 것이다. 그것만 보아도 예수 그리스도가 우리의 주인 되심을 믿고 고백하며 생명을 다해 그분을 따르는 것이 얼마나 중요한지 알 수 있다. 그래서 예수님께서도 다음과 같이 말씀하셨다. "누구든지 사람 앞에서 나를 시인하면 나도 하늘에 계신 내 아버지 앞에서 그를 시인할 것이요, 누구든지 사람 앞에서 나를 부인하면 나도 하늘에 계신 내 아버지 앞에서 그를 부인하리라"마10:32-33.

예수님에 대한 호칭들

성자, 하나님의 아들, 예수, 그리스도, 하나님의 어린양, 주님이라는 호칭은 동일한 분을 지칭한다. 성자 하나님이 인간을 구원하기 위해 '그리스도'(메시야)가 되어 '예수'라는 이름으로 오셨고, 예수께서 우리를 구원할 대속제물 어린양이 되셨으며, 그 예수 그리스도를 믿는 성도들은 그를 '주님'(Lord) 이라고 부른다. 또한 예수 그리스도는 자신을 지칭하실 때 '인자'라고 말씀하셨다. 성자 하나님께서 그리스도로 오신 이유는 우리의 주(Lord)가 되시기 위해서이다.

영접하는 것은 예수님을 나의 구원자와 주인으로 내 마음과 삶의 왕의 자리로 모시는 것이다

하나님을 모시고 살도록 창조된 인간은 예수를 믿지 않고 자신이 주인
되어 살아온 것을 회개하고 예수 그리스도를 주인으로 영접하고 그분을
따르며 섬겨야 한다. "볼지어다 내가 문 밖에 서서 두드리노니 누구든지
내 음성을 듣고 문을 열면 내가 그에게로 들어가 그와 더불어 먹고 그는
나와 더불어 먹으리라"계3:20.

마음의 보좌에 자신이 주인
(내가 중심되는 삶)

마음의 보좌에 예수님이 주인
(예수님이 중심되는 삶)

지금까지 주 예수님을 마음으로 받아들이지 않았다면 이제 그분께
마음을 열고 자신의 구원자와 주님으로 영접하는 기도를 다음과 같이
하자.

예수님을 영접하는 기도

사랑의 하나님!
지금까지 하나님께서 보내주신 구원자 예수님을 믿지 않고
내가 주인 되어 살아왔던 죄를 회개합니다.
나의 죄를 용서해 주옵소서.
예수님은 하나님의 아들이십니다.
나는 나의 죄를 위해 죽으시고 나를 의롭게 하기 위해
부활하신 예수님을 나의 구원자 나의 주님으로 영접합니다.
예수님과 하나 됨을 언약합니다.
그러므로 나는 영원한 생명을 얻었고
하나님의 자녀가 되었음을 믿습니다.
이제부터 예수님을 내 마음과 내 삶에 주님으로 모시고
섬기며 따르겠습니다.
예수님의 이름으로 기도드립니다. 아멘.

당신이 진심으로 이 기도를 드렸다면 당신은 이제 하나님의 은혜로 인하여 믿음으로 구원받은 것입니다. "너희는 그 은혜에 의하여 믿음으로 말미암아 구원을 받았으니 이것은 너희에게서 난 것이 아니요 하나님의 선물이라"엡2:8.

이제 예수님께서는 당신 안에 계시고 당신과 함께 사십니다. 또한 당신은 예수님과 같은 생명을 얻은 하나님 아버지의 자녀가 되었습니다. "볼지어다 내가 문 밖에 서서 두드리노니 누구든지 내 음성을 듣고 문을 열면 내가 그에게로 들어가 그와 더불어 먹고 그는 나와 더불어 먹으리라"계3:20.

"아들이 있는 자에게는 생명이 있고 하나님의 아들이 없는 자에게는 생명이 없느니라" 요일5:12.

당신은 주 예수와 연합되어 새롭게 창조되었다

"주와 합하는 자는 한 영이니라"고전6:17.

예수님을 마음에 영접한 사람은 예수님과 연합되어 한 영이 된 것이다. 이것을 새로운 탄생, 새로운 피조물이 되었다고 말한다. "누구든지 그리스도 안에 있으면 새로운 피조물이라 이전 것은 지나갔으니 보라 새 것이 되었도다"고후5:17. 이제 주님은 내 안에서 나와 함께 살아가신다. "누구든지 내 음성을 듣고 문을 열면 내가 그에게로 들어가 그로 더불어 먹고 그는 나로 더불어 먹으리라"계3:20. 이 연합을 주님께서는 포도나무와 가지에 비유하셨다. "나는 포도나무요 너희는 가지라 그가 내 안에, 내가 그 안에 거하면 사람이 열매를 많이 맺나니 나를 떠나서는 너희가 아무 것도 할 수 없음이라"요15:5.

예수 그리스도를 주(主)로 믿고 따를 때 구원이 완성된다

타락한 사람들은 사탄과 같이 마음에 하나님 두기를 싫어하고 자신이 주인 되어 자기도 모르는 사이에 사탄의 종노릇을 하여 합당하지 않은 일들을 하고 있다롬1:28. 그러므로 구원의 조건에서 중요한 것은 예수 그리스도를 자신의 주인으로 믿고 따르는 것이다. 구원받는다는 것은 사탄의 지배에서 예수님의 다스리심 안으로 들어간다는 것을 의미한다골1:13.

예수님께서 우리 삶의 주인이 될 때 그분의 다스리심과 축복이 삶의 모든 영역에서 나타나게 된다. 그러나 예수님께서 우리 삶의 각 영역을 다스리시지 않는다면 성도들은 또 다시 자기의 이기적 욕망을 따라 살게 될 것이다. 그러므로 신앙생활의 성공과 실패는 예수님의 주(왕) 되심을 자기 삶의 모든 부분에서 얼마나 인정하느냐에 달려 있다고 해도 과언이 아니다.

삶의 방향을 결정하는 것은 자동차를 운전하는 것과 같다. 운전자가 운전대를 어느 방향으로 돌리느냐에 따라 자동차는 그 방향으로 가게 된다.

$$H_2 + O = 물$$

$$그리스도 + 나 = 새로운\ 피조물$$
(새로운 자아)   (New Creation)

[고전6:17] 주와 합하는 자는 한 영이니라

**[고후5:17] 그런즉 누구든지 그리스도 안에 있으면
새로운 피조물이라 이전 것은 지나갔으니 보라 새 것이 되었도다**

나는 그리스도와 연합되어 새로운 피조물이 되었다.

이처럼 자신의 삶의 방향을 자신의 마음대로 결정한다면 자신이 삶의 주인인 것이다. 하지만 삶의 방향을 주님의 말씀에 따라 결정한다면, 그리스도가 삶의 주인인 것이다. 하나님의 사람인 다윗은 다음과 같이 고백하였다.

"여호와는 나의 목자시니 내게 부족함이 없으리로다. 그가 나를 푸른 풀밭에 누이시며 쉴 만한 물 가로 인도하시는도다. 내 영혼을 소생시키시고 자기 이름을 위하여 의의 길로 인도하시는도다 … 내 평생에 선하심과 인자하심이 반드시 나를 따르리니 내가 여호와의 집에 영원히 살리로다"시23:1-6.

주 예수님은 우리를 위해 자신의 목숨을 내어 주신 선한 목자이시다요10:11. 그분께 당신의 인생을 맡기고 믿고 따를 때 그분은 우리의 영혼을 소생시키시고 자기 이름을 위하여 의의 길로 인도하셔서 마침내 영원한 아버지의 집 천국으로 인도하실 것이다.

"예수께서 이르시되 내가 곧 길이요 진리요 생명이니 나로 말미암지 않고는 아버지께로 올 자가 없느니라"요14:6.

새 언약 안에서 우리의 대표자
예수 그리스도의 죽음과 부활 그리고 나

예수님은 죽음도 부활도 필요치 않은 영원한 하나님이시다.
그러나 그분은 인류 구원을 위해 사람으로 이 땅에 오셨고,
새 언약을 통해 죄인들과 하나가 되셨다.
그리고 그들의 대표로 죽으시고 부활하셔서
하나님의 생명과 연합된 새로운 피조물을 탄생시키셨다.

1 이번 배움을 통해 깨달은 것을 나눠보자

그리스도의 죽음과 부활이 나에게 어떤 의미가 있는가? _____

인간의 구원주(그리스도)가 되려면 어떤 조건을 갖추어야 하나? _____

어떻게 하면 구원 받을 수 있는가? _____

당신은 자신이 구원 받은 것을 확신하는가? _____

2 믿음을 말(고백)하는 것이 믿음을 효과 있게 한다

예수 그리스도의 죽음과 부활 그리고 나

예수님은 나의 죄를 위한 대속제물이 되어 대신 저주(형벌)를 받으셨습니다.

예수님은 나의 죄를 씻어 하나님께로 인도하셨습니다.

예수님의 죽음은 죄인 된 나의 옛사람의 죽음입니다. 나는 죄에게 종노릇 하지 않습니다.

예수님은 마귀로부터 나를 해방시키셨습니다.

예수님은 나의 연약함과 질병을 짊어지셨습니다.

예수님의 죽음은 하나님이 나를 사랑하신다는 증거입니다.

예수님의 부활은 예수님께서 하나님의 아들이시라는 증거입니다.

예수님은 나의 주 나의 하나님이십니다. 나는 예수님과 연합되어 새롭게 창조되었습니다.

예수님은 나로 거듭나게 하여 하나님의 생명으로 살게 하셨습니다.

예수님의 부활은 나의 부활을 확증합니다.

예수님은 나를 의롭게 하셨습니다. 나는 예수님의 몸의 지체입니다.

나는 이제 하나님을 향하여 하나님을 위하여 살아갑니다.

3 하나님 아버지!
나를 위해 죽으시고 부활하신 예수 그리스도로 인해 감사드립니다.
예수님은 나의 주 나의 하나님이십니다. 나를 자녀 삼아 주셔서
감사합니다. 예수님의 이름으로 기도드립니다. 아멘.

4 암송해야 할 중요한 성경 말씀

"때가 찼고 하나님의 나라가 가까이 왔으니 회개하고 복음을 믿으라"마가복음1:15.

"예수는 우리가 범죄한 것 때문에 내줌이 되고, 또한 우리를 의롭다 하시기 위하여
살아나셨느니라"로마서4:25.

"우리가 살아도 주를 위하여 살고 죽어도 주를 위하여 죽나니 그러므로 사나 죽으
나 우리가 주의 것이로다. 이를 위하여 그리스도께서 죽었다가 다시 살아나셨으니
곧 죽은 자와 산 자의 주가 되려 하심이라"로마서14:8-9.

"네가 만일 네 입으로 예수를 주로 시인하며 또 하나님께서 그를 죽은자 가운데서
살리신 것을 네 마음에 믿으면 구원을 얻으리니 사람이 마음으로 믿어 의에 이르
고 입으로 시인하여 구원에 이르느니라"로마서10:9-10.

5 다음 단계로 올라가는 말

언약의 대표자 예수 그리스도
의 죽음과 부활을 통해 새롭게
창조된 사람에 대해 알아보자.

6 다음 단계를 위해 읽어올 성경말씀

고린도후서 4-5장. 에베소서 1장.

Q
당신은 새로운 피조물이 되었다는 것이 어떤 의미인지 아는가?

"누구든지 그리스도 안에 있으면 새로운 피조물이라
이전 것은 지나갔으니 보라 새 것이 되었도다"
–고후5:17–

죄인 된 옛 사람은 예수 그리스도와 함께 십자가에서 죽고
하나님의 생명을 가진 새로운 사람이 다시 태어난 것이다.
거듭난 생명은 하나님 아버지와 예수 그리스도께서 가지신 생명이다.
그 생명을 성장시킬 때 하나님의 자녀다운 삶을 살게 된다.

예수 그리스도 안에서
새롭게 창조된 사람

"육으로 난 것은 육이요 영으로 난 것은 영이니
내가 네게 거듭나야 하겠다 하는 말을 놀랍게 여기지 말라"

– 요3:6-7 –

새 언약 안에서 그리스도의 죽음과 부활을 통해
새롭게 창조된 사람에 대하여

영원한 생명이 필요한 사람들

아담의 본성을 가진 사람은 원죄와 스스로 지은 죄로 인해 영적으로 죽은 존재들이며 본질상 진노의 자녀들이다엡2:1-3. 그래서 예수님께서는 하나님의 생명(본성)을 가진 새로운 사람을 탄생시키기 위해 이 땅에 오셨다. "내가 온 것은 양으로 생명을 얻게 하고 더 풍성히 얻게 하려는 것이라"요10:10. 우리가 예수 그리스도를 영접하면 우리의 영(본성)이 하나님의 생명을 얻음으로 다시 태어난다. 이것을 제2의 탄생이라 한다. 첫 탄생이 부모로부터의 육의 탄생이라 한다면, 두 번째 탄생은 하나님의 성령에 의한 영의 탄생이다. 주님께서는 사람이 물과 성령으로 영(본성)이 다시 태어나야 한다고 강조하셨다. "예수께서 대답하시되 진실로 진실로 네게 이르노니 사람이 물과 성령으로 나지 아니하면 하나님의 나라에 들어갈 수 없느니라. 육으로 난 것은 육이요 영으로 난 것은 영이니 내가 네게 거듭나야 하겠다 하는 말을 놀랍게 여기지 말라"요3:5-7.

예수님께서 피로 세우신 새 언약에 동참하여 그리스도의 죽음과 부활에 연합된 사람은 옛사람이 그리스도와 함께 죽고 또 함께 새 생명으로 살리심을 받아 새로운 피조물이 된 것이다눅22:20; 렘31:31.

옛사람의 죽음과 새로운 탄생에 관한 구약에서의 예표(sign)

옛사람의 죽음과 새로운 탄생에 대한 계시는 구약에서도 나타나 있다. 이스라엘 백성이 광야를 거쳐 요단강을 건너 가나안 땅에 들어갈 때, 그들은 요단강에서 집단으로 세례를 받은 것이다. 하나님은 언약궤를 맨 제사장이 요단강에 들어설 때 강물을 마르게 하여 그들이 강을 육지처럼 건너가게 하셨다. 이때 하나님은 그들에게 특별한 일을 지시하셨다. 언약궤를 맨 제사장들은 강 한가운데 서 있고, 그들이 서 있던 강바닥에서 이스라엘 12지파를 상징하는 돌 12개를 취하여 가나안 땅으로 가져가게 하셨다. 그리고 광야에서 가져온 다른 돌 12개를 강 가운데 세웠다. 즉 요단강을 중심으로 광야 쪽에서 온 돌들은 강물 속에 잠겼으며, 강물 속에 있던 다른 돌들은 가나안 땅에 세워진 것이다. 이 사건은 이스라엘 백성이 요단을 건너면서 옛 사람은 물속에 잠겨 죽고, 새 사람이 가나안 땅에 들어감을 상징하고 있다수4:4-9.

세월이 지난 후 세례 요한은 요단강에서 세례(침례)를 베풀었으며 그곳에서 예수 그리스도께서도 세례를 받으셨다마3:13-17. 이러한 세례 예식은 옛사람은 죽어 물속에 장사 되고 새 사람이 탄생함을 의미한다.

"우리가 그의 죽으심과 합하여 세례를 받음으로 그와 함께 장사되었나니, 이는 아버지의 영광으로 말미암아 그리스도를 죽은 자 가운데서 살리심과 같이 우리로 또한 새 생명 가운데서 행하게 하려 함이라"롬6:4.

광야에서 가져온 돌들은 강바닥에 잠겼고 강바닥에 있던 새로운 돌들이 가나안 땅에 들어간 것이다.

그러면 옛사람은 어떤 사람인가? 옛 사람은 허물과 죄로 영적으로 죽어있는 자이다. 그들은 이 세상 풍조와 어둠의 영을 따르며 육체와 마음이 원하는 대로 사는 죄의 종이며 진노의 자녀이다.

"그는 허물과 죄로 죽었던 너희를 살리셨도다 그 때에 너희는 그 가운데서 행하여 이 세상 풍조를 따르고 공중의 권세 잡은 자를 따랐으니 곧 지금 불순종의 아들들 가운데서 역사하는 영이라 전에는 우리도 다 그 가운데서 우리 육체의 욕심을 따라 지내며 육체와 마음의 원하는 것을 하여 다른 이들과 같이 본질상 진노의 자녀이었더니"엡2:1-3.

모든 사람은 죄인의 생명(본성)이 죽고 하나님의 생명(본성)으로 새롭게 태어나야 한다. 예수님께서는 다음과 같이 말씀하셨다.

"예수께서 대답하여 이르시되 진실로 진실로 네게 이르노니 사람이 거듭나지 아니하면 하나님의 나라를 볼 수 없느니라"요3:3.

그러므로 그리스도인은 구원 받은 죄인이 아니라 그리스도의 의로운 생명을 가진 새로운 사람이다. 옛 사람이 변화된 것이 아니다. 옛 사람은 예수님과 함께 죽고 전에 존재한 적이 없던 새로운 사람으로 다시 태어난 것이다. 그들은 하나님과 연합된 신성한 생명을 소유한 자로서 죄와 사탄의 영향력 위에 있는 새로운 인류이다고전6:17; 눅10:19; 롬5:17,21.

"누구든지 그리스도 안에 있으면 새로운 피조물이라. 이전 것은 지나갔으니 보라 새 것이 되었도다"고후5:17; 갈6:15.

하나님의 생명(ZOE)을 가진 새로운 피조물

죄인이 하나님과 올바른 관계를 갖는 유일한 방법은 주 예수를 믿음으로 하나님의 생명(ZOE)을 가진 하나님의 자녀로 다시 태어나는 것이다.

"영접하는 자 곧 그 이름을 믿는 자들에게는 하나님의 자녀가 되는 권세를 주셨으니"요1:12. 우리의 거듭난 생명은 본질적으로 하나님 아버지와 예수님께서 가지신 것과 동일한 생명이다. "아버지께서 자기 속에 생명(ZOE)이 있음 같이 아들에게도 생명을 주어 그 속에 있게 하셨고"요5:26.

"또 증거는 이것이니 하나님이 우리에게 영생(ZOE)을 주신 것과 이 생명이 그의 아들 안에 있는 그것이니라. 아들이 있는 자에게는 생명(ZOE)이 있고 하나님의 아들이 없는 자에게는 생명이 없느니라. 내가 하나님의 아들의 이름을 믿는 너희에게 이것을 쓰는 것은 너희로 하여금 너희에게 영생이 있음을 알게 하려 함이라"요일5:11-13.

"하나님이 세상을 이처럼 사랑하사 독생자를 주셨으니 이는 그를 믿는 자마다 멸망하지 않고 영생(ZOE)을 얻게 하려 하심이라"요3:16.

"오직 이것을 기록함은 너희로 예수께서 하나님의 아들 그리스도이심을 믿게 하려 함이요 또 너희로 믿고 그 이름을 힘입어 생명을 얻게 하려 함이니라"요20:31. "내가 진실로 진실로 너희에게 이르노니 내 말을 듣고 또 나 보내신 이를 믿는 자는 영생을 얻었고 심판에 이르지 아니하나니 사망에서 생명으로 옮겼느니라"요5:24.

"그가 우리에게 약속하신 것은 이것이니 곧 영원한 생명이니라"요일2:25.

"너희의 새 생명은 너희의 옛 생명과 같은 것이 아니다. 너희의 옛 생명은 썩어질 사람의 정자에 의해서 잉태되었지만 너희의 새 생명은 하나님의 살아있는 말씀으로부터 왔느니라. 하나님 자신에 의해서 직접 잉태된 생명을 생각할지어다"벧전1:23 MSG.

"거룩하게 하시는 이와 거룩하게 함을 입은 자들이 다 한 근원에서 난지라 그러므로 형제라 부르시기를 부끄러워하지 아니하시고"히2:11.

"그 보배롭고 지극히 큰 약속을 우리에게 주사 이 약속으로 말미암아 너희가 정욕 때문에 세상에서 썩어질 것을 피하여 신성한 성품(본성)에 참여하는 자가 되게 하려 하셨느니라"벧후1:4.

"진실로 진실로 너희에게 이르노니 믿는 자는 영생을 가졌나니"요6:47.

"내가 그들에게 영생을 주노니 영원히 멸망하지 아니할 것이요 또 그들을 내 손에서 빼앗을 자가 없느니라"요10:28.

"내가 온 것은 양으로 생명을 얻게 하고 더 풍성히 얻게 하려는 것이라"요10:10.

"아버지께서 아들에게 주신 모든 사람에게 영생을 주게 하시려고 만민을 다스리는 권세를 아들에게 주셨음이로소이다"요17:2.

하나님의 생명(ZOE)

하나님과 예수님께서 가지신 영원한 생명이다. 이것은 영원히 사는 생명(양적)일 뿐 아니라 풍성한 삶을 사는 생명(질적)이다.

하나님께서는 왜 새로운 피조물을 만드셨는가?

첫째, 하나님의 생명으로 살게 하기 위해서이다

하나님의 구원이 단지 죄를 용서하는 것에서 끝났다면 죄인의 생명(본성)을 가진 사람은 계속해서 죄를 지으며 살아갈 것이다. 그래서 하나님께서는 새 언약 안에서 죄인의 본성을 제거하시고 하나님의 본성을 가진 새로운 피조물을 만드셔서 새 생명으로 살아가게 하신 것이다.

"그 보배롭고 지극히 큰 약속을 우리에게 주사 이 약속으로 말미암아 너희가 정욕 때문에 세상에서 썩어질 것을 피하여 신성한 성품(divine nature)에 참여하는 자가 되게 하려 하셨느니라"벧후1:4; 요10:10.

"우리가 그의 죽으심과 합하여 세례(침례)를 받음으로 그와 함께 장사되었나니 이는 아버지의 영광으로 말미암아 그리스도를 죽은 자 가운데서 살리심과 같이 우리로 또한 새 생명 가운데서 행하게 하려 함이라"롬6:4.

둘째, 예수님을 본 받는 자녀, 하나님의 상속자를 갖기 위해서이다

"하나님이 미리 아신 자들을 또한 그 아들의 형상을 본받게 하기 위하여 미리 정하셨으니 이는 그로 많은 형제 중에서 맏아들이 되게 하려 하심이니라"롬8:29.

하나님은 예수 그리스도를 닮은 자녀들을 갖기 위해 창세 전부터 계획하셨다엡1:4. 이제 하나님께서는 우리의 아버지이시며 우리는 하나님 아버지와 예수님께서 가지셨던 친밀한 교제 속으로 들어갈 수 있게 되었다. 그리고 예수님을 닮아감으로 예수님과 함께 하나님의 나라를 상속받게 되었다. "너희는 다시 무서워하는 종의 영을 받지 아니하고 양자의 영을 받았으므로 우리가 아빠 아버지라고 부르짖느니라. 성령이 친히 우리의 영과 더불어 우리가 하나님의 자녀인 것을 증언하시나니 자녀이면 또한 상속자 곧 하

step 6 예수 그리스도 안에서 새롭게 창조된 사람

나님의 상속자요 그리스도와 함께 한 상속자니 우리가 그와 함께 영광을 받기 위하여 고난도 함께 받아야 할 것이니라"롬8:15-17.

"우리가 다 하나님의 아들을 믿는 것과 아는 일에 하나가 되어 온전한 사람을 이루어 그리스도의 장성한 분량이 충만한 데까지 이르리니 … 오직 사랑 안에서 참된 것을 하여 범사에 그에게까지 자랄지라 그는 머리니 곧 그리스도라"엡4:13,15; 엡5:1; 요17:3.

"우리가 다 … 주의 영광을 보매 그와 같은 형상으로 변화하여 영광에서 영광에 이르니 곧 주의 영으로 말미암음이니라"고후3:18.

셋째, 선한 일을 하기 위해서이다

"우리는 그가 만드신 바라 그리스도 예수 안에서 선한 일을 위하여 지으심을 받은 자니 이 일은 하나님이 전에 예비하사 우리로 그 가운데서 행하게 하려 하심이니라"엡2:10; 고후5:17-20; 딛2:14.

새 피조물은 선한 일을 하기 위해 태어난 자들이다. 그러면 선한 일은 어떤 일을 말하는가? 바로 예수님께서 하신 일이다. 그는 하나님의 말씀을 가르치시고 천국 복음을 전파하시고 또한 마음이 상한 자와 병든 자를 고치시며 포로된 자에게 자유를 갇힌 자에게 놓임을 선포하셨다.

"예수께서 온 갈릴리에 두루 다니사 그들의 회당에서 가르치시며 천국 복음을 전파하시며 백성 중의 모든 병과 모든 약한 것을 고치시니"마4:23.

"내가 진실로 진실로 너희에게 이르노니 나를 믿는 자는 내가 하는 일을 그도 할 것이요 또한 그보다 큰 일도 하리니"요14:12.

"너희는 가서 모든 민족을 제자로 삼아 아버지와 아들과 성령의 이름으로 세례를 베풀고 내가 너희에게 분부한 모든 것을 가르쳐 지키게 하라"마28:19-20.

"그런즉 누구든지 그리스도 안에 있으면 새로운 피조물이라 이전 것은 지나갔으니 보라 새 것이 되었도다. 모든 것이 하나님께로서 났으며 그가 그리스도로 말미암아 우리를 자기와 화목하게 하시고 또 우리에게 화목하게 하는 직분을 주셨으니"고후5:17-18.

사람의 구성 요소인 영·혼·몸에 대한 이해

하나님은 영이시며, 하나님을 닮은 사람 또한 영적인 존재이다

하나님은 영이시며 영원히 존재하신다요4:24. 그리고 하나님을 닮은 사람도 영적인 존재로서 눈에 보이지 않는 영혼이 눈에 보이는 몸 안에 살고 있다. 그래서 사람의 육체가 죽으면 몸은 땅에서 썩게 되고, 영혼은 영원한 세계에 들어가게 되는 것이다전12:7. 사람은 하나님과 같은 수준에서 교제할 수 있는 영적인 존재로 지음 받았다창1:26. 그러므로 영이신 하나님을 예배할 수 있고 그분과 교제할 수도 있는 것이다요4:24. 또한 사람은 동물들과 달리 영으로부터 나오는 높은 수준의 지혜를 사용하여 문명을 발달시키고 모든 생물을 지배한다.

이 땅에서 영이신 하나님을 닮은 피조물은 오직 사람뿐이다. 이 사실은 동물과 사람을 비교해 볼 때 쉽게 이해할 수 있다. 동물은 혼(생각·감정·의지)과 몸으로 존재한다. 동물에게도 생각과 감정이 있지만 사람이 가진 영은 없다. 그리고 동물이 가진 혼은 그들의 육체에 속해 있으나 사람의 혼은 영에 속해 있다. 따라서 동물이 죽을 때 그 혼도 없어지지만 사람의 혼은 영에 속해 있으므로 사람의 영혼은 영원히 존재하는 것이다. 이러한 사람의 영혼은 또 영과 혼으로 구분된다. 성경은 다음과 같이 말한다.

"평강의 하나님이 친히 너희로 온전히 거룩하게 하시고, 또 너희 온 영과 혼과 몸이 우리 주 예수 그리스도께서 강림하실 때에 흠 없게 보전되기를 원하노라"살전5:23.

"하나님의 말씀은 살아 있고 활력이 있어 좌우에 날선 어떤 검보다도 예리하여 혼과 영과 및 관절과 골수(몸)를 찔러 쪼개기까지 하며 또 마음의 생각과 뜻을 판단하나니"히4:12.

사람의 본질은 영이며 혼을 가지고 몸 안에 산다

사람은 영(spirit)-혼(soul)-몸(body)으로 구성된 인격체이다. 다시 말해서 사람은 영적인 존재로서 혼을 가지고 몸 안에 산다.

'영'으로 번역된 헬라어 프뉴마(pneuma)는 인간의 본질에 해당하는 것으로, 사람의 본성(양심)을 말한다롬7:22; 엡3:16. 우리가 영이신 하나님과 교통하고 영적으로 직감하는 부분이 바로 사람의 영이다. "사람의 속에는 영이 있고 전능자의 숨결이 사람에게 깨달음을 주시나니"욥32:8.

'혼'으로 번역되는 프쉬케(psyche)는 사람의 마음에 해당하는 부분으로 생각, 감정, 의지적 역할을 한다.

'몸'으로 번역되는 소마(soma)는 사람의 육체에 해당하는 것으로 물질세계와 접촉한다. 그러므로 사람의 본질은 영이며 혼을 가지고 몸 안에 산다.

영과 혼을 구분하지 않는다면?

사람을 영혼과 몸, 두 부분으로만 나누어서 설명하는 경우가 있는데 이런 경우 예수 그리스도를 영접하여 거듭나는 것을 명확하게 설명할 수 없다. 거듭났다는 것이 영혼 즉, 영과 혼이 하나로 묶여서 새롭게 탄생한 것이라면, "왜 아직 옛 사람의 생각과 감정을 그대로 가진 것인가"라는 의문을 품게 된다. 분명 거듭났다면 생각과 감정도 완전히 새로워져야 하는데, 거듭났음에도 불구하고 예전의 나쁜 생각과 습관을 그대로 갖고 있는 것이다. 그 이유는 무엇일까? 그 이유는 사람이 거듭났다는 것은 사람의 속사람(본성)인 영이 다시 태어난 것을 말하기 때문이다. "육으로 난 것은 육이요 영으로 난 것은 영이니"요3:5-6. 그리고 사람의 마음(혼)은 아직 거듭나지 않은 것이다엡2:3. 따라서 우리의 혼(마음)에 해당하는 생각과 감정과 의지는 하나님의 말씀을 알아가면서 점진적으로 변화된다. 그리고 인간의 몸은 예수 그리스도께서 다시 오실(재림) 때 영원한 부활의 몸으로 변형됨으로써 전인적인 구원이 완성된다고전15:49-53.

새로운 탄생에 의한 영·혼·몸의 변화

사람이 거듭나서 새롭게 창조되었다는 것은 혼과 몸의 변화가 아니라, 사람의 본성(속사람)인 영이 재창조되었음을 말한다. 그리고 사람의 혼(마음)은 하나님의 말씀과 성령으로 새롭게 되므로 점진적으로 변화되어 삶 전체가 거룩해지는 것이다. 그 변화를 간략한 그림으로 살펴보면 다음과 같다.

• 최초의 인간 : 영·혼·몸이 거룩한 상태.

• 타락한 인간 : 범죄하여 하나님의 생명과 단절되면서 영적으로 죽어 혼(마음)과 몸이 죄에 오염된 상태.

• 새 피조물의 탄생 : 예수 그리스도를 영접함으로 영이 재창조된(거듭난) 상태.

• 새 피조물의 성장 : 혼(마음)과 몸(삶)이 말씀과 성령으로 새롭게 되므로 변화되어 죄의 영향력에서 점차 벗어나는 상태(영적 성장).

• 영적으로 장성함 : 거듭난 영이 주체가 되어 혼(마음)과 몸(삶) 전체를 다스리는 상태 (그리스도의 형상까지 성장).

영·혼·몸의 관계

사람의 영과 혼과 몸은 서로 연결되어 있다. 초자연적인 영을 몸과 연결해 주는 것이 혼(마음)이다. 하나님이 창조하신 원형은 영이 혼과 몸을 다스리는 구조이다.

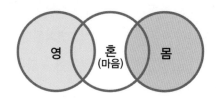

영·혼·몸의 관계에서 혼(마음: 생각, 감정, 의지)의 역할

혼(마음)은 초자연적인 영과 몸을 연결해 주는 중간 역할을 한다. 혼(마음)은 영에서 오는 정보와 몸(오감)에서 오는 정보를 받아서 의지적 결정을 내린다. 우리의 혼이 영과 몸 사이에서 어느 곳에 더 집중하느냐(일치되느냐)에 따라 영을 따르는 자가 되기도 하고 육신을 따르는 자가 되기도 하는 것이다. "육신을 따르는 자는 육신의 일을, 영을 따르는 자는 영의 일을 생각하나니"롬8:5. (Those who live according to the flesh have their minds set on what the flesh desires; but those who live in accordance with the Spirit have their minds set on what the Spirit desires. NIV)

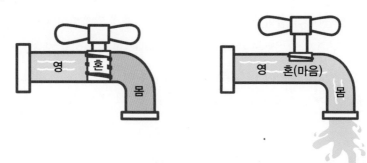

새로운 피조물의 혼(마음)은 영(본성)에서 나오는 생각을 받아 몸(행동)으로 전달하는 역할을 한다. 영과 몸은 분리되어 있음으로 영의 생각이 혼(마음)에 흘러갈 때만 몸(행동)에 전달된다. 즉 영의 생각을 마음이 받아들이는 만큼 몸에 영향을 주는 것이다. 이것을 그림으로 설명한다면 맑은 물이 밸브를 통해 흘러나오는 것에 비유할 수 있다. 밸브가 막혀 있으면 물이 수도꼭지를 통해 나올 수 없다. 밸브가 열려있는 만큼 물이 나올 수 있듯이 우리의 거듭난 영에 있는 하나님의 생명(말씀, 능력, 사랑)이 밸브에 해당하는 마음에서 받아들여지는 만큼 몸을 통해 삶에 나타날 수 있다. 그러므로 우리의 마음(혼)이 하나님의 말씀으로 변화를 받아 영(성령)에 순응할 때 하나님을 기쁘시게 하고 풍성한 삶을 살 수 있다. "너희는 이 세대를 본받지 말고 오직 마음을 새롭게 함으로 변화를 받아 하나님의 선하시고 기뻐하시고 온전하신 뜻이 무엇인지 분별하도록 하라"롬12:2.

"육신의 생각은 사망이요 영의 생각은 생명과 평안이니라"롬8:6.

"이는 너의 믿음의 교제가 그리스도 예수 안에서 네 (영) 안에 있는 모든 선한 것을 인식함으로 인하여 효과가 있게 하려 함이라"몬1:6 KJV.

그러므로 우리의 마음이 영과 몸 사이에서 어느 곳에 더 집중되어 있느냐 즉 어떤 생각을 하느냐에 따라 영을 따르는 사람이 되기도 하고 육신을 따르는 사람이 되기도 한다. 노아 시대의 사람들이 하나님의 심판을 받은 이유는 그들의 생각이 육신의 욕망에 집중되었기 때문이었다창6장. 따라서 하나님의 사람들은 영혼을 말씀으로 풍성히 채워서 거듭난 영에 반응하며 영(말씀)을 따라 살아야 한다. 예수께서는 이렇게 말씀하셨다. "살리는 것은 영이니 육은 무익하니라 내가 너희에게 이른 말은 영이요 생명이라"요6:63. "그리스도의 말씀이 너희 속에 풍성히 거하여 모든 지혜로 피차 가르치며 권면하고"골3:16.

우리는 영을 따라 그리스도를 따라 살도록 부름 받았다

우리가 육체와 마음의 원하는 것을 따라간다면 여전히 죄와 사망의 흐름을 따라 살 수밖에 없다. "전에는 우리도 다 그 가운데서 우리 육체의 욕심을 따라 지내며 육체와 마음의 원하는 것을 하여 다른 이들과 같이 본질상 진노의 자녀이었더니"엡2:3. 그러나 하나님의 영으로 거듭난 우리는 영을 따라 내 안에 계신 그리스도를 따라 살도록 부름 받았다. "만일 너희 속에 하나님의 영이 거하시면 너희가 육신에 있지 아니하고 영에 있나니"롬8:9.

하나님께서 자신의 영을 우리 안에 주신 이유는 영으로써 몸의 행실을 죽이며 영을 따라 거룩하고 풍성한 삶을 살도록 하기 위함이다. "형제들아 우리가 빚진 자로되 육신에게 져서 육신대로 살 것이 아니니라. 너희가 육신대로 살면 반드시 죽을 것이로되 영으로써 몸의 행실을 죽이면 살리니"롬8:12-13.

하나님은 죄로 말미암아 하나님의 생명과 분리되고 죄인의 본성으로 살던 우리를 구원하기 원하셨다. 그리하여 죄의 본성을 제거하고 예수님과 연합되어 하나님의 영을 지닌 새 피조물을 창조하셨다. "주와 합하는 자는 한 영이니라"고전6:17.

"이제는 우리가 얽매였던 것에 대하여 죽었으므로 율법에서 벗어났으니 이러므로 우리가 영의 새로운 것으로 섬길 것이요"롬7:6.

새로운 피조물은 거듭난 새 영으로 마음(생각, 감정, 의지)과 몸을 다스리고 하나님의 인도함을 받으며 하나님을 섬기는 영적인 사람이다롬8:5-13.

우리의 거듭난 영에는 하나님의 생명(본성)인 그리스도가 계시며 그분 안에는 하나님의 의, 사랑, 지혜, 능력 등이 있다. 그러므로 우리의 마음(혼)과 몸은 거듭난 영에 순응하고 영을 따라 살아야 한다.

우리가 영을 따라 살려면 경건의 훈련을 해야 한다. "경건에 이르도록 네 자신을 연단(훈련)하라 육체의 연단은 약간의 유익이 있으나 경건은 범사에 유익하니 금생과 내생에 약속이 있느니라"딤전4:7-8.

즉 항상 성령의 충만을 받고, 마음은 말씀으로 새롭게 함으로 변화를 받아 영의 생각을 따르며, 몸은 마음(혼)의 지배를 받으며 행하는 것이다. 이러한 경건의 훈련은 우리를 하나님의 생명으로 풍성케 하여 그분의 뜻을 따라 살게 한다.

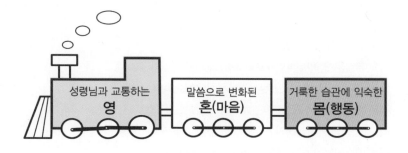

예수 그리스도 안에서
새롭게 창조된 사람

하나님은 예수 그리스도의 대속을 통해
하나님의 생명을 지닌 새로운 피조물을 탄생시키셨다.
새 피조물은 그리스도와 연합된 자로서
전에 존재한 적이 없는 새로운 인류이다.

1 **이번 배움을 통해 깨달은 것을 나눠보자**

새로운 피조물은 어떤 사람인가? _____

하나님은 왜 새로운 피조물을 만드셨는가? _____

인간의 3가지 구성 요소는 무엇이며 그 변화는 언제 어떻게 일어나는가?

_____

우리 마음(혼)은 어떤 역할을 하는가? _____

2 **믿음을 말(고백)하는 것이 믿음을 효과 있게 한다**
새로운 피조물

나의 옛 사람은 예수님과 함께 십자가에 못 박혔습니다.
나는 그리스도와 연합된 새로운 피조물입니다.
내 안에 하나님의 생명이 있습니다.
나의 본질은 영이며 혼을 가지고 몸 안에 살고 있습니다.
나의 영(본성)은 하나님으로부터 다시 태어났습니다.
나의 마음(생각, 감정, 의지)은 하나님의 말씀으로 새로워지고 있습니다.
나는 새 생명으로 살아가기 위해 거듭났습니다.
나는 예수님의 형상을 본받기 위해 지음 받았습니다.
나는 선한 일을 위하여 지음 받았습니다.

3 하나님 아버지!

저를 그리스도 안에서 새로운 사람으로 만들어 주셔서 감사 드립니다. 내 안에 하나님의 생명이신 그리스도가 계심을 믿습니다. 나는 이제 새 생명으로 살아갑니다. 예수님의 이름으로 기도 드립니다. 아멘.

4 암송해야 할 중요한 성경 말씀

"누구든지 그리스도 안에 있으면 새로운 피조물이라 이전 것은 지나갔으니 보라 새 것이 되었도다"고린도후서5:17.

"내가 하나님의 아들의 이름을 믿는 너희에게 이것을 쓰는 것은 너희로 하여금 너희에게 영생이 있음을 알게 하려 함이라"요한일서5:13.

"우리는 그가 만드신 바라 그리스도 예수 안에서 선한 일을 위하여 지으심을 받은 자니"에베소서2:10.

"평강의 하나님이 친히 너희로 온전히 거룩하게 하시고, 또 너희 온 영과 혼과 몸이 우리 주 예수 그리스도께서 강림하실 때에 흠 없게 보전되기를 원하노라"데살로니가전서5:23.

5 다음 단계로 올라가는 말

새로운 피조물은 하나님의 의로움을 얻은 존귀한 존재이다. 우리에게 주어진 의로움은 어떤 것일까?

6 다음 단계를 위해 읽어올 성경말씀

로마서 3-8장.

당신은 새로운 피조물에게 주어진
하나님의 의(義)가 무엇인지 아는가?

"주 예수 그리스도의 이름과 우리 하나님의 성령 안에서
씻음과 거룩함과 의롭다 하심을 받았느니라"
-고전6:11-

새 피조물은 죄의 본성을 지닌 옛 사람이 죽고
하나님의 의의 본성을 가지고 새롭게 태어난 새 사람이다.
새롭게 창조된 사람이 얻은 의로움은
단순히 의롭다고 인정받는 것에 그치지 않는다.
이 의로움은 본성적인 것이며 실제적인 것이다.

Step 7

그리스도 안에서 새롭게 창조된

사람이 얻은 의로움

"그러므로 우리가 믿음으로 의롭다 하심을 받았으니
우리 주 예수 그리스도로 말미암아 하나님과 화평을 누리자"
– 롬5:1 –

의로움이 필요한 사람들

죄는 사람을 초라하게 만들었다

사람은 하나님의 형상과 모양을 지닌 존귀한 존재로서 거룩하신 하나님과 인격적 관계를 갖도록 창조되었다. 그러나 사람이 사탄의 유혹에 넘어가 죄를 범하여 하나님과 분리되면서 타락하여 죄성을 지닌 존재가 되었다. 죄인이 된 사람은 존귀함과 권세를 잃어버렸으며 대신 죄의식과 낮은 자존감 그리고 불안감을 갖고 살게 되었다.

많은 사람이 죄의식과 죄책감을 떨쳐버리기 위해 선행이나 도덕적 삶을 추구한다. 어떤 종교는 이것을 위해 고행을 하기도 한다. 그리스도인들조차도 하나님 앞에서 무가치감과 열등감을 갖고 있으며, 행위로 의로움을 얻으려고 노력한다. 성경은 이러한 사람들의 의(義)를 이렇게 정의했다. "무릇 우리는 다 부정한 자 같아서 우리의 의는 다 더러운 옷 같으며"사64:6.
즉 하나님 앞에서 인간의 의로움은 다 더러운 옷과 같다는 것이다.

"선을 행하고 전혀 죄를 범하지 아니하는 의인은 세상에 없기 때문이로 다"전7:20. "기록된 바 의인은 없나니 하나도 없으며"롬3:10.

인류의 불행의 원인은 모두 죄 때문이었다. 죄 때문에 하나님과 분리되어 영적으로 죽게 되었고 존귀함과 에덴 동산을 잃어버렸으며 가난과 질병 그리고 육체적 죽음이 찾아오게 되었다. 이 모든 것의 근본적 원인은 아담이 생명과 복의 근원이 되시는 하나님께 불순종하여 죄인이 되었기 때문이다. 그리고 죄인은 또 죄의 본성을 가진 죄인을 낳게 되었다. 본성에는 그 본성에 따르는 특성이 잠재되어 있다. 개는 개의 본성이 있고 고양이는 고양이의 본성이 있다. 그리고 인간은 죄의 본성이 있어서 죄를 지으며 사는 것이다.

그리스도 안에서 하나님의 의(義)가 우리에게 주어졌다

존귀함을 잃어버린 죄인은 하나님 앞에서 무가치감과 낮은 자존감을 갖는 존재가 되었다. 그러므로 하나님은 친히 우리의 의로움이 되어 주시기 위하여 하나님의 의(義)의 본성을 가진 새로운 피조물을 만들기로 계획하셨다. 이 일은 먼저 구약시대에 율법을 주시기 전 믿음의 조상 아브라함을 통해 계시되었다. "아브람(아브라함)이 여호와를 믿으니 여호와께서 이것을 그의 의(義)로 여기시고"창15:6. 아브라함이 하나님을 믿으니 하나님께서 이것을 그의 의로 여겨주셨다. 또한 선지자 예레미야는 그리스도가 오시기 약 580년 전에 다음과 같이 예언했다. "이것이 그의 이름이니 그는 '주 우리의 의(義)'라 불리리라"렘23:6 KJV. 이 일은 장차 주 예수 그리스도를 믿음으로 죄인이 의롭게 되는 것을 보여주신 것이다. "이제는 율법 외에 하나님의 한 의가 나타났으니 율법과 선지자들에게 증거를 받은 것이라. 곧 예수 그리스도를 믿음으로 말미암아 모든 믿는 자들에게 미치는 하나님의 의(義)니 차별이 없느니라 … 그리스도 예수 안에 있는 속량으로 말미암아 하나님의 은혜로 값없이 의롭다 하심을 얻은 자 되었느니라 … 곧 이 때에

본성은 뿌리와 같다. 의의 본성은 의의 열매를 맺을 수 있다.

자기의 의로우심을 나타내사 자기도 의로우시며 또한 예수 믿는 자를 의롭다 하려 하심이라"롬3:21-26; 롬3:28; 롬4:25.

　"하나님이 죄를 알지도 못하신 이를 우리를 대신하여 죄로 삼으신 것은 우리로 하여금 그 안에서 하나님의 의가 되게 하려 하심이라"고후5:21.

　"너희는 하나님으로부터 나서 그리스도 예수 안에 있고 예수는 하나님으로부터 나와서 우리에게 지혜와 의로움과 거룩함과 구원함이 되셨으니"
고전1:30; 엡1:4.

　"내가 가진 의는 율법에서 난 것이 아니요 오직 그리스도를 믿음으로 말미암은 것이니 곧 믿음으로 하나님께로부터 난 의라"빌3:9.

　그렇다. 우리는 예수 그리스도의 속량을 통하여 의로운 자가 되었다. 이는 행위로 얻을 수 있는 것이 아니라 우리 죄의 댓가를 지불하신 주 예수를 믿음으로 가능한 일이다. 첫 사람 아담의 불순종으로 모든 사람이 죄인 된 것 같이 한 분 예수 그리스도의 순종을 통해 그를 믿는 자들이 의인이 된 것이다. "그런즉 한 범죄로 많은 사람이 정죄에 이른 것 같이 한 의로운 행위로 말미암아 많은 사람이 의롭다 하심을 받아 생명에 이르렀느니라 한 사람이 순종하지 아니함으로 많은 사람이 죄인 된 것같이 한 사람이 순종하심으로 많은 사람이 의인이 되리라"롬5:18-19.

새로운 피조물이 얻은 의(義)는 단순히 의롭다고 인정받는 것에 그치지 않는다. 이 의로움은 본성적이며 실제적이다, 즉 죄의 본성에서 의의 본성으로 바뀐 것이다. 하나님께서는 죄 사함만 주시는 것이 아니라 죄의 본성을 가진 인간의 죄의 문제를 근본적으로 해결하기 원하셨다. 그리하여 죄의 본성이 아닌 의의 본성을 가진 새로운 피조물을 만들기 위해 오랫동안 준비해 오셨다. 하나님께서는 죄를 일시적으로 덮어주는 동물 제사의 염소와 황소의 피가 아닌 예수 그리스도의 피로 죄의 본성을 제거하셨다. 그리고 성령을 통하여 우리를 하나님의 의의 본성을 가진 새로운 피조물로 다시 태어나게 하셨다. "예수께서 대답하시되 진실로 진실로 네게 이르노니 사람이 물과 성령으로 나지 아니하면 하나님의 나라에 들어갈 수 없느니라. 육으로 난 것은 육이요 영으로 난 것은 영이니 내가 네게 거듭나야 하겠다 하는 말을 놀랍게 여기지 말라"요3:5-7.

"그런즉 누구든지 그리스도 안에 있으면 새로운 피조물이라 이전 것은 지나갔으니 보라 새 것이 되었도다"고후5:17.

"우리를 구원하시되 우리가 행한 바 의로운 행위로 말미암지 아니하고 오직 그의 긍휼하심을 따라 중생(다시 태어남)의 씻음과 성령의 새롭게 하심으로 하셨나니"딛3:5.

"거룩하게 하시는 이와 거룩하게 함을 입은 자들이 다 한 근원에서 난지라 그러므로 형제라 부르시기를 부끄러워하지 아니하시고"히2:11.

새로운 피조물이 얻은 의로움의 두가지 측면

새로운 피조물은 하나님의 의로움을 얻었다. 왜냐하면 예수님이 우리를 대신하여 죄가 되심으로 우리에게 하나님의 의가 주어졌기 때문이다고후 5:21. "너희는 하나님으로부터 나서 그리스도 예수 안에 있고 예수는 하나님으로부터 나와서 우리에게 지혜와 의로움과 거룩함과 구원함이 되셨으니" 고전1:30; 벧전2:24. 새로운 피조물이 얻은 의로움은 다음과 같다.

첫째, 예수를 믿음으로 의롭다 하심을 얻었다. 칭의(稱義)

하나님께서는 예수 그리스도가 하신 일에 근거하여 믿는 자를 의롭다고 선언하셨다. 이 의로움은 나의 행위와 상관없이 나의 죄의 댓가를 치르신 예수님을 구원자와 주님으로 믿고 영접할 때 선물로 주어지는 것이다롬 5:17; 빌3:9. "곧 예수 그리스도를 믿음으로 말미암아 모든 믿는 자에게 미치는 하나님의 의니 차별이 없느니라. 모든 사람이 죄를 범하였으매 하나님의 영광에 이르지 못하더니 그리스도 예수 안에 있는 속량으로 말미암아 하나님의 은혜로 값없이 의롭다 하심을 얻은 자 되었느니라 … 곧 이 때에 자기의 의로우심을 나타내사 자기도 의로우시며 또한 예수 믿는 자를 의롭다 하려 하심이라"롬3:22-26; 롬4:25.

둘째, 새로운 탄생으로 의로운 본성을 얻었다

"새 영을 너희 속에 두고 새 마음을 너희에게 주되 너희 육신에서 굳은 마음을 제거하고 부드러운 마음을 줄 것이며, 또 내 영을 너희 속에 두어 너희로 내 율례를 행하게 하리니 너희가 내 규례를 지켜 행할지라"겔36:26-27.

우리는 예수 그리스도를 믿어 영생을 얻음으로 새롭게 태어났다. 그리고 그 영생이 바로 하나님의 의로운 생명이다. 새로운 피조물은 죄인의 생명(본성)이 아닌 하나님의 생명(본성)을 얻은 자들이다. "또 증거는 이것이니 하나님이 우리에게 영생을 주신 것과 이 생명이 그의 아들 안에 있는 그것이니라 아들이 있는 자에게는 생명이 있고 하나님의 아들이 없는 자에게는 생명이 없느니라"요일5:11-12. "그런즉 누구든지 그리스도 안에 있으면 새로운 피조물이라 이전 것은 지나갔으니 보라 새 것이 되었도다"고후5:17.

"우리를 구원하시되 우리가 행한 바 의로운 행위로 말미암지 아니하고 오직 그의 긍휼하심을 따라 중생(다시 태어남)의 씻음과 성령의 새롭게 하심으로 하셨나니"딛3:5.

"네 백성이 다 의롭게 되어 영원히 땅을 차지하리니 그들은 내가 심은 가지요 내가 손으로 만든 것으로서 나의 영광을 나타낼 것인즉"사60:21; 요15:5.

"내가 그리스도와 함께 십자가에 못 박혔나니 그런즉 이제는 내가 사는 것이 아니요 오직 내 안에 그리스도께서 사시는 것이라"갈2:20.

그러므로 예수 그리스도의 속량(대속)은 완전하다

새로운 피조물은 예수님이 가지신 완전한 의(義)를 얻었다. 왜냐하면 예수님의 영으로 다시 태어났기 때문이다히2:11; 갈4:4-7. 죄 없는 예수 그리스도께서 그를 믿는 자들의 죄를 대속함으로 새로운 피조물은 합법적으로 의롭다하심을 얻었다(稱義). 또한 새로운 탄생을 통해 하나님의 의로운 본성을 얻었다. 그러므로 우리 주 예수 그리스도의 속량은 위대하고도 완전하다.

"이 복음은 우리가 믿을 때 우리에게 주시는 하나님의 완전한 의에 대하여 계속적으로 계시하시고 드러내십니다. 복음은 우리로 하여금 믿음을 통해 생명을 얻는 것으로부터 믿음에 의해 살아가는 능력의 삶으로 바꾸어 가십니다. 이는 성경에 기록된 바처럼 "우리는 생명을 얻게 하는 믿음을 통하여 하나님과 함께 의롭습니다"라고 하신 그것입니다"롬1:17 TPT.

하지만 새로운 피조물도 행위로는 온전치 않을 수 있다. 그에 관해서는 '그렇다면 의인이 죄를 지었을 때 어떻게 해야 하나?' 152쪽에서 다루고 있다.

죄(罪)의식과 의(義)의식

의식(consciousness)이란 항상 인식하여 생각하고 있는 상태를 말한다. 새로운 피조물은 옛사람의 옛 생각과 옛 습관을 버리고 하나님의 의식(말씀)으로 새롭게 사는 사람들이다. 우리는 그동안 죄의식과 하나님 앞에서 열등감을 가지고 살았으나 이제는 새 언약 안에서 진리에 근거한 새로운 의식을 가지고 자신을 바라보아야 한다.

"이와 같이 너희도 너희 자신을 죄에 대하여는 죽은 자요 그리스도 예수 안에서 하나님께 대하여는 살아 있는 자로 여길지어다"롬6:11.

"친히 나무에 달려 그 몸으로 우리 죄를 담당하셨으니 이는 우리로 죄에 대하여 죽고 의에 대하여 살게 하려 하심이라"벧전2:24; 골3:10.

"새 사람을 입었으니 이는 자기를 창조하신 이의 형상을 따라 지식에까지 새롭게 하심을 입은 자니라"골3:10.

그러면 이제 자신을 죄인이라고 의식하며 사는 사람과 자신을 의인이라고 의식하며 사는 사람에 대하여 알아보자.

자신이 죄인(罪人) 이라는 의식은 자신을 억압하고 정죄하여 구원의 은혜에서 멀어지게 한다. 죄(罪)의식은 인간이 하나님 앞에서 죄를 범하면서부터 생겼다. "그들이 그 날 바람이 불 때 동산에 거니시는 여호와 하나님의 소리를 듣고 아담과 그의 아내가 여호와 하나님의 낯을 피하여 동산 나무 사이에 숨은지라"창3:8.

이 죄의식은 하나님을 피하도록 하며 죄책감, 낮은 자존감, 불안감, 두려움으로 자신을 정죄하고 학대하며 심지어 자살에까지 이르게 한다. 이러한 죄의식은 예수 그리스도의 죄 사함의 은혜보다는 자신의 행위에 집중하

의의식은 빛으로 인도하고 죄의식은 어두움으로 인도한다.

게 하여 율법주의에 빠지게 하며, 하나님을 사랑과 신뢰의 대상이 아니라 두려움의 대상으로 생각하여 하나님에게서 멀어지게 만든다. 그리고 하나님 자녀의 권세와 특권을 잃어버리게 하고 자신은 죄를 지을 수밖에 없는 죄인으로 생각하여 죄와 쉽게 타협하게 한다. 이러한 죄의식은 사탄이 인간을 공격하는 방법이다 계12:10.

오늘날 많은 그리스도인이 자신이 죄인이라는 의식을 가지고 살고 있다. 그 이유는 그들이 예수 그리스도의 복음의 진리를 믿기보다도 율법과 자신이 설정한 의의 기준과 육신적인 현상을 보면서 자신과 타인을 정죄하기 때문이다. 이에 관해 성경은 이렇게 지적하고 있다. "내가 증언하노니 그들이 하나님께 열심이 있으나 올바른 지식을 따른 것이 아니니라. 하나님의 의를 모르고 자기 의를 세우려고 힘써 하나님의 의에 복종하지 아니하였느니라"롬10:2-3.

"율법은 모세로 말미암아 주어진 것이요 은혜와 진리는 예수 그리스도로 말미암아 온 것이라"요1:17.

"이와 같이 너희도 너희 자신을 죄에 대하여는 죽은 자요 그리스도 예수 안에서 하나님께 대하여는 살아 있는 자로 여길지어다"롬6:11.

따라서 우리는 자신을 바라볼 때 육신적으로 보지 말고 복음의 진리에 근거하여 그리스도의 의(義)를 가진 자로 보아야 한다.

자신이 의인(義人)이라는 의식은 담대함과 믿음을 증가시켜 의의 열매를 맺게 한다. 의(義) 의식은 복음의 말씀에 근거한 의식으로 그리스도의 의로움이 자신의 의로움이라고 인식하는 것이다. 의의식은 주님을 항상 의지함으로 믿음과 담대함을 증가시켜서 의의 열매를 맺게 한다. 하지만 의인이라는 의식을 가진 사람도 죄를 지을 수 있다. 의인이 죄를 지었을 때는 자신이 왜 죄를 지었는지를 깊이 반성하고 다시는 죄를 짓지 않겠다는 다짐과 함께 예수님의 보혈을 의지하며 하나님께 나아가 죄를 자백함으로 죄 용서함을 받는다. "만일 우리가 우리 죄를 자백하면 그는 미쁘시고 의로우사 우리 죄를 사하시며 우리를 모든 불의에서 깨끗하게 하실 것이요"요일1:9.

그리고 그리스도의 의로움이 자신의 것임을 고백하고 예수님의 은혜에 감사하며 거듭난 의의 생명을 따라 살기를 다짐한다빌3:8-9.

이러한 의의식은 죄책감이나 낮은 자존감으로 인해 상실한 모든 것을 회복시켜 준다. 거듭난 속사람 안에는 하나님의 선한 것이 충만하다. 이 의의 생명은 믿음의 교제를 통해 선한 것을 의식함으로 효과를 나타낸다. 그 선한 것을 의식하는 것이 의의식이다. "그(예수님) 안에는 신성의 모든 충만이 육체로 거하시고 너희도 그 안에서 충만하여졌으니"골2:9-10; 벧후1:3.

"이는 너의 믿음의 교제가 그리스도 예수 안에서 네 안에 있는 모든 선한 것(의의 생명)을 의식함으로 인하여 효과가 있게 하려 함이라"몬1:6 KJV.

우리는 자신이 예수님의 의를 가진 하나님의 자녀임을 의식하고 믿음으로 진리를 행할 때 의의 열매를 맺을 수 있다. 주님께서는 좋은 나무가 좋은 열매를 맺는다고 말씀하셨다마7:17. 우리가 예수님께 깊이 뿌리내릴 때 그분으로부터 의의 열매를 맺게 된다. "나는 포도나무요 너희는 가지라 그가 내 안에, 내가 그 안에 거하면 사람이 열매를 많이 맺나니"요15:5.

"너희가 전에는 어둠이더니 이제는 주 안에서 빛이라 빛의 자녀들처럼 행하라"엡5:8.

이러한 의(義)의 말씀을 모르면 영적 성장이 정체된다

"때가 오래 되었으므로 너희가 마땅히 선생이 되었을 터인데 너희가 다시 하나님의 말씀의 초보에 대하여 누구에게서 가르침을 받아야 할 처지이니 단단한 음식은 못 먹고 젖이나 먹어야 할 자가 되었도다. 이는 젖을 먹는 자마다 어린아이니 의의 말씀을 경험하지(능숙하지) 못한 자요, 단단한 음식은 장성한 자의 것이니, 그들은 지각(의의 말씀)을 사용함으로 연단을 받아 선악을 분별하는 자들이니라. 그러므로 우리가 그리스도의 도의 초보를 버리고 죽은 행실을 회개함과 하나님께 대한 신앙과 세례들과 안수와 죽은 자의 부활과 영원한 심판에 관한 교훈의 터를 다시 닦지 말고 완전한 데로 나아갈지니라"히5:12-6:2.

예수님께서 주신 의의 생명을 정확하게 모르면 죽은 행실을 반복하며 회개하는 그리스도의 도(교리)의 초보에 머무를 수밖에 없다. 왜냐하면 영적 성장의 출발점은 거듭난 새 생명 즉 의의 생명에서 시작되기 때문이다.

예수님을 영접함으로 모든 믿는 자에게는 의로움이 주어졌다. 그러므로 거듭 태어난 의의 생명을 의식하고 의의 말씀으로 새 생명을 성장시킬 때 하나님의 의를 이루는 삶을 살게 된다롬6:4. 구약의 선지자는 정죄의 직분을 가지고 죄를 지적하였지만, 신약에서의 영의 직분은 의의 생명을 일

의인은 세상 속에 살지만, 세상에 속하지 않고 오직 믿음으로 살아간다.

깨워 주는 의의 직분인 것이다. "유죄를 선고하는 직분에도 영광이 있었으면, 의를 베푸는 직분은 더욱더 영광이 넘칠 것입니다"고후3:9 새번역.

우리에게 주어진 의(義)의 생명은 거듭날 때 모든 사람에게 차별이 없이 주어졌다. "이제는 율법 외에 하나님의 한 의가 나타났으니 율법과 선지자들에게 증거를 받은 것이라. 곧 예수 그리스도를 믿음으로 말미암아 모든 믿는 자들에게 미치는 하나님의 의니 차별이 없느니라"롬3:21-22. 그러나 그 거듭난 의로운 생명을 의식하는 의의식(義意識)은 자라야 한다. 우리가 의의 말씀을 경험한다면 의의식은 자라나게 되고 거듭난 새 생명에 대한 깊은 이해를 바탕으로 영적 생명이 성장하게 된다.

의로운 생명으로 거듭난 새 피조물은 자신이 얻은 의로움을 더럽히지 말아야 한다. 그러므로 의(義)에 대하여 깨어 있고 죄를 짓지 말라

"의에 대하여 깨어 있고 죄를 짓지 말라 어떤 자들에게 하나님에 대한 지식이 없으므로 내가 너희를 부끄럽게 하려고 이 말을 하노라"고전15:34 KJV.

새 피조물은 예수 그리스도의 완벽한 의를 가졌다. 의는 자라는 것이 아니라 거듭날 때 선물로 주어지는 것이다. 하지만 의의식은 자랄 수 있다. 그러므로 우리는 자신의 인간적인 연약함에 집중하기보다는 하나님께서 은혜로 주신 새 생명에 관한 말씀에 집중해야 한다. 사도 바울은 그 말씀을 '은혜의 말씀'이라고 말했다. "지금 내가 여러분을 주와 및 그 은혜의 말씀에 부탁하노니 그 말씀이 여러분을 능히 든든히 세우사 거룩하게 하심을 입은 모든 자 가운데 기업이 있게 하시리라"행20:32; 행14:3; 히5:13.

은혜의 말씀은 예수 그리스도(새 언약) 안에 있는 자들에게 주어진 하나님의 은혜가 무엇인지를 알려주는 약속의 말씀들이다. 우리는 은혜의 말씀 안에서 자신을 바라보고 자신을 하나님께 드림으로 그분이 우리를 다스리시도록 해야 한다. "너희는 성령을 따라 행하라 그리하면 육체의 소욕을 이루지 아니하리라"갈5:16. 따라서 우리에게 필요한 것은 주님의 은혜의 말씀 즉 내 안에 있는 새 생명에 집중함으로 의에 대해서 깨어있는 것이다. 이 의의식이 자랄 때 그리고 성령으로 충만할 때 의로운 본성(생명)이 활성화되어 죄를 다스릴 수 있게 된다롬5:21. 내 안에 계신 그리스도께 집중하면 할수록 그리스도께서 역사하셔서 죄의 열매가 아닌 의의 열매를 맺게 되는 것이다. 그러므로 우리는 의의 말씀을 지속해서 묵상하고 선포해야 한다. 예수님은 나의 지혜와 의로움과 거룩함과 구원이시다고전1:30.

"복음에는 하나님의 의가 나타나서 믿음으로 믿음에 이르게 하나니 기록된 바 오직 의인은 믿음으로 말미암아 살리라 함과 같으니라(의로운 자 그는 믿음으로 말미암아 살리라)"롬1:17; 갈3:11; 히10:38; 히11:4.

의로움이 주는 유익

의(義)는 하나님과의 교제를 회복시켜 준다

의는 하나님 앞에 죄책감 없이 담대히 설 수 있는 자격 또는 권리를 뜻한다. 모든 사람이 죄를 범하였으므로 하나님께 나아갈 수 없었고, 그분과 교제할 수 없었다롬3:23. 의로워야 하나님과 교제할 수 있기에 결국 구원은 죄인을 의인으로 거듭 태어나게 하여 하나님께 나아가 그분과 교제를 가능케 한 것이다. "그러므로 우리가 믿음으로 의롭다 하심을 받았으니 우리 주 예수 그리스도로 말미암아 하나님과 화평을 누리자"롬5:1.

예수님께서 아버지와 친밀한 교제를 가졌듯이 예수님의 의로움을 가진 하나님의 자녀들은 언제든지 하나님 아버지께 나아가 그분과 교제할 수 있고 돕는 은혜를 얻기 위해 은혜의 보좌 앞에 담대히 나아갈 수 있다.

"우리의 사귐은 아버지와 그 아들 예수 그리스도와 함께 함이라"요일1:3.

"그러므로 우리는 긍휼하심을 받고 때를 따라 돕는 은혜를 얻기 위하여 은혜의 보좌 앞에 담대히 나아갈 것이니라"히4:16.

의로움은 담대한 믿음을 갖게 한다

의로움은 하나님 앞에 담대히 설 수 있게 함으로 담대한 믿음을 갖게 한다. "의인은 사자 같이 담대하니라"잠28:16. 그리고 의인의 기도는 역사하는 힘이 크다. "의인의 간구는 역사하는 힘이 큼이니라"약5:16.

"주의 눈은 의인을 향하시고 그의 귀는 의인의 간구에 기울이시되"벧전3:12. 또한 의인은 담대히 예수님의 이름을 사용하여 믿음의 역사를 일으킬 수 있다. "베드로가 이르되 은과 금은 내게 없거니와 내게 있는 이것을 네게 주노니 나사렛 예수 그리스도의 이름으로 일어나 걸으라 하고 오른손을 잡아 일으키니 발과 발목이 곧 힘을 얻고 뛰어 서서 걸으며 그들과 함께 성전으로 들어가면서 걷기도 하고 뛰기도 하며 하나님을 찬송하니"행3:6-8.

의로워야 평안할 수 있다

악인에게는 평안함이 없다. "악인은 평온함을 얻지 못하고 그 물이 진흙과 더러운 것을 늘 솟구쳐 내는 요동하는 바다와 같으니라"사57:20. 그러나 예수님이 주신 의로움은 하나님과의 평화를 가져오며 또한 어떤 상황 속에서도 염려와 두려움이 아닌 환경을 초월하는 평안과 안식을 얻게 한다.

"평안을 너희에게 끼치노니 곧 나의 평안을 너희에게 주노라 내가 너희에게 주는 것은 세상이 주는 것과 같지 아니하니라 너희는 마음에 근심하지도 말고 두려워하지도 말라"요14:27.

"그러므로 우리가 믿음으로 의롭다 하심을 받았으니 우리 주 예수 그리스도로 말미암아 하나님과 화평을 누리자"롬5:1.

"하나님의 나라는 먹는 것과 마시는 것이 아니요 오직 성령 안에 있는 의와 평강과 희락이라"롬14:17.

"하나님의 평강이 그리스도 예수 안에서 너희 마음과 생각을 지키시리라"빌4:7.

"의의 열매는 평화요, 의의 결실은 영원한 평안과 안전이다"사32:17 새번역.

의로움은 죄와 사탄의 지배로부터 자유를 준다

죄를 범하는 자마다 죄의 종이 된다. 그러나 예수 그리스도의 피로 의로움을 얻은 우리는 죄와 사탄의 권세로부터 해방된 자들이다. 그리고 이 진리를 알 때 진리가 우리를 죄와 죄의식, 그리고 사탄의 지배로부터 자유롭게 한다. "예수께서 대답하시되 진실로 진실로 너희에게 이르노니 죄를 범하는 자마다 죄의 종이라. 종은 영원히 집에 거하지 못하되 아들은 영원히 거하나니 그러므로 아들이 너희를 자유롭게(의롭게) 하면 너희가 참으로 자유로우리라"요8:34-36.

"하나님께 감사하리로다 너희가 본래 죄의 종이더니 너희에게 전하여 준 바 교훈(교리)의 본을 마음으로 순종하여 죄로부터 해방되어 의에게 종이 되었느니라"롬6:17-18.

"죄가 너희를 주장하지 못하리니 이는 너희가 법 아래에 있지 아니하고 은혜 아래에 있음이라"롬6:14.

"그가 우리를 흑암의 권세에서 건져내사 그의 사랑의 아들의 나라로 옮기셨으니"골1:13.

"자녀들아 너희는 하나님께 속하였고 또 그들을 이기었나니 이는 너희 안에 계신 이가 세상에 있는 자보다 크심이라"요일4:4.

의로움은 사탄의 참소를 무력화시킨다

사탄은 사람들의 허물과 죄를 밤낮 참소한다. "우리 형제들을 참소하던 자 곧 우리 하나님 앞에서 밤낮 참소하던 자가 쫓겨났고 또 우리 형제들이 어린 양의 피와 자기들이 증언하는 말씀으로써 그를 이겼으니"계12:10-11.

그러나 우리는 예수 그리스도의 의로움을 가진 자이다. 의로움은 영적 싸움에서 강력한 무기이다. "진리의 말씀과 하나님의 능력으로 의의 무기를 좌우에 가지고"고후6:7, 우리는 어린양 되신 예수 그리스도의 피로 의롭게 되었음으로 자신에게 하나님의 의가 있음을 의식하고 믿음으로 선포하라. 우리는 진리를 선포함으로 의의 호심경을 입는다. 사탄의 어떤 화살도 의의 호심경을 뚫지 못한다. 믿음의 선포는 사탄의 참소를 무력화시킨다.

"그런즉 서서 진리로 너희 허리띠를 띠고 의의 호심경을 붙이고"엡6:14.

의(義)는 하나님의 뜻을 행할 수 있는 능력을 준다

의는 바르게 사는 것 이상의 의미를 담고 있다. 의는 하나님의 뜻대로 행할 수 있는 능력을 말한다. 이러한 능력은 의의 본성에서 나온다. 바르게 사는 것은 의의 결과(열매)일 뿐이다. 그러므로 의는 행위에 관한 것이 아니라 본성에 관한 것이며, 본성에서부터 시작되는 것이다.

죄의 본성은 죄를 생산하고 의의 본성은 의를 생산한다. 새로운 피조물은 성령으로 탄생하여 의의 나무, 의의 가지가 되었으므로 의의 열매를 맺는 것이다. 그리고 의의 열매(결과)들은 단순히 옳은 행동이 아니라, 하나님의 뜻을 행하는 것이다. "내 영을 너희 속에 두어 너희로 내 율례를 행하게 하리니 너희가 내 규례를 지켜 행할지라"겔36:27.

"네 백성이 다 의롭게 되어 영원히 땅을 차지하리니 그들은 내가 심은 가지요 내가 손으로 만든 것으로서 나의 영광을 나타낼 것인즉"사60:21.

"그들이 의의 나무 곧 여호와께서 심으신 그 영광을 나타낼 자라 일컬음을 받게 하려 하심이라"사61:3; 렘23:5.

"나는 포도나무요 너희는 가지라 그가 내 안에, 내가 그 안에 거하면 사람이 열매를 많이 맺나니 나를 떠나서는 너희가 아무것도 할 수 없음이라"요15:5.

"너희 의의 열매를 더하게 하시리니"고후9:10.

"우리로 죄에 대하여 죽고 의에 대하여 살게 하려 하심이라"벧전2:24.

"우리는 그가 만드신 바라 그리스도 예수 안에서 선한 일을 위하여 지으심을 받은 자니"엡2:10.

"너희 안에서 착한 일을 시작하신 이가 그리스도 예수의 날까지 이루실 줄을 우리는 확신하노라"빌1:6.

"너희가 그가 의로우신 줄을 알면 의를 행하는 자마다 그에게서 난 줄을 알리라"요일2:29.

의로워야 다스리고 정복할 수 있다

아담은 이 세상의 왕이었으나 죄로 말미암아 존귀함과 왕권을 사탄에게 빼앗겼고 사탄이 세상에서 왕 노릇하게 되었다눅4:6. 그리하여 예수님께서 자기 백성의 죄에 대하여 죽으시고 또한 그들을 의롭다 하시기 위해 살아나셨다. 그리고 우리가 마귀에게 빼앗긴 권세를 예수님께서 다시 회복하셔서 그를 믿는 자들에게 위임하셨다. 그리스도와 연합하여 의로움이 회복된 새로운 피조물에게는 잃어버린 왕권 즉 다스리고 정복할 수 있는 권세가 회복되었다.

"예수께서 나아와 말씀하여 이르시되 하늘과 땅의 모든 권세를 내게 주셨으니 그러므로 너희는 가서 모든 민족을 제자로 삼아 아버지와 아들과 성령의 이름으로 세례를 베풀고 내가 너희에게 분부한 모든 것을 가르쳐 지키게 하라 볼지어다 내가 세상 끝날까지 너희와 항상 함께 있으리라 하시니라"마28:18-20.

"한 사람의 범죄로 말미암아 사망이 그 한 사람을 통하여 왕 노릇 하였은즉 더욱 은혜와 의의 선물을 넘치게 받는 자들은 한 분 예수 그리스도를 통하여 생명 안에서 왕 노릇 하리로다"롬5:17.

"이는 죄가 사망 안에서 왕 노릇 한 것 같이 은혜도 또한 의로 말미암아 왕 노릇 하여 우리 주 예수 그리스도로 말미암아 영생에 이르게 하려 함이니라"롬5:21.

"자녀들아 너희는 하나님께 속하였고 또 그들을 이기었나니 이는 너희 안에 계신 이가 세상에 있는 자보다 크심이라"요일4:4.

그렇다면 의인이 죄를 지었을 때 어떻게 해야 하나?

의인이 죄를 지었을 때 다시 죄인이 되는 것은 아니다

의인이라는 의식을 가진 의인도 죄를 지을 수 있다. 그러나 우리가 먼저 알아야 할 것은 우리가 죄를 지었다고 다시 죄인이 되는 것이 아니다. 죄인인지 의인인지를 결정짓는 것은 행동이 아니라 예수님을 믿음으로 본성이 거듭났느냐에 달려있기 때문이다. "우리를 구원하시되 우리가 행한 바 의로운 행위로 말미암지 아니하고 오직 그의 긍휼하심을 따라 중생의 씻음과 성령의 새롭게 하심으로 하셨나니"딛3:5; 갈2:16; 롬8:1-2; 롬4:6-8; 롬7:1-4; 빌3:8-9.

하나님은 사람의 중심을 보신다삼상16:7. 그리고 예수님께서도 좋은 나무가 좋은 열매를 맺는다고 말씀하셨다마7:17. 우리가 예수님께 깊이 뿌리내릴 때 그분에 의해 의의 열매를 맺게 된다. "나는 포도나무요 너희는 가지라 그가 내 안에, 내가 그 안에 거하면 사람이 열매를 많이 맺나니 나를 떠나서는 너희가 아무 것도 할 수 없음이라"요15:5.

죄를 자백하며 회개할 때 하나님께서 깨끗하게 하신다. 또한 죄 용서 받은 사람은 다른 사람의 죄도 용서해야 한다. 우리가 영적인 어린아이이거나 말씀에서 멀어지고 성령 충만하지 않으면 죄를 지을 수도 있다. 이럴 때 죄에 대해 깊이 반성하고 하나님께 죄를 자백하며 회개하면 하나님께서는 예수님의 보혈로 우리를 깨끗하게 하신다. 이미 거듭난 의인이 세상을 살면서 지은 죄는 자백함으로 용서받을 수 있다. "예수께서 이르시되 이미 목욕한 자는 발밖에 씻을 필요가 없느니라 온 몸이 깨끗하니라"요13:10.

"만일 우리가 우리 죄를 자백하면 그는 미쁘시고 의로우사 우리 죄를 사하시며 우리를 모든 불의에서 깨끗하게 하실 것이요"요일1:9.

"이 흰 옷 입은 자들이 누구며 또 어디서 왔느냐? ⋯ 이는 큰 환난에서 나오는 자들인데 어린 양의 피에 그 옷을 씻어 희게 하였느니라"계7:13-14.

"자기 두루마기를 빠는 자들은 복이 있으니 이는 그들이 생명나무에 나아가며 문들을 통하여 성에 들어갈 권세를 받으려 함이로다"계22:14.

"예수께서 또 이르시되 너희에게 평강이 있을지어다. 아버지께서 나를 보내신 것 같이 나도 너희를 보내노라. 이 말씀을 하시고 그들을 향하사 숨을 내쉬며 이르시되 성령을 받으라 너희가 누구의 죄든지 사하면 사하여질 것이요 누구의 죄든지 그대로 두면 그대로 있으리라 하시니라"요20:21-23; 마9:6; 막2:10; 눅5:24; 요일5:16.

"너희가 사람의 잘못을 용서하면 너희 하늘 아버지께서도 너희 잘못을 용서하시려니와 너희가 사람의 잘못을 용서하지 아니하면 너희 아버지께서도 너희 잘못을 용서하지 아니하시리라"마6:14-15.

"그 때에 베드로가 나아와 이르되 주여 형제가 내게 죄를 범하면 몇 번이나 용서하여 주리이까 일곱 번까지 하오리까? 예수께서 이르시되 네게 이르노니 일곱 번뿐 아니라 일곱 번을 일흔 번까지라도 할지니라"마18:21-22.

주님의 이러한 말씀은 긍휼이 많으신 하나님께서 얼마나 우리를 용서하시기 원하시는지 보여준 것이다.

의로움을 유지하는 것이 주님의 뜻이다

"사데에 그 옷을 더럽히지 아니한 자 몇 명이 네게 있어 흰 옷을 입고 나와 함께 다니리니 그들은 합당한 자인 연고라. 이기는 자는 이와 같이 흰 옷을 입을 것이요 내가 그 이름을 생명책에서 결코 지우지 아니하고 그 이름을 내 아버지 앞과 그의 천사들 앞에서 시인하리라"계3:4-5.

"어린 양의 혼인 기약이 이르렀고 그의 아내가 자신을 준비하였으므로 그에게 빛나고 깨끗한 세마포 옷을 입도록 허락하셨으니 이 세마포 옷은 성도들의 옳은 행실이로다 하더라"계19:7-8; 살전5:23.

예수 그리스도 안에서
새롭게 창조된 사람이 얻은 의로움

인간은 죄 때문에 영원한 생명, 존귀함,
하나님과의 교제, 다스리고 정복하는 왕권,
그리고 에덴동산을 잃어버렸다. 그러나 예수 그리스도를 통해
그를 믿는 자들이 얻게 되는 의(義)는 모든 것을 회복시켜 준다.

1 이번 배움을 통해 깨달은 것을 나눠보자

새로운 피조물이 얻은 의로움의 두가지 측면은 무엇인가?

_____

의로움이 주는 유익에 관해 나눠보자.

_____

우리가 죄를 지었을 때 어떻게 해야 하나?

_____

2 믿음을 말(고백)하는 것이 믿음을 효과 있게 한다
새로운 피조물이 얻은 의로움

나의 모든 죄와 허물은 십자가에서 해결되었습니다.
나에게는 예수님의 의로움이 있습니다.
나는 법적으로 의롭고 본성적으로도 의롭습니다.
나는 하나님 아버지 앞에 담대히 설 수 있고 그분과 교제할 수 있습니다.
나는 의인이며 나의 간구는 역사하는 힘이 큽니다.
나는 의로 말미암아 평안합니다.
나는 의로 말미암아 죄와 사탄의 참소를 무력화시킵니다.
나는 의의 생명으로 하나님의 뜻을 분별하고 행할 수 있습니다.
나는 의로 말미암아 다스리고 정복하는 자입니다.
나는 의의 말씀을 묵상하고 선포함으로 영적으로 성장합니다.
나는 의에 대하여 깨어있음으로 죄를 다스리고 의의 열매를 맺습니다.
나는 죄를 지었을 때 자백함으로 죄용서를 받습니다.

3 하나님 아버지!
저에게 예수 그리스도의 의로움을 주셔서 감사드립니다.
이제 그 의의 생명을 의식하며 의의 열매를 맺도록 성령으로 인도해 주옵소서.
예수님의 이름으로 기도드립니다. 아멘.

4 암송해야 할 중요한 성경 말씀
"그리스도 예수 안에 있는 속량으로 말미암아 하나님의 은혜로 값없이 의롭다
하심을 얻은 자 되었느니라"로마서3:24.

"하나님이 죄를 알지도 못하신 이를 우리를 대신하여 죄로 삼으신 것은 우리로
하여금 그 안에서 하나님의 의가 되게 하려 하심이라"고린도후서5:21.

"이는 너의 믿음의 교제가 그리스도 예수 안에서 네 안에 있는 모든 선한 것을
의식함으로 인하여 효과가 있게 하려 함이라"빌레몬서1:6 KJV.

"만일 우리가 우리 죄를 자백하면 그는 미쁘시고 의로우사 우리 죄를 사하시며
우리를 모든 불의에서 깨끗하게 하실 것이요"요한일서1:9.

5 다음 단계로 올라가는 말
예수 그리스도의 속량과 그 효과로 하나님의 자녀가 누릴 수 있는 복에 대해 알
아보자.

6 다음 단계를 위해 읽어올 성경말씀
갈라디아서 1–6장.

Q
당신은 예수 그리스도의
속량의 의미를 알고 있는가?

"네가 이 후로는 종이 아니요 아들이니
아들이면 하나님으로 말미암아 유업을 받을 자니라"
−갈4:7−

"그리스도께서 우리를 위하여 저주를 받은 바 되사
율법의 저주에서 우리를 속량하셨으니
기록된 바 나무에 달린 자마다 저주 아래에 있는 자라 하였음이라.
이는 그리스도 예수 안에서 아브라함의 복이
이방인에게 미치게 하고 또 우리로 하여금
믿음으로 말미암아 성령의 약속을 받게 하려 함이라"
−갈3:13−14−

예수 그리스도의
속량(대속)의 효과

"그 아들 안에서 우리가 속량 곧 죄 사함을 얻었도다"- 골1:14 -

예수 그리스도께서 우리를 속량하셔서
우리가 아브라함의 복을 받게 되었다

당신은 자신의 허물과 죄의 대가가 이미 지불된 것을 아는가?

예수 그리스도께서 우리의 허물과 죄의 대가를 지불하셔서 우리를 죄와 사망의 권세에서 자유케 하셨다. 그것을 한마디로 속량(贖良)이라 한다. 인간의 죄에 대한 대가는 인간 스스로가 지불할 수 없어서 하나님께서 친히 구원자로 오셔서 그분의 거룩한 생명으로 그 값을 치루시고 그를 믿는 자들을 속량하셨다. "여호와께서 그의 백성을 속량하시며 그의 언약을 영원히 세우셨으니 그의 이름이 거룩하고 지존하시도다"시111:9.

"그가 네 모든 죄악을 사하시며 네 모든 병을 고치시며, 네 생명을 파멸에서 속

> ### 속량(贖良)
>
> 포로나 노예를 대가를 주고 사서 자유롭게 하는 것. (속량과 같은 개념으로 대속이라는 단어가 쓰인다)

량하시고 인자와 긍휼로 관을 씌우시며, 좋은 것으로 네 소원을 만족하게 하사 네 청춘을 독수리 같이 새롭게 하시는도다"시103:3-5; 딛2:14; 롬3:24.

"그 아들 안에서 우리가 속량 곧 죄 사함을 얻었도다"골1:14.

예수 그리스도는 우리를 속량하셔서 우리의 기업을 회복시키셨다

"네 형제는 가난하게 되므로 그가 너와 함께 있는 거류민이나 동거인 또는 거류민의 가족의 후손에게 팔리면 그가 팔린 후에 그에게는 속량 받을 권리가 있나니 그의 형제 중 하나가 그를 속량하거나 또는 그의 삼촌이나 그의 삼촌의 아들이 그를 속량하거나 그의 가족 중 그의 살붙이 중에서 그를 속량할 것이요"레25:47-49; 고후8:9; 룻기.

이스라엘 백성이 가난하게 되어 노예로 팔렸을 때 그의 친족이 그를 속량하므로 그의 기업을 다시 회복시켜줄 수 있었다. 이처럼 하나님께서 우리를 속량하시기 위해서는 우리의 형제와 친족으로 오셔야만 했다. 그래서 성자 하나님께서 우리의 죄값을 속량하시고 우리의 잃어버린 기업을 회복시키는 기업 무를 자가 되시기 위해 동정녀 마리아를 통해 이 땅에 우리와 같은 사람으로 오셨다. "그가 범사에 형제들과 같이 되심이 마땅하도다 이는 하나님의 일에 자비하고 신실한 대제사장이 되어 백성의 죄를 속량하려 하심이라"히2:17; 히2:14-15.

"그리스도께서 우리를 위하여 저주를 받은 바 되사 율법의 저주에서 우리를 속량하셨으니 기록된 바 나무에 달린 자마다 저주 아래에 있는 자라 하였음이라. 이는 그리스도 예수 안에서 아브라함의 복이 이방인에게 미치게 하고 또 우리로 하여금 믿음으로 말미암아 성령의 약속을 받게 하려 함이라(약속하신 성령을 받게 하시려는 것이다)"갈3:13-14.

예수 그리스도의 속량으로 우리는 죄의 문제만 해결된 것이 아니라 성령 받고 아브라함이 받았던 복을 받을 수 있게 된 것이다. 그렇다면 아브라함은 누구이며 어떤 복을 받았는가? 아브라함은 하나님의 말씀에 믿음으로 순종한 자로서 믿음의 조상이 되었으며 하나님의 무한한 사랑과 축복을 받았다. 그리고 그리스도가 이 땅에 오시는 통로가 되었다. "내가 네게 큰 복을 주고 네 씨가 크게 번성하여 하늘의 별과 같고 바닷가의 모래와 같게 하리니 네 씨가 그 대적의 성문을 차지하리라. 또 네 씨로 말미암아 천하 만민이 복을 받으리니 이는 네가 나의 말을 준행하였음이니라"창22:17-18.

예수 그리스도를 믿는 자들은 그리스도의 것이며 믿음의 조상인 아브라함의 자손으로서 아브라함에게 주어진 하나님의 복을 받는 자들이다. "믿음으로 말미암은 자는 믿음이 있는 아브라함과 함께 복을 받느니라"갈3:9.

"너희가 그리스도의 것이면 곧 아브라함의 자손(씨)이요 약속대로 유업을 이을 자니라"갈3:29; 롬9:7-8.

"아브라함이나 그 후손에게 세상의 상속자가 되리라고 하신 언약은 율법으로 말미암은 것이 아니요 오직 믿음의 의로 말미암은 것이니라"롬4:13.

속량의 진정한 효과는 예수님을 믿는 자들이 하나님의 자녀가 되어 예수님과 함께 하나님의 나라를 상속받는 것이다. "때가 차매 하나님이 그 아들을 보내사 여자에게서 나게 하시고 율법 아래에 나게 하신 것은 율법 아래에 있는 자들을 속량하시고 우리로 아들의 명분을 얻게 하려 하심이라. 너희가 아들이므로 하나님이 그 아들의 영을 우리 마음 가운데 보내사 아빠 아버지라 부르게 하셨느니라. 그러므로 네가 이 후로는 종이 아니요 아들이니 아들이면 하나님으로 말미암아 유업을 받을 자니라"갈4:4-7.

"자녀이면 또한 상속자 곧 하나님의 상속자요 그리스도와 함께 한 상속자니 우리가 그와 함께 영광을 받기 위하여 고난도 함께 받아야 할 것이니라"롬8:17; 눅12:32.

"그는 새 언약의 중보자시니 이는 첫 언약 때에 범한 죄에서 속량하려고 죽으사 부르심을 입은 자로 하여금 영원한 기업의 약속을 얻게 하려 하심이라"히9:15.

속량(대속)의 7가지 효과
예수 그리스도의 속량으로
그리스도인에게 주어진 아브라함의 복

인간의 필요를 충족시키시는 하나님의 사랑

동서고금을 막론하고 인간에게는 여러 가지의 기본적인 필요가 있다. 그것은 모든 인간은 존귀함을 인정받아야 하며, 평안해야 하며, 좋은 교제를 나눌 대상이 필요하며, 험한 인생길에서 보호와 인도가 필요하며, 건강해야 하며, 물질적 필요가 충족되어야 하며, 모든 상황 가운데서도 승리할 수 있는 능력과 담대함이 필요하다.

이러한 인간의 필요를 충족시키기 위해 하나님은 구약의 역사 속에서 7가지 구원자의 이름으로 나타나셨다. 이같은 하나님의 구원은 먼저 믿음의 조상인 아브라함에게 나타났으며 아브라함이 받은 복이 예수 그리스도의 속량으로 그리스도인에게 주어지게 되었다. "그러므로 믿음으로 말미암은 자는 믿음이 있는 아브라함과 함께 복을 받느니라"갈3:9.

"너희가 그리스도의 것이면 곧 아브라함의 자손(씨)이요 약속대로 유업을 이을 자니라"갈3:29.

믿음의 조상인 아브라함이 받은 축복들은 그리스도인들이 받을 복을 예고한 것이다. 그러므로 성경에서 말하는 진정한 축복의 주인공은 아브라함이 아니라 예수 그리스도와 연합된 그의 몸인 그리스도인들이다요15:5.

그러면 옛 언약 안에서 인간의 필요를 채우시고 구원하시는 하나님의 이름이 새 언약(그리스도) 안에서 어떻게 성취되었는지 알아보자. 속량을 통해 그리스도인에게 주어진 복음은 다음과 같다.

1) 주님은 나의 의로움이시다: 여호와 칫케누(존귀함의 회복)

"그 이름은 여호와 우리의 의(義)라(여호와 칫케누) 일컬음을 받으리라"
렘23:5-6. 아담의 범죄 이후로 사람들의 존귀함은 손상되었고 하나님 앞에서
무가치감과 죄책감 그리고 낮은 자존감을 갖는 존재가 되었다. 그래서 하
나님 자신이 우리의 의로움이 되어 주고자 찾아오셨다. 이 일에 대한 계시
는 먼저 구약시대에 아브라함에게 나타났다. 의의 왕이요 살렘 왕인 멜기
세덱이 전쟁에서 돌아오는 아브라함에게 떡과 포도주를 가지고 찾아오셨
다창14:18-20; 히7:1-3. 이는 장차 예수 그리스도께서 자신의 몸과 피를 상징하
는 떡과 포도주로 우리와 하나가 되어 우리를 죄에서 속량하실 것을 예표
하고 있다. 또한 아브라함이 하나님을 믿으니 하나님께서 그를 의롭다고
인정하셨으며, 하나님 자신이 그의 의로움이 되어 주셨다. "아브람이 여호
와를 믿으니 여호와께서 이를 그의 의로 여기시고"창15:6. 이 일은 장차 주
예수님을 믿는 자가 의롭게 될 것을 보여주신 것이다.

하나님께서는 그리스도가 오시기 약 600년 전에 선지자 예레미야를 통
해 다윗의 후손으로 오실 그리스도께서 우리의 의로움이 되실 것을 말씀
하셨다. "나 여호와가 말하노라 보라 때가 이르리니 내가 다윗에게 한 의
로운 가지를 일으킬 것이라 … 그 이름은 여호와 우리의 의(義)라 일컬음을
받으리라"렘23:5-6. 이 예언의 말씀은 예수 그리스도 안에서 성취되었다마1:21.
하나님께서는 그리스도의 속량을 통해 우리의 의로움을 위한 값을 지불하
셨다. 그리하여 예수님의 의가 나의 의로움이 되었고, 예수님의 존귀가 나
의 존귀함이 되었다. "그리스도 예수 안에 있는 속량으로 말미암아 하나님
의 은혜로 값 없이 의롭다 하심을 얻은 자 되었느니라"롬3:24; 엡1:7. "너희는
하나님으로부터 나서 그리스도 예수 안에 있고 예수는 하나님으로부터 나와서
우리에게 지혜와 의로움과 거룩함과 구원함이 되셨으니"고전1:30. "하나님이
죄를 알지도 못하신 이를 우리를 대신하여 죄로 삼으신 것은 우리로 하여
금 그 안에서 하나님의 의가 되게 하려 하심이라"고후5:21.

2) 주님은 나와 함께하신다: 여호와 삼마(교제의 회복)

"그 날 후로는 그 성읍의 이름을 여호와 삼마라 하리라"겔48:35.

외로움과 고독 그리고 공허함은 많은 사람들을 파멸로 이끈다. 이런 증상은 왜 생기는 것일까? 그건 바로 우리를 친구와 동반자로 창조하신 주님과의 친밀한 교제를 잃어버렸기 때문이다. 우리는 하나님의 임재 속에서 살도록 창조되었으나 첫 사람 아담과 하와의 범죄로 인해 그 관계는 깨어지고 말았다. 죄로 인해 하나님과 분리된 사람이 외로움과 두려움 속에서 살아가고 있을 때 하나님께서는 아브라함에게 찾아오셔서 다정한 친구가 되어 주셨다. "여호와께서 이르시되 내가 하려는 것을 아브라함에게 숨기겠느냐?"라고 말씀하실 정도로 아브라함과 친밀하게 교제하셨다창18:17.

이러한 하나님과의 교제는 그리스도가 오시기 전에는 오직 하나님께서 선택하신 왕과 선지자와 제사장만이 누릴 수 있는 특권이었다. 하지만 예수 그리스도의 속량으로 말미암아 우리가 예수 그리스도를 영접하는 순간 하나님께서 성령으로 내 안에 들어오셔서 나와 함께 하시고 나와 친밀한 교제를 시작하신다. "내가 아버지께 구하겠으니 그가 또 다른 보혜사(성령)를 너희에게 주사 영원토록 너희와 함께 있게 하리니, 그는 진리의 영이라 세상은 능히 그를 받지 못하나니, 이는 그를 보지도 못하고 알지도 못함이라, 그러나 너희는 그를 아나니 그는 너희와 함께 거하심이요 또 너희 속에 계시겠음이라 내가 너희를 고아와 같이 버려두지 아니하고 너희에게로 오리라"요14:16-18.

"우리에게 주신 성령으로 말미암아 그(예수님)가 우리 안에 거하시는 줄을 우리가 아느니라"요일3:24.

"이 비밀은 너희 안에 계신 그리스도시니 곧 영광의 소망이니라"골1:27.

"우리의 사귐은 아버지와 그의 아들 예수 그리스도와 함께 함이라"요일1:3.

3) 주님은 나의 평화이시다: 여호와 살롬(평화의 회복)

"여호와께서 그에게 이르시되 너는 안심하라 두려워하지 말라 죽지 아니하리라 하시니라. 기드온이 여호와를 위하여 거기서 제단을 쌓고 그것을 여호와 살롬이라 하였더라"삿6:23-24.

이스라엘의 사사이며 민족을 해방시킨 기드온이 두려워할 때 하나님께서 그에게 "두려워하지 말라"고 격려하셨고, 그에게 평화가 되어주셨다. 또한 믿음의 조상인 아브라함도 전쟁 후에 그가 두려워할 때 하나님께서 그에게 나타나셔서 내가 너의 방패가 되니 두려워하지 말라고 말씀하셨다창15:1. 많은 사람들이 이 어둠의 세상에서 염려와 두려움 속에 살아 간다. 그러나 예수 그리스도의 속량을 통해 우리는 하나님과 화평케 되었고 그분의 도우심과 평화는 우리의 것이 되었다. 주님의 평화는 자기 자신에게는 평화가 되고 다른 사람들과는 화평의 관계로 이어진다. 그리스도께서는 우리의 평화를 위한 값을 지불하셨다. "그가 징계를 받으므로 우리는 평화를 누리고"사53:5.

"그러므로 우리가 믿음으로 의롭다 하심을 받았으니 우리 주 예수 그리스도로 말미암아 하나님과 화평을 누리자"롬5:1.

"평안을 너희에게 끼치노니 곧 나의 평안을 너희에게 주노라. 내가 너희에게 주는 것은 세상이 주는 것과 같지 아니하니라. 너희는 마음에 근심하지도 말고 두려워하지도 말라"요14:27.

"아무 것도 염려하지 말고 다만 모든 일에 기도와 간구로, 너희 구할 것을 감사함으로 하나님께 아뢰라 그리하면 모든 지각에 뛰어난 하나님의 평강이 그리스도 예수 안에서 너희 마음과 생각을 지키시리라"빌4:6-7.

"하나님의 나라는 먹는 것과 마시는 것이 아니요 오직 성령 안에 있는 의와 평강과 희락이라"롬14:17.

4) 주님은 나의 목자이시다: 여호와 라아(인도와 보호의 회복)

"여호와는 나의 목자시니(여호와 라아) 내게 부족함이 없으리로다"시23:1.

우리는 모두 하나님의 보호와 인도가 필요하다. 우리는 하나님의 계획과 인도하심을 따라 아름답고 풍성한 삶을 살도록 창조되었다. 그러나 아담의 범죄 이후 하나님과의 관계가 깨어지면서, 하나님의 인도하심에서 벗어나 각각 제길로 감으로 길을 잃어버리게 되었다. "우리는 다 양 같아서 그릇 행하여 각기 제 길로 갔거늘"사53:6.

하나님은 아브라함을 믿음의 조상으로 부르셨고, 그를 친척과 아버지 집에서 불러내어 약속의 땅 가나안으로 인도하셨다. 아브라함을 인도하신 하나님께서는 다윗을 비롯한 많은 이들의 보호자와 인도자가 되어 주셨다.

다윗은 위기의 상황에서도 하나님의 신실하심을 믿음으로 고백하였으며 하나님의 보호와 인도를 경험하였다. "여호와는 나의 목자시니 내게 부족함이 없으리로다. 그가 나를 푸른 풀밭에 누이시며 쉴 만한 물 가로 인도하시는도다. 내 영혼을 소생시키시고 자기 이름을 위하여 의의 길로 인도하시는도다"시23:1-3. 그리고 아브라함과 다윗의 주님께서 속량으로 말미암아 오늘날 나의 목자가 되어주신다.

"나는 선한 목자라", "내 양은 내 음성을 들으며 나는 그들을 알며 그들은 나를 따르느니라"요10:11, 27.

"그러나 진리의 성령이 오시면 그가 너희를 모든 진리 가운데로 인도하시리니 그가 스스로 말하지 않고 오직 들은 것을 말하며 장래 일을 너희에게 알리시리라"요16:13.

"하나님의 영으로 인도함을 받는 사람은 곧 하나님의 아들이라"롬8:14.

"너희가 전에는 양과 같이 길을 잃었더니 이제는 너희 영혼의 목자와 감독 되신 이에게 돌아왔느니라"벧전2:25.

5) 주님은 나의 치료자이시다: 여호와 라파(건강의 회복)

"나는 너희를 치료하는 여호와임이라(여호와 라파)"출15:26. 범죄한 인류는 율법의 저주로 말미암아 질병의 고통에 시달리게 되었다. 그리고 사람들은 이런 생로병사가 인간의 숙명이라 여기고 받아들였다. 그러나 치료의 하나님이 못하실 일은 없으시다. 아브라함과 사라를 치료하셔서 노년에 이삭을 낳을 수 있게 하신 것만 봐도 알 수 있다. 그리고 약 400년 후 하나님께서는 이렇게 약속하셨다. "네 하나님 여호와를 섬기라 그리하면 여호와가 너희의 양식과 물에 복을 내리고 너희 중에서 병을 제하리니 네 나라에 낙태하는 자가 없고 임신하지 못하는 자가 없을 것이라 내가 너의 날 수를 채우리라"출23:25-26.

성경에는 예수 그리스도께서 우리의 질병과 고통을 짊어짐으로 우리가 치유될 것이 예언되었으며 그대로 이루어졌다. "그가 네 모든 죄악을 사하시며, 네 모든 병을 고치시며 네 생명을 파멸에서 속량하시고, 인자와 긍휼로 관을 씌우시며 좋은 것으로 네 소원을 만족하게 하사 네 청춘으로 독수리 같이 새롭게 하시는도다"시103:3-5.

"그가 찔림은 우리의 허물 때문이요 그가 상함은 우리의 죄악 때문이라 그가 징계를 받으므로 우리는 평화를 누리고 그가 채찍에 맞으므로 우리는 나음을 받았도다"사53:5.

"예수께서 말씀으로 귀신들을 쫓아 내시고 병든 자들을 다 고치시니, 이는 선지자 이사야를 통하여 하신 말씀에 우리의 연약한 것을 친히 담당하시고 병을 짊어지셨도다 함을 이루려 하심이더라"마8:16-17.

예수 그리스도의 속량으로 믿는 자는 나음을 얻었다. "친히 나무에 달려 그 몸으로 우리 죄를 담당하셨으니 이는 우리로 죄에 대하여 죽고 의에 대하여 살게 하려 하심이라 그가 채찍에 맞음으로 너희는 나음을 얻었나니"벧전2:24.

6) 주님은 나의 공급자이시다: 여호와 이레(물질의 회복)

"아브라함이 그 땅 이름을 여호와 이레라 하였으므로 오늘날까지 사람들이 이르기를 여호와의 산에서 준비되리라 하더라"창22:14.

모든 것에 부족함이 없는 에덴에서 죄로 말미암아 쫓겨난 사람은 물질적 형통함이 필요했다. 그러한 인간의 필요를 충족시키시는 하나님의 구원은 아브라함에게 나타난다. 하나님은 믿음의 조상 아브라함을 친척과 아버지의 집에서 불러내셨으며, 친히 그를 축복하셔서 마침내 부유하게 만드셨다. 그리고 아브라함은 하나님의 시험을 받을 때 번제할 어린양을 준비해 두신 하나님을 경험하면서 하나님을 '여호와 이레'라고 불렀다. 아브라함의 필요를 준비하신 하나님께서는 그리스도를 믿고 거듭난 우리의 필요도 준비하신다. 그리스도의 속량으로 말미암아 주님은 나의 공급자가 되셨다.

"우리 주 예수 그리스도의 은혜를 너희가 알거니와 부요하신 이로서 너희를 위하여 가난하게 되심은 그의 가난함으로 말미암아 너희를 부요하게 하려 하심이라"고후8:9.

"기록된 바 하나님이 자기를 사랑하는 자들을 위하여 예비하신 모든 것은 눈으로 보지 못하고 귀로 듣지 못하고 사람의 마음으로 생각하지도 못하였다 함과 같으니라"고전2:9.

"나의 하나님이 그리스도 예수 안에서 영광 가운데 그 풍성한 대로 너희 모든 쓸 것을 채우시리라"빌4:19.

"하나님이 능히 모든 은혜를 너희에게 넘치게 하시나니 이는 너희로 모든 일에 항상 모든 것이 넉넉하여 모든 착한 일을 넘치게 하게 하려 하심이라"고후9:8.

"자기 아들을 아끼지 아니하시고 우리 모든 사람을 위하여 내주신 이가 어찌 그 아들과 함께 모든 것을 우리에게 주시지 아니하겠느냐?"롬8:32.

7) 주님은 나의 승리(깃발)이시다: 여호와 닛시(승리의 회복)

"모세가 제단을 쌓고 그 이름을 여호와 닛시라 하고 이르되 여호와께서 맹세하시기를 여호와가 아말렉과 더불어 대대로 싸우리라"출17:15-16.

아담의 범죄 이후 의기소침, 두려움, 낙심 등으로 힘든 삶을 살던 사람들에게 하나님은 여호와 닛시의 하나님으로 찾아오셨다. 하나님은 자신의 백성들의 연약함을 도우시고 그들을 위해 친히 싸워주시는 분이시다. 아브라함이 전쟁 중 포로가 된 조카 롯을 구출해 돌아올 때 살렘왕 멜기세덱은 하나님께서 아브라함을 승리케 하셨다고 말했다창14:19-20. 그리고 하나님은 이스라엘 민족이 아말렉이라는 적과 싸울 때 이스라엘을 위해 싸워주셨다. 하나님께서 자기 백성들에게 자신을 계시하실 때 '만군의 여호와'의 이름을 259회나 사용하신 이유는 주님이 사탄과의 영적 전쟁에서 우리를 위해 싸우시기 때문이다. 이러한 하나님이 예수 그리스도의 속량을 통해 우리의 주가 되심으로 우리의 승리가 되어 주신다골2:13-15. 예수 그리스도 안에 있는 새로운 피조물은 예수님과 함께 승리자(통치자)의 자리에 앉아 있다엡2:4-6.

주님은 나의 승리시다. "내가 너희에게 뱀과 전갈을 밟으며 원수의 모든 능력을 제어할 권능을 주었으니 너희를 해칠 자가 결코 없으리라"눅10:19.

"한 사람의 범죄로 말미암아 사망이 그 한 사람을 통하여 왕 노릇 하였은즉 더욱 은혜와 의의 선물을 넘치게 받는 자들은 한 분 예수 그리스도를 통하여 생명 안에서 왕 노릇 하리로다"롬5:17; 계5:10.

"이 모든 일에 우리를 사랑하시는 이로 말미암아 우리가 넉넉히 이기느니라"롬8:37. "자녀들아 너희는 하나님께 속하였고 또 그들을 이기었나니 이는 너희 안에 계신 이가 세상에 있는 자보다 크심이라"요일4:4.

"무릇 하나님께로부터 난 자마다 세상을 이기느니라 세상을 이기는 승리는 이것이니 우리의 믿음이니라"요일5:4.

"우리 주 예수 그리스도로 말미암아 우리에게 승리를 주시는 하나님께 감사하노니"고전15:57.

하나님의 7가지 구원의 이름이
'예수'의 이름에 집약되어 있다

"아들을 낳으리니 이름을 예수라 하라 이는 그가 자기 백성을 그들의 죄에서 구원할 자이심이라 하니라"마1:21. 옛 언약 안에서 7가지 구원으로 나타난 여호와의 이름은 새 언약 안에서 '예수'의 이름에 집약되어 있다. '예수'라는 이름은 '여호와께서 구원하신다'라는 뜻이다. 예수님을 주님으로 믿는 우리는 예수 그리스도의 속량으로 말미암아 하나님의 7가지 이름에 담긴 구원을 얻게 되었다. 또한 그를 믿는 자들에게는 예수님의 이름을 사용할 수 있는 특권을 주셨다.

"믿는 자들에게는 이런 표적이 따르리니 곧 그들이 내 이름으로 귀신을 쫓아내며 새 방언을 말하며 뱀을 집어올리며 무슨 독을 마실지라도 해를 받지 아니하며 병든 사람에게 손을 얹은즉 나으리라"막16:17-18.

"너희가 내 이름으로 무엇을 구하든지 내가 행하리니 이는 아버지로 하여금 아들로 말미암아 영광을 받으시게 하려 함이라. 내 이름으로 무엇이든지 내게 구하면 내가 행하리라"요14:13-14.

"하늘에 있는 자들과 땅에 있는 자들과 땅 아래에 있는 자들로 모든 무릎을 예수의 이름에 꿇게 하시고 모든 입으로 예수 그리스도를 주라 시인하여 하나님 아버지께 영광을 돌리게 하셨느니라"빌2:10-11.

예수 그리스도께서 율법의 저주에서 우리를 속량 하셨으므로, 예수님 안에 있는 자들은 아브라함의 복을 받게 되었다. 하나님께서는 아브라함을 사랑으로 인도하셨고 아브라함은 믿고 순종하였다. 우리는 아브라함을 믿음의 조상이라 부른다. 그 이유는 하나님과 아브라함의 친밀한 관계가 예수 그리스도의 속량으로 인해 믿는 자에게 옮겨졌기 때문이다. 또한 하나

"너희가 내 이름으로 무엇을 구하든지 내가 행하리니 … 내 이름으로 무엇이든지 내게 구하면
내가 행하리라"

님과 아브라함의 관계는 믿는 우리에게 하나님이 어떠한 분이신가를 잘 보여주신 것이다. 왜냐하면 아브라함처럼 우리가 주님을 믿고 따를 때 우리 한 사람 한 사람이 바로 아브라함이나 마찬가지이기 때문이다. "그러므로 믿음으로 말미암은 자는 믿음이 있는 아브라함과 함께 복을 받느니라"갈3:9.

주 예수님의 속량은 나를 위한 것이다. 7가지 구원의 이름에 담긴 효과를 누리자! 우리 함께 아브라함의 복을 누리자!

"지금까지는 너희가 내 이름으로 아무것도 구하지 아니하였으나 구하라 그리하면 받으리니 너희 기쁨이 충만하리라"요16:24.

"하나님의 약속은 얼마든지 그리스도 안에서 예가 되니 그런즉 그로 말미암아 우리가 아멘 하여 하나님께 영광을 돌리게 되느니라"고후1:20.

"무엇을 하든지 말에나 일에나 다 주 예수의 이름으로 하고 그를 힘입어 하나님 아버지께 감사하라"골3:17.

예수 그리스도의 속량(대속)의 효과

아담이 모든 인류의 대표가 된 것처럼
예수님 또한 모든 인류의 대표가 되어 우리를 속량하심은
우리가 아브라함의 복을 받고 더 나아가 예수님과 함께
하나님 나라의 공동 상속자가 되게 하려 하심이다.

1 이번 배움을 통해 깨달은 것을 나눠보자

우리의 필요를 채우시는 하나님의 7가지 구원의 이름과 그 효과는 무엇인가?

당신은 지금 그리스도의 속량의 효과를 얼마나 누리고 있는가?

※나누기에 대한 해답은 250쪽에 있습니다.

2 믿음을 말(고백)하는 것이 믿음을 효과 있게 한다

("기록된 바 내가 믿었으므로 말하였다 한 것 같이 우리가 같은 믿음의 마음(영)을 가졌으니 우리도 믿었으므로 또한 말하노라"고후4:13.)

예수 그리스도의 속량의 효과로 나는 아브라함의 복을 받았다

주님은 나의 의로움이십니다.(여호와 칫케누)

주님은 나와 함께하십니다.(여호와 삼마)

주님은 나의 평화이십니다.(여호와 살롬)

주님은 나의 목자이십니다.(여호와 라아)

주님은 나의 치료자이십니다.(여호와 라파)

주님은 나의 공급자이십니다.(여호와 이레)

주님은 나의 승리이십니다.(여호와 닛시)

3 하나님 아버지!
예수 그리스도의 속량으로 인해 감사드립니다.
하나님의 7가지 구원의 이름이 이제 나의 것임을 믿습니다.
나의 삶 속에 하나님의 구원을 누리게 하옵소서.
예수님의 이름으로 기도드립니다. 아멘.

4 암송해야 할 중요한 성경 말씀

"그리스도께서 우리를 위하여 저주를 받은 바 되사 율법의 저주에서 우리를
속량하셨으니 … 이는 그리스도 예수 안에서 아브라함의 복이 이방인에게 미치
게 하고 또 우리로 하여금 믿음으로 말미암아 성령의 약속을 받게 하려 함이라"
갈라디아서3:13-14.

"무엇을 하든지 말에나 일에나 다 주 예수의 이름으로 하고 그를 힘입어 하나님
아버지께 감사하라"골로새서3:17.

5 다음 단계로 올라가는 말

하나님께서는 타락한 인간을 그리스도
안에서 새로운 피조물로 만들기 위해
오랫동안 준비해 오셨다. 그렇다면 하
나님이 꿈꾸어 온 새로운 피조물의 정
체성을 구체적으로 알아보자.

6 다음 단계를 위해 읽어올
성경말씀

고린도후서 4-6장, 베드로전서 2장.

Q
당신은 새로운 피조물이
어떤 사람인지 아는가?

복음의 거울로 나를 바라보면
내 안에 계신 그리스도가 보인다

우리는 거울을 통해 자신의 모습을 바라 본다.
거듭난 우리 속사람의 모습도 복음의 거울로 보면
예수 그리스도의 형상이 보인다.
새로운 피조물 안에는 주의 영이 계심으로
주님과 같은 형상으로 변화되어 점점 더 영광스러워진다

- 롬8:29-30; 고후3:18 -

예수 그리스도 안에서 거듭난

새 생명의 정체성

"너희는 택하신 족속이요 왕 같은 제사장들이요 거룩한 나라요
그의 소유가 된 백성이니 이는 너희를 어두운 데서 불러 내어
그의 기이한 빛에 들어가게 하신 이의 아름다운 덕을 선포하게
하려 하심이라"- 벧전2:9 -

거듭난 당신은 어떤 사람인가?

당신은 지금 어떤 정체성을 가지고 살고 있는가?

지구 위의 모든 사람에게는 이 땅에서의 육적인 신분이 주어진다. 그리
고 어느 국민이든지 자신의 신분에 따르는 기본적인 권리와 특권이 있으며
그것을 누리기 위해서는 먼저 자신에게 속한 것이 무엇인지 알아야 한다.

이와 마찬가지로 그리스도 안에서 하나님의 가족으로 새롭게 태어난
사람에게는 하나님의 자녀가 갖는 신성한 신분과 그 신분에 따르는 권세가
주어진다. 그러므로 우리는 그리스도 안에서 내가 누구인지에 대한 명확한
정체성을 가져야 한다.

정체성이란 우리의 신분에 대한 정의를 뜻하는 말로 영어로는 아이덴
티티(Identity)라고 한다. 신분증을 아이디 카드(ID card)라고 하는 건 바

로 내가 누구인지 밝혀주기 때문이다. 신약성경에는 그리스도 안에서 거듭난 사람이 어떤 존재인지, 다시 말해 어떤 신분이 되었는지에 대해 약 130회 이상 말하고 있다. 그 이유는 그리스도 밖에 있는 사람과 그리스도 안에 있는 사람은 근본적으로 다르기 때문이다.

예수 그리스도의 복음의 핵심은 본성이 바뀌는 것이다. 죄인의 본성에서 의인의 본성으로, 사망에서 생명으로, 마귀의 자식에서 하나님의 자녀로, 지옥에서 천국으로, 종에서 자유인으로, 저주에서 축복으로 모든 것이 바뀌었다. 그러므로 그리스도 안에 있는 나의 신분과 정체성은 세상 사람과 다르다. 거듭난 사람은 예수님과 같은 생명을 가진 사람이다. 예수님께서는 이 세상에 계실 때 사람들과 다른 정체성을 가지고 사셨다. 주님께서 바리새인들에게 이렇게 말씀하셨다. "예수께서 이르시되 너희는 아래에서 났고 나는 위에서 났으며 너희는 이 세상에 속하였고 나는 이 세상에 속하지 아니하였느니라"요8:23. 그러나 자신을 믿는 자들에 관해서는 다음과 같이 말씀하셨다.

"내가 세상에 속하지 아니함 같이 저희도 세상에 속하지 아니함을 인함이니이다"요17:14; 마6:31-33. 그리고 주님은 자신이 세상의 빛이시며 믿는 우리 또한 세상의 빛이라고 말씀하셨다마5:14.

이러한 말씀들은 그리스도인들이 세상 사람과 다른 신분과 정체성을 가졌다는 뜻이다. 그리스도 안에 있는 새로운 피조물은 예수님과 같은 생명(ZOE)을 가진 하나님의 자녀이다.

"또 증거는 이것이니 하나님이 우리에게 영생을 주신 것과 이 생명이 그의 아들 안에 있는 그것이니라 아들이 있는 자에게는 생명이 있고 하나님의 아들이 없는 자에게는 생명이 없느니라. 내가 하나님의 아들의 이름을 믿는 너희에게 이것을 쓰는 것은 너희로 하여금 너희에게 영생이 있음을 알게 하려 함이라"요일5:11-13.

그분이 하나님의 아들이심 같이 우리 또한 하나님의 거룩한 자녀들이며, 그분이 세상의 빛이셨듯이 우리도 세상의 빛이다마5:14; 롬11:16. 그리고 그분이 가지신 영원한 사랑이 성령으로 우리에게도 부어졌다롬5:5.

그리스도인은 세상에서 그리스도를 대신하도록 부르심을 받은 사람들이다. 우리는 그리스도의 대사요, 그리스도의 증인이요, 그리스도의 편지이다고후5:20; 행1:8; 고후3:3. 그래서 예수님께서는 너희를 영접하는 것이 나를 영접하는 것이라고 말씀하신 것이다마10:40.

그리스도인(새로운 피조물)은 자연적이면서 동시에 초자연적인 존재로서 영적인 영역에서 많은 영향력을 행사할 수 있다. 그러므로 우리가 거듭난 새 생명의 정체성과 성령의 도우심으로 살아갈 때 비로소 영적인 성장이 가능하며 자신에게 맡겨진 사명 또한 감당할 수 있다.

"주께서 그러하심과 같이 우리도 이 세상에서 그러하니라"요일4:17.

"하나님 안에서 산다고 하는 사람은 예수님이 하신 것과 똑같이 살아야 합니다"요일2:6 현대인.

"진실로 너희에게 이르노니 무엇이든지 너희가 땅에서 매면 하늘에서도 매일 것이요 무엇이든지 땅에서 풀면 하늘에서도 풀리리라"마18:18.

"내가 진실로 진실로 너희에게 이르노니 나를 믿는 자는 내가 하는 일을 그도 할 것이요 또한 그보다 큰 일도 하리니 이는 내가 아버지께로 감이라"요14:12.

영적인 신분(정체성)이 진정한 나이며 이것은 영원히 지속된다

우리에게 주어진 육적인 신분은 육적인 생명이 끝날 때 없어지지만 하나님과의 관계 속에서 주어진 영적인 신분은 영원히 지속된다. 왜냐하면 진정한 나는 나의 영(속사람, 사람의 본질)이며 이것은 영원히 존재하기 때문이다. "우리가 주목하는 것은 보이는 것이 아니요 보이지 않는 것이니 보이는 것은 잠깐이요 보이지 않는 것은 영원함이라"고후4:18.

새 언약 안에서 그리스도와 연합된 나의 정체성
(그리스도와 동일시)

나는 그리스도와 함께 십자가에 못 박혔다

"내가(옛 사람) 그리스도와 함께 십자가에 못 박혔나니"갈2:20.

"이는 너희가 죽었고 너희 생명이 그리스도와 함께 하나님 안에 감추어 졌음이라"골3:3; 롬6:11; 롬6:6.

"우리가 알거니와 우리의 옛 사람이 예수와 함께 십자가에 못 박힌 것은 죄의 몸이 죽어 다시는 우리가 죄에게 종 노릇 하지 아니하려 함이니"롬6:6.

"만일 우리가 그의 죽으심과 같은 모양으로 연합한 자가 되었으면"롬6:5.

예수님은 십자가에서 우리와 동일시되었다. 그리스도께서는 자신의 죄 값을 치르신 것이 아니라, 자신과 하나가 된 우리의 죄값을 치르신 것이었다. "이르시되 이것은 많은 사람을 위하여 흘리는 나의 피 곧 언약의 피니라"막14:24. 그러나 그리스도의 대속을 거부한 사람들은 자신의 죄값을 영원히 치러야 할 것이다. "그들은 영벌에, 의인들은 영생에 들어가리라"마25:46.

나는 그리스도와 함께 장사되었다

"그러므로 우리가 그의 죽으심과 합하여 세례를 받음으로 그와 함께 장사되었나니"롬6:4.

"너희가 세례로 그리스도와 함께 장사되고"골2:12.

나는 그리스도와 함께 살아났다

"허물로 죽은 우리를 그리스도와 함께 살리셨고"엡2:5.

"너희가 세례로 그리스도와 함께 장사되고 또 죽은 자들 가운데서 그를 일으키신 하나님의 역사를 믿음으로 말미암아 그 안에서 함께 일으키심을 받았느니라"골2:12.

"또 범죄와 육체의 무할례로 죽었던 너희를 하나님이 그와 함께 살리시고 우리의 모든 죄를 사하시고"골2:13.

그리스도께서 살아나셨을 때 우리는 주님과 함께 동일한 생명으로 거듭나게 되었다.

나는 그리스도와 함께 하늘에 앉아있다

"또 함께 일으키사 그리스도 예수 안에서 함께 하늘에 앉히시니"엡2:6.

현재 그리스도께서 내 안에 계신다

"내가 그리스도와 함께 십자가에 못 박혔나니 그런즉 이제는 내가 사는 것이 아니요 오직 내 안에 그리스도께서 사시는 것이라"갈2:20.

"하나님이 그들로 하여금 이 비밀의 영광이 이방인 가운데 얼마나 풍성한지를 알게 하려 하심이라 이 비밀은 너희 안에 계신 그리스도시니 곧 영광의 소망이니라"골1:27.

"볼지어다 내가 세상 끝날까지 너희와 항상 함께 있으리라"마28:20.

"믿음으로 말미암아 그리스도께서 너희 마음에 계시게 하시옵고"엡3:17.

"볼지어다 내가 문 밖에 서서 두드리노니 누구든지 내 음성을 듣고 문을 열면 내가 그에게로 들어가 그와 더불어 먹고 그는 나와 더불어 먹으리라"계3:20.

"주님과 연합하여 그분의 강력한 힘으로 굳세어지십시오"엡3:10 유대인성경.

"아버지의 영광으로 말미암아 그리스도를 죽은 자 가운데서 살리심과 같이 우리로 또한 새 생명 가운데서 행하게 하려 함이라"롬6:4.

이제 그리스도와 연합된 새 생명의 정체성으로 살아간다.

그리스도와 연합된 나의 정체성(신분)

"주께서 그러하심과 같이 우리도 이 세상에서 그러하니라"요일4:17.

그리스도 안에 있는 사람은 그리스도 밖에 있는 사람과 본성적으로 다르다. 새로운 피조물은 그리스도를 마음 중심에 모심으로 하나님의 생명으로 다시 태어난 새로운 사람이다. 그러므로 사도 바울은 자신의 정체성을 그리스도 안에서 발견되기를 바란다고 고백하였다. "내가 그를 위하여 모든 것을 잃어버리고 배설물로 여김은 그리스도를 얻고 그 안에서 발견되려 함이니"빌3:8-9.

"누구든지 그리스도 안에 있으면 새로운 피조물이라 이전 것은 지나갔으니 보라 새 것이 되었도다"고후5:17; 요15:5.

"이 비밀은 너희 안에 계신 그리스도시니 곧 영광의 소망이니라"골1:27.

"우리가 이 보배를 질그릇에 가졌으니"고후4:7.

그리스도가 내 안에 계신다. 따라서 그분의 신성한 특성들도 우리가 공유하게 된 것이다. 우리는 그리스도를 나타내는 존재가 되었다. 우리 안에는 그리스도로 인해 신성의 충만함이 있으므로 내 안에 있는 그리스도를 의식하며 영으로부터 살아야 한다. 나의 의식(마음과 생각)이 그리스도와 일치할 때 나를 통해 그리스도가 드러나게 된다. 우리 삶의 목적은 그리스도 안에서 내가 누구인지를 깨닫고 그분 안에서 완전한 자로 세워지는 것이다.

"우리가 그를 전파하여 각 사람을 권하고 모든 지혜로 각 사람을 가르침은 각 사람을 그리스도 안에서 완전한 자로 세우려 함이니"골1:28.

그러면 이제 우리에게 주어진 신성한 특성들을 구체적으로 알아보자.

너는 내 안에서 새롭게 창조되었다.

그리스도 안에 있는 나는 누구이며, 무엇을 얻었으며, 무엇을 하는 자인가?

1) 나는 죄 사함을 받은 자이다

"우리는 그리스도 안에서 그의 은혜의 풍성함을 따라 그의 피로 말미암아 속량 곧 죄 사함을 받았느니라"엡1:7.

예수님과 하나 되는 새 언약 안에서 예수 그리스도께서 우리 대신 죄인 되어 죽으심으로 우리의 죄 사함을 이루셨다. "이것은 죄 사함을 얻게 하려고 많은 사람을 위하여 흘리는 바 나의 피 곧 언약의 피니라"마26:28.

"우리는 다 양 같아서 그릇 행하여 각기 제 길로 갔거늘 여호와께서는 우리 모두의 죄악을 그에게 담당시키셨도다"사53:6.

2) 나는 하나님의 생명으로 거듭 태어난 하나님의 자녀, 새로운 피조물이다. 죄인의 본성을 가진 인간은 하나님의 본성을 받아야만 하나님의 자녀가 될 수 있다. 즉 물과 성령으로 거듭나야 하나님의 자녀가 되는 것이다. 따라서 거듭난 사람은 하나님의 생명을 가진 실제적인 하나님의 자녀이며 예전의 사람과 전혀 다른 새로운 피조물이다.

"예수께서 대답하시되 진실로 진실로 네게 이르노니 사람이 물과 성령으로 나지 아니하면 하나님의 나라에 들어갈 수 없느니라"요3:5.

"영접하는 자 곧 그 이름을 믿는 자들에게는 하나님의 자녀가 되는 권세를 주셨으니"요1:12.

"증거는 이것이니 하나님이 우리에게 영생을 주신 것과 이 생명이 그의 아들 안에 있는 그것이니라 아들이 있는 자에게는 생명이 있고 하나님의 아들이 없는 자에게는 생명이 없느니라"엡1:5.

"그 기쁘신 뜻대로 우리를 예정하사 예수 그리스도로 말미암아 자기의 아들들이 되게 하셨으니"엡1:5.

"그런즉 누구든지 그리스도 안에 있으면 새로운 피조물이라 이전 것은 지나갔으니 보라 새 것이 되었도다"고후5:17.

우리는 인간의 지성을 개발하는 것 이상으로 내 안에 있는 하나님의 생명을 성장시키고 풍성케 하는 것에 깊은 관심을 가져야 한다. "내가 온 것은 양으로 생명을 얻게 하고 더 풍성히 얻게 하려는 것이라"요10:10.

3) 나는 보혜사 성령님을 내 안에 모신 자이다

인간은 하나님을 모시기 위해 하나님의 형상과 모양으로 창조되었다. 물과 성령으로 거듭난 새로운 피조물은 하나님의 성령(생명)을 심령에 모셨으므로 하나님의 성전이 되었다. 그 생명의 성령님이 내 안에 계셔서 나를 도우시고 가르치시고 인도하신다. "내가 아버지께 구하겠으니 그가 또 다른 보혜사(돕는 자)를 너희에게 주사 영원토록 너희와 함께 있게 하리니

… 그는 너희와 함께 거하심이요 또 너희 속에 계시겠음이라"요14:16-17.

"보혜사 곧 아버지께서 내 이름으로 보내실 성령 그가 너희에게 모든 것을 가르치고 내가 너희에게 말한 모든 것을 생각나게 하리라"요14:26.

"진리의 성령이 오시면 그가 너희를 모든 진리 가운데로 인도하시리니 그가 스스로 말하지 않고 오직 들은 것을 말하며 장래 일을 너희에게 알리시리라"요16:13.

"너희는 너희가 하나님의 성전인 것과 하나님의 성령이 너희 안에 계시는 것을 알지 못하느냐?"고전3:16; 고전6:19.

"이 비밀은 너희 안에 계신 그리스도시니 곧 영광의 소망이니라"골1:27.

4) 나는 예수님의 의(義)로 의롭게 된 자이다

"그러므로 우리가 믿음으로 의롭다 하심을 받았으니 우리 주 예수 그리스도로 말미암아 하나님과 화평을 누리자"롬5:1.

우리가 그리스도를 영접함으로 얻은 생명(ZOE)은 의의 생명이다. '의(義)'란 죄책감이나 무가치감 없이 담대히 하나님 앞에 설 수 있는 자격과 하나님의 뜻을 행할 수 있는 능력을 포함한다. 예수 그리스도는 나의 죄를 대신 지시고 나의 의가 되시기 위해 하나님으로부터 내게 오셨다.

"너희는 하나님으로부터 나서 그리스도 예수 안에 있고 예수는 하나님으로부터 나와서 우리에게 지혜와 의로움과 거룩함과 구원함이 되셨으니"고전1:30. "모든 사람이 죄를 범하였으매 하나님의 영광에 이르지 못하더니 그리스도 예수 안에 있는 속량으로 말미암아 하나님의 은혜로 값 없이 의롭다 하심을 얻은 자 되었느니라"롬3:23-24.

"한 사람이 순종하지 아니함으로 많은 사람이 죄인 된 것 같이 한 사람이 순종하심으로 많은 사람이 의인이 되리라"롬5:19; 롬8:1-2.

"하나님이 죄를 알지도 못하신 이를 우리를 대신하여 죄로 삼으신 것은 우리로 하여금 그 안에서 하나님의 의가 되게 하려 하심이라"고후5:21.

5) 나는 사망에서 생명으로 죄와 사탄에서 해방되어 하나님께 속한 자이다. 우리는 사망에서 생명으로 어둠의 권세에서 벗어나 하나님께 속한 거룩한 자들이다. '거룩하다'는 말은 구별되었다는 뜻으로 하나님께 드려진 상태를 말한다. 우리는 세상 속에 살지만 세상에 속하지 않고 하나님께 속한 자로서 죄와 사탄의 영향력보다 위에 있다.

"내가 진실로 진실로 너희에게 이르노니 내 말을 듣고 또 나 보내신 이를 믿는 자는 영생을 얻었고 심판에 이르지 아니하나니 사망에서 생명으로 옮겼느니라"요5:24.

"내가 세상에 속하지 아니함 같이 그들도 세상에 속하지 아니하였사옵나이다"요17:16.

"그가 우리를 흑암의 권세에서 건져내사 그의 사랑의 아들의 나라로 옮기셨으니"골1:13.

"너희는 택하신 족속이요 왕 같은 제사장들이요 거룩한 나라요 그의 소유가 된 백성이니 이는 너희를 어두운 데서 불러 내어 그의 기이한 빛에 들어가게 하신 이의 아름다운 덕을 선포하게 하려 하심이라"벧전2:9.

"또 아는 것은 우리는 하나님께 속하고 온 세상은 악한 자 안에 처한 것이며"요일5:19.

"자녀들아 너희는 하나님께 속하였고 또 그들을 이기었나니 이는 너희 안에 계신 이가 세상에 있는 자보다 크심이라"요일4:4.

"우리의 시민권은 하늘에 있는지라 거기로부터 구원하는 자 곧 주 예수 그리스도를 기다리노니"빌3:20.

6) 나는 하나님의 사랑을 받았고 그 사랑을 행하는 자이다

하나님은 사랑이시다. 따라서 하나님의 생명(본성)을 얻은 새로운 피조물은 하나님의 사랑과 용서를 받은 자이며 그 사랑을 소유한 자이다. 그리고 사랑하고 용서함으로 주님을 나타내는 자이다.

"새 계명을 너희에게 주노니 서로 사랑하라 내가 너희를 사랑한 것 같이 너희도 서로 사랑하라"요13:34.

"소망이 우리를 부끄럽게 하지 아니함은 우리에게 주신 성령으로 말미암아 하나님의 사랑이 우리 마음에 부은 바 됨이니"롬5:5; 8.

"그러므로 사랑을 받는 자녀 같이 너희는 하나님을 본받는 자가 되고 그리스도께서 너희를 사랑하신 것 같이 너희도 사랑 가운데서 행하라"엡5:1-2.

"나는 너희에게 이르노니 너희 원수를 사랑하며 너희를 박해하는 자를 위하여 기도하라"마5:44.

"서로 친절하게 하며 불쌍히 여기며 서로 용서하기를 하나님이 그리스도 안에서 너희를 용서하심과 같이 하라"엡4:32.

"사랑은 오래 참고 사랑은 온유하며 시기하지 아니하며 사랑은 자랑하지 아니하며 교만하지 아니하며 무례히 행하지 아니하며 자기의 유익을 구하지 아니하며 성내지 아니하며 악한 것을 생각하지 아니하며 불의를 기뻐하지 아니하며 진리와 함께 기뻐하고 모든 것을 참으며 모든 것을 믿으며 모든 것을 바라며 모든 것을 견디느니라"고전13:4-7.

7) 나는 신성한 건강을 얻은 자이다

예수 그리스도의 피 흘림은 죄 사함을 위한 것이지만, 채찍에 맞음은 우리의 질병과 고통을 치유하기 위함이다. 우리는 죄 사함을 믿는 것과 마찬가지로 그분의 치유도 믿어야 한다. 즉 죄 사함을 믿어 죄 사함을 받듯이 그분의 치유를 믿음으로 치유받고 건강한 자가 되는 것이다.

"그가 찔림은 우리의 허물 때문이요 그가 상함은 우리의 죄악 때문이라 그가 징계를 받으므로 우리는 평화를 누리고 그가 채찍에 맞으므로 우리는 나음을 받았도다"사53:5.

"사람들이 귀신 들린 자를 많이 데리고 예수께 오거늘 예수께서 말씀으로 귀신들을 쫓아 내시고 병든 자들을 다 고치시니, 이는 선지자 이사야를 통하여 하신 말씀에 우리의 연약한 것을 친히 담당하시고 병을 짊어지셨도다 함을 이루려 하심이더라"마8:16-17.

"친히 나무에 달려 그 몸으로 우리 죄를 담당하셨으니 이는 우리로 죄에 대하여 죽고 의에 대하여 살게 하려 하심이라 그가 채찍에 맞음으로 너희는 나음을 얻었나니"벧전2:24.

"나는 너희를 치료하는 여호와임이라(여호와 라파)"출15:26.

"사랑하는 자여 네 영혼이 잘됨 같이 네가 범사에 잘되고 강건하기를 내가 간구하노라"요삼1:2.

8) 나는 아브라함의 복을 받은 자이다

하나님은 믿음이 있는 아브라함을 축복하셨다. 그리고 예수 그리스도의 속량으로 아브라함의 복이 우리의 것이 되었다. 왜냐하면 그리스도 안에 있는 자가 진정한 아브라함의 자손이요 약속의 자녀이기 때문이다.

"하나님이 아브라함에게 … 맹세하여 이르시되 내가 반드시 너에게 복 주고 복 주며 너를 번성하게 하고 번성하게 하리라 하셨더니, 그가 이같이 오래 참아 약속을 받았느니라"히6:13-15; 고후8:9.

"그리스도께서 우리를 위하여 저주를 받은 바 되사 율법의 저주에서 우리를 속량하셨으니 기록된 바 나무에 달린 자마다 저주 아래에 있는 자라 하였음이라. 이는 그리스도 예수 안에서 아브라함의 복이 이방인에게 미치게 하고"갈3:13-14.

"그러므로 믿음으로 말미암은 자는 믿음이 있는 아브라함과 함께 복을 받느니라"갈3:9.

"너희가 그리스도의 것이면 곧 아브라함의 자손이요 약속대로 유업을 이을 자니라"갈3:29.

"아브라함이나 그 후손에게 세상의 상속자가 되리라고 하신 언약은 율법으로 말미암은 것이 아니요 오직 믿음의 의로 말미암은 것이니라"롬4:13.

세상의 거울로 자신을 보면 깨어진 자아상이 보이지만 복음의 거울로 보면 그리스도의 영광이 보인다.

9) 나는 하나님의 상속자이다

예수님께서 왕으로 다시 오실 때 충성된 종들에게 하나님의 나라를 상속해 주신다. 하나님의 상속자요 그리스도와 함께한 상속자가 된다는 것이 얼마나 귀한 것인가! 예수 그리스도와 함께 영원한 하나님의 나라를 상속받는 영광을 얻을 수 있다. 피조물이 하나님의 영광에 참여하게 되는 것이다눅19:12-27.

"그 때에 임금이 그 오른편에 있는 자들에게 이르시되 내 아버지께 복받을 자들이여 나아와 창세로부터 너희를 위하여 예비된 나라를 상속받으라"마25:34.

"적은 무리여 무서워 말라 너희 아버지께서 그 나라를 너희에게 주시기를 기뻐하시느니라"눅12:32.

"이는 이방인들이 복음으로 말미암아 그리스도 예수 안에서 함께 상속자가 되고 함께 지체가 되고 함께 약속에 참여하는 자가 됨이라"엡3:6.

"자녀이면 또한 상속자 곧 하나님의 상속자요 그리스도와 함께 한 상속자니 우리가 그와 함께 영광을 받기 위하여 고난도 함께 받아야 할 것이니라"롬8:17.

"그러므로 네가 더 이상 종이 아니요 아들이니 아들이면 그리스도를 통한 하나님의 상속자니라"갈4:7 KJV.

10) 나는 그리스도의 몸의 지체이며 그분의 가지이다

새 언약 안에서 거듭나면서 예수 그리스도는 우리의 머리이시며 우리 (교회)는 그분의 몸이다. 그러므로 개개인은 예수님의 몸의 한 지체이며 참 포도나무이신 예수님의 가지이다. "그(그리스도)를 만물 위에 교회의 머리로 삼으셨느니라 교회는 그의 몸이니"엡1:22-23.

"너희는 그리스도의 몸이요 지체의 각 부분이라"고전12:27.

"너희 몸이 그리스도의 지체인 줄을 알지 못하느냐?"고전6:15.

"나는 포도나무요 너희는 가지라 그가 내 안에, 내가 그 안에 거하면 사람이 열매를 많이 맺나니 나를 떠나서는 너희가 아무 것도 할 수 없음이라"요15:5.

"이방인들이 복음으로 말미암아 그리스도 예수 안에서 함께 상속자가 되고 함께 지체가 되고 함께 약속에 참여하는 자가 됨이라"엡3:6.

그리스도의 지체가 된다는 것은 어떤 의미인가? 그리스도 안에 들어온 성도들은 영광스러운 주님의 몸의 일부가 되어 머리이신 주님의 뜻을 따라 주님의 몸의 각 기능을 담당하게 된다는 것이다.

"우리가 한 몸에 많은 지체를 가졌으나 모든 지체가 같은 기능을 가진 것이 아니니 이와 같이 우리 많은 사람이 그리스도 안에서 한 몸이 되어 서로 지체가 되었느니라. 우리에게 주신 은혜대로 받은 은사가 각각 다르니 혹 예언이면 믿음의 분수대로, 혹 섬기는 일이면 섬기는 일로, 혹 가르치는 자면 가르치는 일로, 혹 위로하는 자면 위로하는 일로, 구제하는 자는 성실함으로, 다스리는 자는 부지런함으로, 긍휼을 베푸는 자는 즐거움으로 할 것이니라"롬12:4-8;고전12:8-10.

11) 나는 예수님의 권세를 가진 승리자다

십자가와 부활을 통한 그리스도의 승리는 우리의 승리가 되었다. 또한 성령님이 내 안에 계셔서 나의 연약함을 돕기 때문에 승리의 삶을 살 수 있다골2:14-15; 롬8:26. 또한 하늘과 땅의 모든 권세를 가지신 예수님은 우리의 머리가 되시며 우리는 그분의 몸이다. 그러므로 예수님이 가지신 권세는 그의 몸으로 부름 받은 우리에게도 주어진 것이다. 우리는 이 땅에 살지만 우리의 영적인 위치는 예수님과 함께 하늘에 앉혀진 권세 있는 자들이다.

"허물로 죽은 우리를 그리스도와 함께 살리셨고 또 함께 일으키사 그리스도 예수 안에서 함께 하늘에 앉히시니"엡2:5-6.

"예수께서 나아와 말씀하여 이르시되 하늘과 땅의 모든 권세를 내게 주셨으니 그러므로 너희는 가서 모든 민족으로 제자를 삼아"마28:18-19.

"또 만물을 그의 발 아래에 복종하게 하시고 그를 만물 위에 교회의 머리로 삼으셨느니라 교회는 그의 몸이니"엡1:22-23.

"내가 이 반석 위에 내 교회를 세우리니 음부의 권세가 이기지 못하리라"마16:18.

"믿는 자들에게는 이런 표적이 따르리니 곧 그들이 내 이름으로 귀신을 쫓아내며 새 방언을 말하며 뱀을 집어올리며 무슨 독을 마실지라도 해를 받지 아니하며 병든 사람에게 손을 얹은즉 나으리라 하시더라"막16:17-18.

"내가 너희에게 뱀과 전갈을 밟으며 원수의 모든 능력을 제어할 권능을 주었으니 너희를 해칠 자가 결코 없으리라"눅10:19.

"그의 힘의 위력으로 역사하심을 따라 믿는 우리에게 베푸신 능력의 지극히 크심이 어떠한 것을 너희로 알게 하시기를 구하노라"엡1:19.

"이 모든 일에 우리를 사랑하시는 이로 말미암아 우리가 넉넉히 이기느니라"롬8:37.

"우리 주 예수 그리스도로 말미암아 우리에게 승리를 주시는 하나님께 감사하노니"고전15:57.

"자녀들아 너희는 하나님께 속하였고 또 그들을 이기었나니 이는 너희 안에 계신 이가 세상에 있는 자보다 크심이라"요일4:4.

"무릇 하나님께로부터 난 자마다 세상을 이기느니라 세상을 이기는 승리는 이것이니 우리의 믿음이니라"요일5:4.

12) 나는 세상의 빛과 소금이다

이 세상은 어둠이다. 그러나 예수 그리스도는 어둠을 밝히는 진리의 빛이시며 세상의 희망이다요1:4-9. 그리고 주님을 모신 새로운 피조물 역시 세상의 빛과 소금이다. "너희는 세상의 소금이니 소금이 만일 그 맛을 잃으면 무엇으로 짜게 하리요 … 너희는 세상의 빛이라 산 위에 있는 동네가 숨겨지지 못할 것이요 … 이같이 너희 빛이 사람 앞에 비치게 하여 그들로 너희 착한 행실을 보고 하늘에 계신 너희 아버지께 영광을 돌리게 하라"마5:13-16.

"너희가 전에는 어둠이더니 이제는 주 안에서 빛이라 빛의 자녀들처럼 행하라. 빛의 열매는 모든 착함과 의로움과 진실함에 있느니라"엡5:8-9.

13) 나는 하나님 아버지를 위한 왕과 제사장이다

하나님의 왕국은 종교와 정치가 하나인 신정일치의 국가이다. 그에 대한 예표로 멜기세덱은 평화의 왕이요 하나님의 제사장이다히7:1. 예수님은 멜기세덱의 서열을 따른 영원한 제사장이시며, 주님의 지체인 우리 또한 왕 같은 제사장이다히6:20; 시110:3-4.

"너희는 택하신 족속이요 왕 같은 제사장들이요 거룩한 나라요 그의 소유가 된 백성이니 이는 너희를 어두운 데서 불러 내어 그의 기이한 빛에 들어가게 하신 이의 아름다운 덕을 선포하게 하려 하심이라"벧전2:9.

왕 : 한 사람의 불순종으로 사망이 이 세상에서 왕 노릇 하였다. 그러나 하나님께서는 그리스도를 통해 하나님의 의로움을 가진 새로운 피조물을 탄생시키셨다. 한 분 예수 그리스도를 통하여 의롭게 된 우리는 생명 안에서 왕 노릇하여 이 땅에서 사탄의 일을 멸하고, 하나님의 뜻이 이루어지게 하는 왕으로 부름을 받았다마6:9-10.

"한 사람의 범죄로 말미암아 사망이 그 한 사람을 통하여 왕 노릇 하였은즉 더욱 은혜와 의의 선물을 넘치게 받는 자들은 한 분 예수 그리스도를 통하여 생명 안에서 왕 노릇 하리로다"롬5:17;21.

"우리를 사랑하시어 자신의 피로 우리의 죄들에서 우리를 씻기시고, 하나님 그의 아버지를 위하여 우리를 왕들과 제사장들로 만드신 그분께 영광과 권세가 영원 무궁토록 있을지어다. 아멘"계1:5-6 KJV.

"또 우리 하나님을 위해 우리를 왕과 제사장으로 만드셨으니 우리가 땅에서 통치하리이다 하더라"계5:10 KJV; 계21:24.

"이 첫째 부활에 참여하는 자들은 복이 있고 거룩하도다 둘째 사망이 그들을 다스리는 권세가 없고 도리어 그들이 하나님과 그리스도의 제사장이 되어 천 년 동안 그리스도와 더불어 왕 노릇 하리라"계20:6; 계22:5.

"참으면 또한 함께 왕 노릇 할 것이요 우리가 주를 부인하면 주도 우리를 부인하실 것이라"딤후2:12.

제사장 : 새로운 피조물은 하나님을 섬기는 제사장이다. 제사장은 하나님께 예배드리고 섬기며, 하나님과 사람들 사이에 막힌 죄의 담을 헐어 사람들을 하나님께로 인도하는 사람이다고후5:18-20; 민6:23-27.

"하나님께서 이 은혜를 내게 주신 것은, 나로 하여금 이방 사람에게 보내심을 받은 그리스도 예수의 일꾼이 되게 하여, 하나님의 복음을 전하는 제사장의 직무를 수행하게 하시려는 것입니다. 그리하여 이방 사람들로 하

여금 성령으로 거룩하게 되게 하여, 하나님께서 기쁨으로 받으실 제물이
되게 하시려는 것입니다"롬15:16 새번역.

"예수 그리스도로 말미암아 하나님이 기쁘게 받으실 신령한 제사를 드
릴 거룩한 제사장이 될지니라"벧전2:5.

"우리는 예수로 말미암아 항상 찬송의 제사를 하나님께 드리자 이는 그
이름을 증언하는 입술의 열매니라. 오직 선을 행함과 서로 나누어 주기를
잊지 말라 하나님은 이같은 제사를 기뻐하시느니라"히13:15-16.

14) 나는 그리스도의 대사이며 새 언약의 일꾼이다

새 언약을 통해 예수 그리스도와 연합된 사람은 그리스도를 대신하여
세상에 보내진 그리스도의 대사이며 새 언약의 일꾼이다. 우리는 온 세상
에 생명의 복음을 전하여 사람들을 하나님과 화목하게 하는 의의 직분을
가진 자들이다. "예수께서 또 이르시되 너희에게 평강이 있을지어다 아버
지께서 나를 보내신 것 같이 나도 너희를 보내노라"요20:21.

"너희를 영접하는 자는 나를 영접하는 것이요 나를 영접하는 자는 나를
보내신 이를 영접하는 것이니라"마10:40.

"모든 것이 하나님께로서 났으며 그가 그리스도로 말미암아 우리를 자
기와 화목하게 하시고 또 우리에게 화목하게 하는 직분을 주셨으니 … 우
리가 그리스도를 대신하여 사신(대사)이 되어 하나님이 우리를 통하여 너
희를 권면하시는 것 같이 그리스도를 대신하여 간청하노니 너희는 하나님
과 화목하라"고후5:18-20.

"하나님께서 우리에게 새 언약의 일꾼이 되는 자격을 주셨습니다. 이
새 언약은 문자로 된 것이 아니라, 영으로 된 것입니다. 문자는 사람을 죽
이고, 영은 사람을 살립니다. 돌판에다 문자로 새긴 율법을 선포할 때에도,
광채가 났습니다. 그래서 이스라엘 자손들은 모세의 얼굴에 나타난 그 광
채 때문에 비록 곧 사라질 것이었지만, 그의 얼굴을 똑바로 쳐다볼 수 없었

습니다. 죽음에 이르게 하는 직분에도 이러한 영광이 따랐는데, 하물며 영의 직분에는 더욱더 영광이 넘치지 않겠습니까? 유죄를 선고하는 직분에도 영광이 있었으면, 의를 베푸는 직분은 더욱더 영광이 넘칠 것입니다"고후 3:6-9 새번역.

"사람이 마땅히 우리를 그리스도의 일꾼이요 하나님의 비밀을 맡은 자로 여길지어다 그리고 맡은 자들에게 구할 것은 충성이니라"고전4:1-2.

15) 나는 예수님의 신부이다

성경은 인간을 향한 하나님의 사랑을 남편과 아내에 비유하였다. 경건한 제사장인 호세아는 타락한 여인 고멜을 아내로 맞이하여 사랑한다. 하지만 고멜은 그 남편을 배신하고 다른 남자를 따라가 결국 노예가 되고 만다. 하지만 호세아는 그녀를 찾아가 값을 지불하고 다시 데려와 아내로 삼는다. 이처럼 하나님은 타락한 인간을 사랑하시어 자신의 핏값을 주고 사서 아내로 삼으려 하신다호2:19-20.

"이는 너를 지으신 자는 네 남편이시라. 그 이름은 만군의 여호와시며 네 구속자는 이스라엘의 거룩한 자시라. 온 세상의 하나님이라 칭함을 받으실 것이며"사54:5.

예수님을 주님으로 믿어 그리스도 안에 들어온 성도들은 그리스도의 사랑을 받는 영적인 신부가 된다. 신부가 된다는 것은 육체적인 신부가 되는 것이 아니라 예수님과 성도들이 사랑 안에서 영적으로 하나됨을 말한 것이다. 예수님께서 사랑하시어 자신의 생명을 주고 구원하신 하나님의 자녀들은 주님의 신부로서 주님만을 사랑하고 섬기는 자들이다. 그리하여 사도 바울은 성도들을 정결한 처녀로 남편인 그리스도께 중매한다고 말했다.

"내가 하나님의 열심으로 너희를 위하여 열심을 내노니 내가 너희를 정결한 처녀로 한 남편인 그리스도께 드리려고 중매함이로다"고후11:2.

"남편들아 아내 사랑하기를 그리스도께서 교회를 사랑하시고 그 교회를 위하여 자신을 주심 같이 하라 이는 곧 물로 씻어 말씀으로 깨끗하게 하사 거룩하게 하시고 자기 앞에 영광스러운 교회로 세우사 티나 주름 잡힌 것이나 이런 것들이 없이 거룩하고 흠이 없게 하려 하심이라 … 이 비밀이 크도다 나는 그리스도와 교회에 대하여 말하노라"엡5:25-32.

"우리가 즐거워하고 크게 기뻐하며 그에게 영광을 돌리세 어린 양의 혼인 기약이 이르렀고 그의 아내가 자신을 준비하였으므로 그에게 빛나고 깨끗한 세마포 옷을 입도록 허락하셨으니 이 세마포 옷은 성도들의 옳은 행실이로다"계19:7-8; 살전5:23.

구원받았다는 것은 얼마나 많은 것을 얻은 것인가?

앞에서 열거한 것과 같이 그리스도 안에서 새로운 사람이 되는 순간 하나님께서 인간에게 주실 수 있는 모든 것을 얻은 것이다. 우리는 앞에서 살펴본 바와 같은 영적인 신분을 가짐으로 옛 사람과 전혀 다른 새로운 사람이다. "그런즉 누구든지 그리스도 안에 있으면 새로운 피조물이라 이전 것은 지나갔으니 보라 새 것이 되었도다"고후5:17.

"자기 아들을 아끼지 아니하시고 우리 모든 사람을 위하여 내주신 이가 어찌 그 아들과 함께 모든 것을 우리에게 주시지 아니하겠느냐?"롬8:32.

그러면 새롭게 창조된 사람에게 있는 예전과 같은 모습은 무엇인가?

그것은 그동안 프로그램된 옛 습관이다. 한 인간은 두 개의 본성을 동시에 가질 수 없다. 옛 죄인의 본성은 옛사람이 죽고 거듭나는 순간에 없어졌다. 새롭게 창조된 사람은 새 본성을 가진 새로운 피조물이다. 내가 죄인의 본성이라고 느끼고 있는 것은 본성이 아니라, 그동안 프로그램된 옛 습관(구습)일 뿐이다. "너희는 유혹의 욕심을 따라 썩어져 가는 구습을 따르는 옛 사람을 벗어 버리고"엡4:22.

새로운 정체성으로 살아가기

거듭난 사람 안에 있는 두가지 욕구

거듭난 사람 안에는 두 가지 욕구가 있다. 즉 거듭난 내 영(속사람)의 욕구와 육신의 욕구이다. 내 속사람은 하나님의 뜻을 따르기 원하지만 내 육신은 옛 습관(죄)을 따르는 성향이 있다롬7:22-25.

많은 그리스도인이 육체와 마음의 욕심을 따르는 옛 습관을 가지고 살아가고 있으며 그것이 그들의 본성이라고 생각한다. 그리고 그들 안에 있는 하나님의 생명 즉 거듭난 본성에 대해 무지하며 거듭난 생명을 성장시키는 것에 무관심하다. 그래서 예수를 믿어도 예전에 행하던 나쁜 습관을 빨리 고치지 못하는 것이다.

새로운 사람으로 살아가기

옛 사람과 옛 생명은 거듭나는 순간에 끝이 났다. 우리의 옛 사람 즉 거듭나기 전의 나, 죄인의 본성을 가졌던 나는 주 예수를 믿을 때 예수와 함께 못 박혀 죽었다. 그리고 하나님의 거룩한 생명(본성)을 가진 새로운 사람이 되었다. 영이 사람의 본질이므로 이 영적인 정체성이 진정한 나이다(사람의 본질은 영이며 혼을 가지고 몸 안에 산다), 우리의 정체성은 육신에 있지 않고 영에 있으므로 영을 따라 살아야 한다. "만일 너희 속에 하나님의 영이 거하시면 너희가 육신에 있지 아니하고 영에 있나니 누구든지 그리스도의 영이 없으면 그리스도의 사람이 아니라"롬8:9.

그러면 옛 사람의 죽음과 새로운 사람의 삶을 누리려면 어떻게 해야 하나?

옛사람의 죄의 습관을 버리고 새로운 피조물의 정체성에 맞는 새사람의 습관을 갖는다.

첫째, 진리를 알아야 한다

"우리가 알거니와 우리의 옛 사람이 예수와 함께 십자가에 못 박힌 것은 죄의 몸이 죽어 다시는 우리가 죄에게 종 노릇 하지 아니하려 함이니" 롬6:6. 내가 예수를 주로 영접할 때 그분과 한 생명으로 연합되어 나의 옛 사람은 예수와 함께 십자가에 못 박혀 죽었고 나는 새 사람이 되었다는 것을 알아야 한다.

"그런즉 누구든지 그리스도 안에 있으면 새로운 피조물이라 이전 것은 지나갔으니 보라 새 것이 되었도다" 고후5:17.

우리는 말씀을 통해 하나님을 알고 그리스도 안에 있는 나는 누구이며 무엇을 가졌으며 무엇을 위해 부름 받은 자인지를 알아야 한다. 알지 못하면 누릴 수 없다. 우리가 진리를 알 때 진리가 우리를 자유롭게 한다.

"너희가 내 말에 거하면 참으로 내 제자가 되고 진리를 알지니 진리가 너희를 자유롭게 하리라" 요8:31-32; 엡4:13.

둘째, 진리대로 여긴다(인정한다)

"이와 같이 너희도 너희 자신을 죄에 대하여는 죽은 자요 그리스도 예수 안에서 하나님께 대하여는 살아 있는 자로 여길지어다"롬6:11.

여긴다는 것은 진리대로 믿는 것이다. 그리고 시인(고백)하는 것이다. 우리는 보고 느끼는 것을 믿는 것이 아니라 진리를 믿어야 한다. 우리는 이제 죄에 대하여 죽은 자들이다. 즉 죄의 영향력으로부터 해방되었다는 것이다. 그리고 하나님으로부터 태어난, 하나님께 반응하는 새로운 사람이다. 우리가 진리대로 믿고 계속 입으로 시인할 때 진리가 우리 삶에서 실제를 주고 구원을 줄 것이다. "사람이 마음으로 믿어 의에 이르고 입으로 시인하여 구원에 이르느니라"롬10:10.

셋째, 죄의 옛 습관을 버리고 자신을 하나님께 드린다

"너희는 유혹의 욕심을 따라 썩어져 가는 구습을 따르는 옛 사람을 벗어 버리고, 오직 너희의 심령이 새롭게 되어 하나님을 따라 의와 진리의 거룩함으로 지으심을 받은 새 사람을 입으라"엡4:22-24.

"또한 너희 지체를 불의의 무기로 죄에게 내주지 말고 오직 너희 자신을 죽은 자 가운데서 다시 살아난 자 같이 하나님께 드리며 너희 지체를 의의 무기로 하나님께 드리라 … 이제는 너의 지체를 의에게 종으로 내 주어 거룩함에 이르라"롬6:13, 19.

"우리를 양육하시되 경건하지 않은 것과 이 세상 정욕을 다 버리고 신중함과 의로움과 경건함으로 이 세상에 살고"딛2:12.

우리는 죄에 대하여 죽었음으로 죄의 옛 습관을 버려야 한다. 그리고 자신(영, 혼, 육)을 의의 무기로 하나님께 드려야 한다. 하나님의 일에 적극적으로 자신을 드려라. 특히 우리 마음을 하나님이 다스리실 수 있도록 주님의 말씀 앞에 매일 자신을 내어 드리면 주님이 말씀과 성령으로 우리 마음을 경작하실 것이다. 우리의 영은 새롭게 되었지만 우리의 마음(혼)이 세상의 것으로 가득 차 있다면 우리는 주님의 온전하신 뜻을 따라 살 수 없다. "그러므로 형제들아 내가 하나님의 모든 자비하심으로 너희를 권하노니 너희 몸을 하나님이 기뻐하시는 거룩한 산 제물로 드리라. 이는 너희가 드릴 영적 예배니라 너희는 이 세대를 본받지 말고 오직 마음을 새롭게 함으로 변화를 받아 하나님의 선하시고 기뻐하시고 온전하신 뜻이 무엇인지 분별하도록 하라"롬12:1-2.

"한 사람이 모든 사람을 대신하여 죽었은즉 모든 사람이 죽은 것이라 그가 모든 사람을 대신하여 죽으심은 살아 있는 자들로 하여금 다시는 그들 자신을 위하여 살지 않고 오직 그들을 대신하여 죽었다가 다시 살아나신 이를 위하여 살게 하려 함이라"고후5:14-15.

넷째, 성령 충만을 받고 영을 따라 행한다

영을 따라 행한다는 것은 하나님의 말씀과 성령을 따라 행하는 것이다. 예수님께서 말씀하셨다. "살리는 것은 영이니 육은 무익하니라 내가 너희에게 이른 말은 영이요 생명이라"요6:63. 우리는 보이는 것이나 육체와 마음을 따라 행하지 않고 진리와 성령을 따라 행하는 자들이다.

"육신을 따르지 않고 그 영을 따라 행하는 우리에게 율법의 요구가 이루어지게 하려 하심이니라. 육신을 따르는 자는 육신의 일을, 영을 따르는 자는 영의 일을 생각하나니 육신의 생각은 사망이요 영의 생각은 생명과 평안이니라"롬8:4-6.

"이는 우리가 믿음으로 행하고 보는 것으로 행하지 아니함이로라"고후5:7.

새로운 정체성으로 살아가기 위해서는 육체와 마음을 따르지 않고 진리와 성령을 따르는 훈련을 해야 한다. (경건의 연습)

그리스도 안에서 우리는 존귀하고 영광스러운 존재이다. 왜냐하면 우리 영 안에 그리스도가 계시기 때문이다.

"이 비밀은 너희 안에 계신 그리스도시니 곧 영광의 소망이니라"골1:27.

그러므로 성경은 우리 안에 계신 그리스도와 그분의 말씀으로 옛 사람의 습관에서 벗어나 새 사람으로 살아가라고 권면한다.

"너희는 유혹의 욕심을 따라 썩어져 가는 구습을 따르는 옛 사람을 벗어 버리고, 오직 너희의 심령이 새롭게 되어 하나님을 따라 의와 진리의 거룩함으로 지으심을 받은 새 사람을 입으라"엡4:22-24.

"오직 경건에 이르기를 연습(훈련)하라. 육체의 연습은 약간의 유익이 있으나 경건은 범사에 유익하니 금생과 내생에 약속이 있느니라"딤전4:7-8 개역한글.

경건이란 내 안에 있는 그리스도의 생명이 드러나는 것을 말한다. 경건의 연습은 주님과 은혜(복음)의 말씀을 묵상하고 성령 안에서 기도하며 믿음으로 행하는 것이다행20:32. 그리고 자기중심적인 삶에서 그리스도 중심, 교회 중심의 삶을 사는 것이다.

예수님은 교회의 머리가 되시며 교회는 그의 몸이다. 따라서 모든 성도는 예수님의 몸의 지체로서 몸된 교회 안에서 자신이 누구인가를 항상 의식하고 서로 연합하며 자신의 역할에 충성해야 한다. 그러므로 사도 바울은 다음과 같이 말했다. "우리가 그를 전파하여 각 사람을 권하고 모든 지혜로 각 사람을 가르침은 각 사람을 그리스도 안에서 완전한 자로 세우려 함이니"골1:28.

"우리가 한 몸에 많은 지체를 가졌으나 모든 지체가 같은 기능을 가진 것이 아니니 이와 같이 우리 많은 사람이 그리스도 안에서 한 몸이 되어 서로 지체가 되었느니라"롬12:4-5.

"내(옛 사람)가 그리스도와 함께 십자가에 못 박혔나니 그런즉 이제는 내가 사는 것이 아니요 오직 내 안에 그리스도께서 사시는 것이라 이제 내(새 사람)가 육체 가운데 사는 것은 나를 사랑하사 나를 위하여 자기 자신을 버리신 하나님의 (아들의) 아들을 믿는 믿음 안에서 사는 것이라"갈2:20.

과거의 상처와 쓴 뿌리로부터 자유롭기

많은 사람이 마음의 상처 때문에 고통받고 있다. 새로운 피조물이 된 성도들조차도 자신의 상처와 쓴 뿌리(원한, 분노, 미움)로 인해 쉽게 좌절하고 힘들어한다. 상처와 쓴 뿌리가 치유되지 않을 경우 문제가 심각하다. 언제건 쉽게 상처 받을 수 있고, 다른 사람에게도 상처를 줄 수 있기 때문이다. "너희는 하나님의 은혜에 이르지 못하는 자가 없도록 하고 또 쓴 뿌리가 나서 괴롭게 하여 많은 사람이 이로 말미암아 더럽게 되지 않게 하며" 히12:15. 상처와 쓴 뿌리는 악한 영들이 노리는 틈이 된다. 그러므로 과거의 상처와 쓴 뿌리는 서둘러 해결 받아야 한다. 그 해결 방법은 다음과 같다.

옛 사람과 과거의 나쁜 기억 속에 머물지 말라

생각을 수술받아라. 새 생명으로 다시 태어난 사람은 옛사람과 과거의 나쁜 기억을 잊어야 한다. 왜냐하면 "누구든지 그리스도 안에 있으면 새로운 피조물이라 이전 것은 지나갔으니 보라 새 것이 되었도다"라고 말씀하기 때문이다 고후5:17. "이전 것은 지나갔다"라는 뜻은 이미 사라지고 존재하지 않는다는 의미이다.

"너희는 이전 일을 기억하지 말며 옛날 일을 생각하지 말라. 보라 내가 새 일을 행하리니 이제 나타낼 것이라"사43:18-19.

마음을 지키라!

새롭게 창조되었다고 잘못된 생각들이 들지 않는 것은 아니다. 사탄은 우리 마음에 온갖 안 좋은 생각을 넣으려 한다 요13:2. 우리가 주의해야 할 사실은 안 좋은 생각들이 떠오를 때 그 생각들이 자신을 사로잡도록 허락해

사탄은 우리에게 온갖 안 좋은 생각을 넣으려 한다.

서는 안된다는 것이다. 그러한 생각들로부터 마음을 지켜야 한다. 왜냐하면 그것이 마귀가 역사할 수 있는 틈이 되기 때문이다. 그러므로 상처와 쓴 뿌리가 일어날 때 우리 스스로가 의지적으로 마음과 생각을 지켜야 한다. 우리는 하나님의 말씀과 성령의 도우심 그리고 옳은 고백으로 잘못된 생각들을 막을 수 있다.

"모든 지킬 만한 것 중에 더욱 네 마음을 지키라 생명의 근원이 이에서 남이니라"잠4:23.

"분을 내어도 죄를 짓지 말며 해가 지도록 분을 품지 말고 마귀에게 틈을 주지 마라"엡4:26-27.

영의 생각으로 육신의 생각을 이기라

그리스도 안에서 새롭게 창조된 사람은 신성한 신분을 갖는다. 따라서 우리는 그리스도 안에서 자신이 누구이며, 무엇을 소유하고 있으며, 무엇을 할 수 있는지 그리고 무엇을 위해 부름 받았는지 말씀 속에서 발견하고 지속적으로 묵상하고 고백함으로 새로운 정체성으로 살아야 한다.

새롭게 창조된 사람은 육에 속한 사람이 아니라 영에 속한 사람이다.

"만일 너희 속에 하나님의 영이 거하시면 너희가 육신에 있지 아니하고 영에 있나니"롬8:9. 그러므로 육신의 생각에 머무르지 말고 말씀의 영역에서 생각해야 한다. 더 이상 부정적인 생각의 더러운 진흙탕 속에서 구르지 말고, 그리스도 안에서 하나님의 말씀 안에서 생각해야 한다.

"육신의 생각은 사망이요 영의 생각은 생명과 평안이니라"롬8:6.

"하나님께서 우리에게 주신 것은 두려워하는 영이 아니라 능력과 사랑과 건전한 생각의 영이라"딤후1:7 KJV.

"끝으로 형제들아 무엇에든지 참되며 무엇에든지 경건하며 무엇에든지 옳으며 무엇에든지 정결하며 무엇에든지 사랑 받을 만하며 무엇에든지 칭찬 받을 만하며 무슨 덕이 있든지 무슨 기림이 있든지 이것들을 생각하라"빌4:8.

"항상 기뻐하라. 쉬지 말고 기도하라. 범사에 감사하라 이것이 그리스도 예수 안에서 너희를 향하신 하나님의 뜻이니라"살전5:16-18.

"악에게 지지 말고 선으로 악을 이기라"롬12:21.

"악을 악으로, 욕을 욕으로 갚지 말고 도리어 복을 빌라 이를 위하여 너희가 부르심을 받았으니 이는 복을 이어받게 하려 하심이라"벧전3:9.

"너희는 모든 악독과 노함과 분냄과 떠드는 것과 비방하는 것을 모든 악의와 함께 버리고 서로 친절하게 하며 불쌍히 여기며 서로 용서하기를 하나님이 그리스도 안에서 너희를 용서하심과 같이 하라"엡4:31-32.

마음을 새롭게 하는 기도

"모든 지킬 만한 것 중에 더욱 네 마음을 지키라 생명의 근원이 이에서 남이니라"잠4:23.

"내가 진실로 너희에게 이르노니 누구든지 이 산더러 들리어 바다에 던져지라 (말)하며 그 말하는 것이 이루어질 줄 믿고 마음에 의심하지 아니하면 (말한) 그대로 되리라. 그러므로 내가 너희에게 말하노니 무엇이든지 기도하고 구하는 것은 받은 줄로 믿으라 그리하면 너희에게 그대로 되리라"막11:23-24.

마음에 있는 쓰레기를 버리는 기도: 하나님 아버지!

나의 마음을 정결케 하시고 자유롭게 하옵소서. 내 안에 있는 모든 두려움, 증오, 빈곤, 실패, 슬픔, 억압, 중독, 무가치함, 잔인함, 폭력, 더러힘, 음란, 주술, 우상숭배, 내가 말한 모든 부정적인 말들과 다른 사람들이 말한 저주의 말들의 영향력과 상처를 내 마음속에서 제거합니다. 나에게 부정적인 영향을 주는 어떤 사건이든지, 내가 어떤 사건을 보았던지, 내 마음에서 내보냅니다. 모든 중독 어떤 종류와 관계없이 내 마음에서 내보냅니다. 모든 염려, 걱정들을 예수님의 이름으로 내보냅니다. 나는 예수님의 이름으로 자유합니다. 아멘.

하나님의 것으로 채우는 기도: 하나님 아버지!

하나님의 생명과 임재가 내 마음속에 들어오도록 나의 의지로 선택합니다. 나를 위한 하나님의 계획과 뜻을 받아들입니다. 번영과 축복을 내 마음속에 채웁니다. 새 생명의 가능성과 풍성한 삶을 요구합니다. 놀라운 미래의 소망을 받아들입니다. 예수님의 이름으로 선포하며 기도합니다. 아멘.

예수 그리스도 안에서 거듭난
새 생명의 정체성

하나님께서는 나를 사탄의 권세에서 벗어나
하나님의 생명을 가진 새로운 피조물로 만드셨다.
그리스도와 연합되어 새롭게 창조된 사람은 자신의 정체성을
진리의 말씀 속에서 확인하며 새로운 의식 속에서 살아가야 한다.

1 이번 배움을 통해 깨달은 것을 나눠보자

자신의 정체성에 대하여 나눠 보자. _____

당신은 그리스도 안에 있는 자신의 정체성을 얼마나 인식하며 누리고 사는가?

새로운 정체성으로 살아가기 위해서 위해서 어떻게 해야 하는가? _____

2 믿음을 말(고백)하는 것이 믿음을 효과 있게 한다

새 생명으로 거듭난 나의 정체성

나는 죄 사함을 받았습니다.

나는 하나님의 생명(ZOE)으로 거듭 태어난 하나님의 자녀 새로운 피조물입니다.

나는 보혜사 성령님을 내 안에 모신 자입니다.

나는 예수님의 의(義)로 의롭게 되었습니다.

나는 사망에서 생명으로 죄와 사탄에서 벗어나 하나님께 속한 자입니다.

나는 하나님의 사랑을 받았고 그 사랑을 행하는 자입니다.

나는 신성한 건강을 얻은 자입니다.

나는 아브라함의 복을 받은 자이며 하나님의 상속자입니다.

나는 그리스도의 몸의 지체이며 그분의 가지입니다.

나는 예수님의 권세를 가진 승리자입니다.

나는 세상의 빛과 소금입니다.

나는 하나님 아버지를 위한 왕과 제사장입니다.

나는 그리스도의 대사이며 새 언약의 일꾼입니다.

나는 예수님의 신부입니다.

나는 경건의 연습인 말씀과 기도로 새 생명의 삶을 훈련합니다.

3 하나님 아버지!
저를 예수님과 같은 자녀로 삼아주셔서 감사합니다.
새로운 피조물로서 내게 속한 정체성을 더 깊이 깨닫고
그것들을 누리며 그 정체성에 합당한 삶을 살게 하옵소서.
예수님의 이름으로 기도드립니다. 아멘.

4 암송해야 할 중요한 성경 말씀

"이 비밀은 너희 안에 계신 그리스도시니 곧 영광의 소망이니라"골로새서1:27.

"너희는 택하신 족속이요 왕 같은 제사장들이요 거룩한 나라요 그의 소유가 된
백성이니 이는 너희를 어두운 데서 불러 내어 그의 기이한 빛에 들어가게 하
신 이의 아름다운 덕을 선포하게 하려 하심이라"베드로전서2:9.

"너희는 이 세대를 본받지 말고 오직 마음을 새롭게 함으로 변화를 받아 하나님
의 선하시고 기뻐하시고 온전하신 뜻이 무엇인지 분별하도록 하라"로마서12:2.

"우리가 그를 전파하여 각 사람을 권하고 모든 지혜로 각 사람을 가르침은 각
사람을 그리스도 안에서 완전한 자로 세우려 함이니"골로새서1:28.

5 다음 단계로 올라가는 말
예수 그리스도로 말미암아 하나님은
우리의 아버지가 되셨다. 그리고 그분
은 우리와 교제하길 원하신다. 그 하나
님과의 교제는 어떻게 갖는 것일까?

6 다음 단계를 위해 읽어올
성경말씀

요한복음 14–17장.

Q
하나님께서
당신과 사귀고 싶어하신다는 것을 알고 있는가?

하나님과 교제할 수 있는 기회는 쉽게 만들어진 것이 아니다

존귀한 자로 창조된 인간은 하나님과 온전한 교제 가운데 있었다.
하지만 인간이 하나님께 불순종한 이후 하나님과의 관계가 깨어지고
말았다. 그러나 예수 그리스도께서 화목제물이 되심으로
하나님과의 교제가 회복되었다.

Step 10

성령 안에서 말씀, 기도, 예배를 통한

하나님과의 교제

"우리의 사귐은 아버지와 그 아들 예수 그리스도와 함께함이라"
– 요일1:3 –

당신은 알고 있는가?
하나님께서 당신과 사귀고 싶어하신다는 것을

하나님과의 교제를 잃어버린 사람들

하나님의 형상을 닮은 사람은 아무것도 부족함이 없는 에덴동산에서 하나님과 친밀한 교제 가운데 살았다. 그러나 아담의 불순종의 죄로 인해 하나님과의 교제가 깨어지고 말았다. 왜냐하면 거룩하신 하나님은 죄와 함께 하실 수 없기 때문이다. 그리고 사람은 죄로 인해 의로움과 존귀함을 잃어버렸고 대신에 낮은 자존감, 죄책감 그리고 소외감을 안고 살아가게 되었다.

예수 그리스도께서 우리 죄를 위한 화목제물이 되심으로 하나님과의 교제가 회복되었다. 죄를 지은 사람은 하나님께 다가설 수 없었으며, 사람들 상호간의 참다운 관계도 깨어지고 말았다. 그러나 우리에게 하나님과 친밀한 교제를 누릴 수 있는 길이 열렸다. "형제들아 우리가 예수의 피를 힘입어 성소에 들어갈 담력을 얻었나니, 그 길은 우리를 위하여 휘장 가운데로 열어 놓으신 새로운 살 길이요 휘장은 곧 그의 육체니라 … 참 마음과 온전한 믿음으로 하나님께 나아가자"히10:19-22.

이제 하나님께서는 나의 영을 낳아주신 아버지가 되셨다.

"너희는 다시 무서워하는 종의 영을 받지 아니하고 양자의 영을 받았으므로 우리가 아빠 아버지라고 부르짖느니라"롬8:15 쉬운성경. 이 말씀에서 '아빠 아버지'의 원어적 의미는 생명의 근원이 되시는 아버지라는 뜻이다. 이제 아버지께서는 예수님을 사랑하심과 같이 자녀된 우리를 사랑하신다. 주님은 말씀하셨다. "아버지께서 나를 보내신 것과 또 나를 사랑하심 같이 저희도 사랑하신 것을 세상으로 알게 하려 함이로소이다"요17:23.

아버지 하나님은 우리 한 사람 한 사람이 마치 지구에 있는 유일한 사람인 것처럼 사랑하신다. 그러한 아버지와의 사랑은 교제를 통해 깊어지며, 아버지와의 교제는 우리의 영혼을 하나님의 생명으로 충전시켜준다.

모세는 하나님과의 교제를 통해 그 얼굴에 광채가 났으며, 주님 또한 변화산에서 아버지와 기도로 교제하실 때, 온 몸이 빛을 발하였다눅9:28-29.

이처럼 하나님 아버지와의 교제는 우리에게 진정한 안식과 평안을 주며 우리의 영혼을 거룩하고 영광스럽게 한다마11:28-30. 왜냐하면 그분은 영광의 아버지시며, 우리는 그분의 사랑받는 자녀이기 때문이다. 그러므로 아버지와의 교제를 누리자! "수고하고 무거운 짐 진 자들아 다 내게로 오라 내가 너희를 쉬게 하리라"마11:28.

"너희를 불러 그의 아들 예수 그리스도 우리 주와 더불어 교제하게 하시는 하나님은 미쁘시도다"고전1:9.

"우리의 사귐은 아버지와 그 아들 예수 그리스도와 함께함이라"요일1:3.

"하나님을 가까이하라 그리하면 너희를 가까이하시리라"약4:8.

"우리 하나님 여호와께서 우리가 그에게 기도할 때마다 우리에게 가까

나는 너를 잊지 아니할 것이라 내가 너를 내 손바닥에 새겼다.

이 하심과 같이 그 신이 가까이 함을 얻은 큰 나라가 어디 있느냐?"신4:7.

"하나님께 가까이 함이 내게 복이라 내가 주 여호와를 나의 피난처로 삼아 주의 모든 행적을 전파하리이다"시73:28.

"여인이 어찌 그 젖 먹는 자식을 잊겠으며 자기 태에서 난 아들을 긍휼히 여기지 않겠느냐? 그들은 혹시 잊을지라도 나는 너를 잊지 아니할 것이라 내가 너를 내 손바닥에 새겼고 너의 성벽이 항상 내 앞에 있나니"사49:15-16.

그러나 하나님과의 교제가 가능하려면 성령님의 도우심이 반드시 필요하다.

성령의 교통하심

"주 예수 그리스도의 은혜와 하나님의 사랑과 성령의 교통하심이 너희 무리와 함께 있을지어다"고후13:13. 하나님은 우리와 사랑의 교제를 갖기를 원하신다. 그러한 하나님과의 교제를 '성령의 교통'이라 말한다. '교통'이란 헬라어로 '코이노니아'(Koinonia)란 말로써 '교제하다' '동역하다' '나누다' 라는 의미를 갖고 있다.

우리가 서로 사랑하면 인격적으로 교제하고 함께 일하고 서로의 것을 나누게 된다. 특히 성령님은 내 안에서 나와 교제하시고, 함께 일하시고, 나의 연약함을 돕기 위해 오셨다. 그분은 나의 연약함을 담당하시고 그분의 사랑과 능력을 나에게 부어주길 원하신다.

"내가 아버지께 구하겠으니 그가 또 다른 보혜사를 너희에게 주사 영원토록 너희와 함께 있게 하리니, 그는 진리의 영이라 세상은 능히 그를 받지 못하나니, 이는 그를 보지도 못하고 알지도 못함이라 그러나 너희는 그를 아나니 그는 너희와 함께 거하심이요 또 너희 속에 계시겠음이라"요14:16-17.

성령님은 친히 내 안에 계시면서 참 하나님과 그가 보내신 예수 그리스도가 누구신지 가르쳐 주신다요17:3. 그분은 하나님의 말씀을 깨닫게 하시고 문득문득 생각나게 하셔서 하나님의 뜻을 알게 하신다요14:26.

게다가 성령님은 내 간구와 소원을 다 아시고 말할 수 없는 탄식으로 기도를 돕는 분이시다. "이와 같이 성령도 우리의 연약함을 도우시나니 우리는

> ## 보혜사(保惠師)
>
> '변호하거나 도움을 베풀기 위해 곁에서 도우시는 자'라는 뜻으로 '위로자, 상담가, 대언자, 중보자' 등으로 번역될 수 있다. 보혜사는 성령님을 가리킨다.

마땅히 기도할 바를 알지 못하나 오직 성령이 말할 수 없는 탄식으로 우리를 위하여 친히 간구하시느니라"롬8:26.

우리의 진정한 기도의 대상은 성부 하나님이시다. 그리고 성령님은 나의 입장에서 함께 기도해 주시며, 친구처럼 교제하고 때로는 그 기도를 응답하시는 친근한 나의 개인의 하나님이시다.

내 안에 계신 성령님과 교통하라

그러면 내 안에 계신 성령님과 어떻게 교통하면 될까? 어렵지 않다. 우선 성령님을 존중하고 사랑한다고 말하라. 그분은 우리의 사랑을 받기에 합당한 분이시다. 그리고 다정한 친구와 대화하듯이 말하면 된다. 내 속에 들어와 계시니 내 생각을 성령님과의 대화로 바꾸면 된다. 사람에게는 독백하는 속성이 있다. 이는 성령님과의 교제를 위한 기능이라 할 수 있다.

'성령님! 이 문제를 어떻게 생각하십니까?' 이렇게 물으면 분명히 내 안에서 하나님의 말씀을 기억나게 하시며 지혜를 주시고 친근히 응답해 주신다. 순간순간 이렇게 고백해 보자.

'성령님! 존중하고 사랑합니다. 성령님과 더욱 친근한 교제를 원합니다. 삶의 모든 영역에서 함께 동역하며, 더욱 일치되길 원합니다. 내 삶을 성령님께 맡기오니 모든 것을 가르쳐주시고, 말씀이 생각나게 하시고, 진리 가운데로 인도해 주옵소서. 또한 하나님 아버지를 사랑하고 서로를 사랑할 수 있는 은혜로운 마음을 주옵소서. 좋으신 성령님께서 나와 함께 하시니 든든합니다. 성령님은 나의 하나님, 나의 스승. 나의 인도자 그리고 나를 돕는 분이십니다. 성령님과 더욱 친밀해지길 원합니다. 아멘.'

−성령님에 관한 자세한 내용은 2권에서 다룬다−

성령 안에서 말씀을 통한 하나님과의 교제

말씀과의 교제는 하나님과의 교제이다

성경은 인간을 향한 하나님의 사랑의 편지이다. 그래서 하나님은 자신의 마음과 뜻을 한 권의 책으로 담아 우리에게 주셨다. 그리고 하나님은 이미 기록된 말씀을 성령으로 감동하시면서 나와 교제하신다. 성령 안에서 말씀과의 교제는 곧 하나님과의 교제가 된다. 왜냐하면 말씀이 곧 하나님이시며 하나님의 말씀은 살아 있기 때문이다히4:12. "태초에 말씀이 계시니라 이 말씀이 하나님과 함께 계셨으니 이 말씀은 곧 하나님이시니라"요1:1. 하나님의 자녀는 말씀을 통해 그분을 알 수 있고, 말씀 속에서 하나님과 만나고 교제할 수 있다.

따라서 우리는 성경을 읽을 때 하나님께서 나에게 하시는 말씀으로 읽고 받아들여야 한다. 왜냐하면 성경이 기록될 때나 지금이나 하나님은 영원토록 동일하시기 때문이다히13:8. 그리고 모든 성경은 하나님께서 나를 사랑하심을 밝히고 있다. 그러므로 하나님의 자녀는 하나님을 대하듯 진리의 말씀을 사랑하고 귀하게 여기며 믿음으로 받아들여야 한다. 예로부터 지금까지 많은 사람이 성경을 통해 하나님을 만나게 되었고 또한 온전한 사람으로 변화 되었다.

모든 성경은 성령의 감동으로 쓰여졌다

"모든 성경은 하나님의 감동으로 된 것으로 교훈과 책망과 바르게 함과 의로 교육하기에 유익하니 이는 하나님의 사람으로 온전하게 하며 모든 선한 일을 행할 능력을 갖추게 하려 함이라"딤후3:16-17.

모든 성경은 하나님께서 사람들을 감동하셔서 기록하게 하신 것이다.

전자제품에 사용설명서가 있듯이 성경은 인생의 사용설명서이다.

하나님은 그의 선지자들을 성령으로 감동시켜 말씀을 대필하도록 하셨다딤
후3:16-17. 이때 사용된 대필자들은 왕을 비롯하여 제사장, 선지자, 학자, 세
리, 목동, 농부, 어부에 이르기까지 다양한 계층의 사람들이 동원되었다.
각계각층의 사람들이 성령의 감동으로 하나님의 말씀을 기록하게 된 것은
하나님이 모든 사람의 삶에 깊이 관여하고 계심을 나타낸다.

이렇게 기록된 성경은 B.C 1400년 모세를 통해 기록되기 시작하여 A.D
90년 사도 요한까지 약 1500년 동안 약 40명에 의해 기록되었다. 이러한
성경은 객관적 시각으로 볼 때에도 놀라운 책이다. 왜냐하면 1500년에 걸
쳐 기록되었고, 다양한 계층의 사람들이 썼음에도 불구하고 한 가지 일관
성이 검증되었다. 그리고 그 말씀에 따르는 증험이 오늘날에도 삶 속에서
나타나고 있다.

말씀은 성령의 가르침으로 받아야 한다

우리는 말씀을 읽을 때 성령의 가르치심을 받으며 읽어야 한다. 왜냐하면 원 저자가 성령님이시기 때문이다. "모든 성경은 하나님의 감동으로 된 것으로"딤후3:16, 성령님은 개개인에게 말씀을 깨닫게 하시고 생각나게 하시고 진리 가운데로 인도하시는 분이시다.

"보혜사 곧 아버지께서 내 이름으로 보내실 성령 그가 너희에게 모든 것을 가르치고 내가 너희에게 말한 모든 것을 생각나게 하리라"요14:26.

"그러나 진리의 성령이 오시면 그가 너희를 모든 진리 가운데로 인도하시리니"요16:13.

그러면 하나님께서 사람에게 성경을 주신 이유는 무엇인가?

성경은 예수님께서 하나님의 아들 그리스도이심을 믿어 영원한 생명을 얻게 하시려고 주어졌다. (성경의 권위)

"예수께서 이르시되 … 너희가 성경에서 영생을 얻는 줄 생각하고 성경을 연구하거니와 이 성경이 곧 내게 대하여 증언하는 것이니라"요5:39.

"오직 이것을 기록함은 너희로 예수께서 하나님의 아들 그리스도이심을 믿게 하려 함이요 또 너희로 믿고 그 이름을 힘입어 생명을 얻게 하려 함이니라"요20:31.

또한 예수님께서는 성경의 권위에 대해 이렇게 말씀하셨다. "진실로 너희에게 이르노니 천지가 없어지기 전에는 율법의 일점 일획도 결코 없어지지 아니하고 다 이루리라"마5:18. 그리고 성경의 마지막 책인 요한계시록에서도 "내가 이 책의 예언의 말씀을 듣는 각인에게 증거하노니 만일 누구든지 이것들 외에 더하면 하나님이 이 책에 기록된 재앙들을 그에게 더하실 터이요"라고 경고하셨다계22:18-19.

그렇다면 왜 이렇게 천오백년 동안 쓰여진 성경을 중요시하는 것인가? 그 이유는 인류를 구원하시려는 하나님의 심오한 계획이 성경을 통해 예언되고 성취되었으며 지금도 성취되고 있기 때문이다. 그래서 성경은 사람의 생각에 의해 가감될 수 없음을 주님께서 강조하신 것이다. 사람들의 삶과 문화는 변화되고 발전했을지 모르지만 사람의 본질과 근본적인 문제는 변한 것이 없다.

성경에는 하나님이 어떤 분이시며 천사의 기원과 천사의 타락(사탄), 인간 창조와 타락, 예수 그리스도, 성령의 오심, 인간의 구원과 거듭난 새 피조물 그리고 인류의 영원한 운명과 최후의 심판 등에 관한 내용을 광범위하게 다루고 있다.

하나님의 말씀은 날마다 먹는 영혼의 양식이다

"사람이 떡으로만 살 것이 아니요, 하나님의 입으로부터 나오는 모든 말씀으로 살 것이니라"마4:4.

사람은 하나님처럼 살도록 그분의 형상과 모양으로 만들어진 영적 존재이다. 그리고 하나님의 가치 기준이 되는 말씀은 우리가 하나님을 본받고 그분과 같은 수준의 삶을 살기 위해 없어서는 안 될 영혼의 양식이다. 우리가 매일매일 음식을 먹어야 육체의 건강을 유지하듯이, 하나님을 닮아가야 할 사람의 영혼도 영의 양식인 하나님의 말씀을 매일 먹어야만 영적으로 강건하고 풍성한 삶을 살 수 있다.

주님은 "살리는 것은 영이니 육은 무익하니라 내가 너희에게 이른 말은 영이요 생명이라"고 말씀하셨다요6:63.

그러므로 우리는 생명의 말씀을 매일 섭취하여 영적으로 성장함으로 하나님을 닮아가야 한다.

"갓난 아기들 같이 순전하고 신령한 젖(말씀)을 사모하라. 이는 그로 말미암아 너희로 구원에 이르도록 자라게 하려 함이라"벧전2:2; 엡4:15.

"나를 먹는 그 사람도 나로 말미암아 살리라"요6:57.

하나님의 말씀은 인생의 안내자이다

"주의 말씀은 내 발에 등이요, 내 길에 빛이니이다"시119:105.

하나님의 말씀에는 인생의 모든 지혜와 비밀이 담겨 있으며 사람들이 어떻게 성공적인 삶을 살았는지, 어떻게 실패자의 삶을 살았는지를 자세히 밝혀주고 있다. 하나님의 말씀은 우리 인생의 안내자이다. 말씀은 우리 인생의 앞길을 비추는 등불같이 안전하고 축복된 생명의 길로 안내한다.

하나님의 말씀은 살아있는 성령의 검이다

"성령의 검 곧 하나님의 말씀을 가지라"엡6:17.

하나님의 창조적 능력은 말씀의 형태로 사람들에게 주어졌다. 그 능력은 여전히 말씀 안에 있다. 그러므로 당신이 직면하고 있는 어려움이 무엇이든지, 그 상황에 적용되는 진리의 말씀을 찾아서 담대히 선포해야 한다. 이렇게 할 때 그 말씀은 사탄의 방해를 무찌르고 우리 삶의 문제를 해결하는 무기가 된다.

"하나님의 말씀은 살아 있고 활력이 있어 좌우에 날선 어떤 검보다도 예리하여 혼과 영과 및 관절과 골수를 찔러 쪼개기까지 하며 또 마음의 생각과 뜻을 판단하나니"히4:12; 마4:3-10.

"살리는 것은 영이니 육은 무익하니라 내가 너희에게 이른 말은 영이요 생명이라"요6:63.

"여호와께서 권능으로 내게 임재하시고 그의 영으로 나를 데리고 가서 골짜기 가운에 두셨는데 거기 뼈가 가득하더라 … 또 내게 이르시되 너는 이 모든 뼈들에게 대언하여 이르기를 너희 마른 뼈들아 여호와의 말씀을 들을지어다. 주 여호와께서 이 뼈들에게 이같이 말씀하시기를 내가 생기를 너희에게 들어가게 하리니 너희가 살아나리라. 너희 위에 힘줄을 두고 살을 입히고 가죽으로 덮고 너희 속에 생기를 넣으리니 너희가 살아나리라 또 내가 여호와인 줄 너희가 알리라 하셨다 하라. 이에 내가 명령을 따라 대언하니 대언할 때에 소리가 나고 움직이며 이 뼈, 저 뼈가 들어 맞아 뼈들이 서로 연결되더라 … 또 내게 이르시되 인자야 너는 생기를 향하여 대언하라 … 이에 내가 그 명령대로 대언하였더니 생기가 그들에게 들어가매 그들이 곧 살아나서 일어나 서는데 극히 큰 군대더라"겔37:1-10.

또한 우리가 하나님의 말씀을 선포할 때 천사들은 그 말씀을 실행하는 임무를 수행한다. "능력이 있어 여호와의 말씀을 행하며 그의 말씀의 소리를 듣는 여호와의 천사들이여 여호와를 송축하라"시103:20.

하나님의 말씀을 먹는 5가지 방법

1) 듣기 –우리는 하나님의 말씀을 들어야 한다. "너희는 귀를 기울이고 내게로 나아와 들으라 그리하면 너희의 영혼이 살리라"사55:3.

"내 아들아 내 말에 주의하며 내가 말하는 것에 네 귀를 기울이라. 그것을 네 눈에서 떠나게 하지 말며 네 마음 속에 지키라. 그것은 얻는 자에게 생명이 되며 그의 온 육체의 건강이 됨이니라"잠4:20-22.

"그러므로 믿음은 들음에서 나며 들음은 그리스도의 말씀으로 말미암았느니라"롬10:17.

2) 읽기–성경을 읽음으로써 하나님의 말씀에 대한 전체적인 이해를 얻게 된다. 성경은 계획성 있게 읽고 신약성경 부터 읽는 것이 좋다.

"이 예언의 말씀을 읽는 자와 듣는 자와 그 가운데에 기록한 것을 지키는 자는 복이 있나니 때가 가까움이라"계1:3.

"내가 이를 때까지 읽는 것과 권하는 것과 가르치는 것에 전념하라"딤전4:13.

3) 공부하기– 성경 읽기가 말씀에 대한 전체적인 시야를 갖게 해준다면 성경 공부는 말씀을 더욱 깊이 깨닫도록 해준다. "베뢰아에 있는 사람들은 데살로니가에 있는 사람들보다 더 너그러워서 간절한 마음으로 말씀을 받고 이것이 그러한가 하여 날마다 성경을 상고(연구)하므로"행17:11.

4) 암송하기– 암송해 둔 말씀은 우리의 영적 전쟁을 승리로 이끄는 홀

륭한 무기가 되며 또한 전도와 양육에서 다른 사람들을 때에 맞는 말씀으로 돕는 데에 아주 유익하다. "오늘 내가 네게 명하는 이 말씀을 너는 마음에 새기고"신6:6.

"인자와 진리가 네게서 떠나지 말게 하고 그것을 네 목에 매며 네 마음판에 새기라 그리하면 네가 하나님과 사람 앞에서 은총과 귀중히 여김을 받으리라"잠3:3-4.

5) 묵상하기—묵상은 말씀을 깊이 생각하고 되새기며 입으로 고백(선포)하는 것으로 우리의 생각과 삶을 변화시키는 탁월한 방법이다. 우리는 말씀 묵상과 성령의 역사하심으로 삶이 변화되는 것을 경험하게 된다.

"이 율법책을 네 입에서 떠나지 말게 하며 주야로 그것을 묵상하여 그 안에 기록된 대로 다 지켜 행하라 그리하면 네 길이 평탄하게 될 것이며 네가 형통하리라"수1:8.

"복 있는 사람은 악인들의 꾀를 따르지 아니하며 죄인들의 길에 서지 아니하며 오만한 자들의 자리에 앉지 아니하고 오직 여호와의 율법을 즐거워하여 그의 율법을 주야로 묵상하는도다 그는 시냇가에 심은 나무가 철을 따라 열매를 맺으며 그 잎사귀가 마르지 아니함 같으니 그가 하는 모든 일이 다 형통하리로다"시1:1-3.

"내가 주의 법을 어찌 그리 사랑하는지요 내가 그것을 종일 작은 소리로 읊조리나이다"시119:97.

성경책을 잡을 때 다섯 손가락이 모두 필요하듯이 말씀 섭취에 있어서도 다섯 가지 방법을 사용하는 것이 효과적이다. 특히 손으로 물건을 힘 있게 잡는 데에 엄지 손가락이 필수적인 역할을 하는 것처럼 듣고 읽고 공부하고 암송한 말씀(1-4)을 묵상하는 것(5)은 하나님의 말씀을 빼앗기지 않고 잘 섭취하는 방법이다.

묵상한 말씀을 믿음으로 실천해야 한다

우리가 하나님의 말씀을 묵상하고 삶 가운데 믿음으로 행할 때 형통하고 건강한 삶을 살 수 있다. 예수님께서는 우리 인생을 집을 건축하는 것에 비유하셨다. 우리가 하나님의 말씀을 묵상하고 삶에서 실천할 때 어떠한 어려움이 와도 무너지지 않는 튼튼한 인생의 집을 지을 수 있다고 말씀하신다.

"누구든지 나의 이 말을 듣고 행하는 자는 그 집을 반석 위에 지은 지혜로운 사람 같으리니 비가 내리고 창수가 나고 바람이 불어 그 집에 부딪치되 무너지지 아니하나니 이는 주추를 반석 위에 놓은 까닭이요, 나의 이 말을 듣고 행하지 아니하는 자는 그 집을 모래 위에 지은 어리석은 사람 같으리니, 비가 내리고 창수가 나고 바람이 불어 그 집에 부딪치매 무너져 그 무너짐이 심하니라"마7:24-27.

"자유롭게 하는 온전한 율법을 들여다보고 있는 자는 듣고 잊어버리는 자가 아니요 실천하는 자니 이 사람은 그 행하는 일에 복을 받으리라"약1:25.

성령 안에서 기도를 통한 하나님과의 교제

"모든 기도와 간구를 하되 항상 성령 안에서 기도하고"엡6:18.

기도는 아버지와의 교제이며 영적 호흡이다

우리는 기도를 통해 영의 아버지와 대화하며 교제할 수 있다. 부모는 아이가 유창한 말로 해야만 그 이야기를 경청하는 것이 아니다. 신생아일 때는 그저 울기만 해도 아이가 무얼 원하는지 다 알 수 있다. 하나님의 자녀가 된 우리도 하나님 아버지께 솔직한 심정을 말할 때 그것이 기도가 되는 것이다. 하지만 기도에는 훈련과 습관이 필요한 것도 사실이다. 신생아와 같이 영원히 울기만 할 수는 없는 이치이다. 부모와의 대화는 시간이 흐를수록 성숙해지고 깊어져야 한다. 기도 훈련은 우리가 평생을 두고 해야 하는 가장 중요한 훈련 중의 하나이다. 왜냐하면 기도는 영적 호흡이며 기도하는 습관은 하나님과의 교제를 유지하기 때문이다. 신앙이 성장하지 못하는 이유 중의 하나는 기도가 훈련되고 습관화되지 않아서이다.

기도의 목적이 무엇이냐고 묻는다면 그 최종 목적지는 삼위일체이신 하나님과 교제함으로 그분과 친밀해지고 동행하는 것이다. 그리고 말씀과 기도는 하나님과의 교제에서 가장 중요한 요소이다. 말씀은 하나님의 생각(뜻)이며 기도는 우리의 생각과 마음을 하나님께 올려드리고 그분의 음성을 듣고 그분의 것으로 채워지는 만남의 시간이다. 또한 기도는 하나님의 생각(뜻)이 이 땅에 이루어지게 하는 통로이다.

기도는 하나님의 도움을 얻게 하고 상황을 변화시킨다

우리는 하나님께 사랑 받고 환영 받는 그분의 자녀이다. 그리고 우리가 기도할 때 하나님이 일하신다. 그러므로 우리는 기도를 통해 하나님의 도

성령 안에서 기도할 때 그분은 우리를 옳은 길로 인도하신다.

움을 얻고 상황을 변화시킬 수 있다.

　"구하라 그리하면 너희에게 주실 것이요 찾으라 그리하면 찾아낼 것이요 문을 두드리라 그리하면 너희에게 열릴 것이니 구하는 이마다 받을 것이요 찾는 이는 찾아낼 것이요 두드리는 이에게는 열릴 것이니라"마7:7-8.

　"예수께서 그들에게 항상 기도하고 낙심하지 말아야 할 것을 비유로 말씀하여 이르시되"눅18:1.

　"아무 것도 염려하지 말고 다만 모든 일에 기도와 간구로, 너희 구할 것을 감사함으로 하나님께 아뢰라. 그리하면 모든 지각에 뛰어난 하나님의 평강이 그리스도 예수 안에서 너희 마음과 생각을 지키시리라"빌4:6-7.

　우리가 아무것도 염려하지 않고 모든 일에 감사함으로 하나님께 구할 때 하나님께서 평강으로 우리의 마음과 생각을 지키신다고 말씀하고 있다. 그리고 하나님은 우리의 모든 것을 다 아시지만 우리가 하나님께 기도로 구해야 한다고 성경은 말씀하고 있다.

"주 여호와께서 이같이 말씀하셨느니라 그래도 이스라엘 족속이 이같이 자기들에게 이루어 주기를 내게 구하여야 할지라"겔36:37.

기도는 자신을 변화시키고 하나님의 뜻을 이루게 한다

기도는 단순히 우리의 필요를 구하는 것 그 이상의 것을 담고 있다. 좋은 사람을 만나 교제하면 그 사람의 좋은 영향을 받는 것과 같이 하나님과 만남은 우리 자신을 변화시켜 준다. 기도는 하나님과 나의 관계를 친밀하게 하여 나를 향한 하나님의 뜻을 깨닫고 그 뜻에 자신을 일치시킬 수 있게 한다요15:5; 고전2:16. 특히 성령 안에서 영의 기도(방언기도)는 영으로 비밀을 하나님께 말하여 나의 속 사람을 하나님의 능력으로 충전시켜 강건하게 세워준다유1:20. "방언을 말하는 자는 사람에게 하지 아니하고 하나님께 하나니 이는 알아 듣는 자가 없고 영으로 비밀을 말함이라"고전14:2.

따라서 우리는 어떤 일이 있어야만 기도하는 것이 아니라 기도가 우리의 일상이 되어야 한다. 기도는 우리 영혼의 호흡이다. 그래서 성경은 우리에게 "쉬지 말고 기도하라"고 권면하고 있는 것이다살전5:17. 우리가 기도하면 할수록 나를 향한 하나님의 뜻과 일치되고 나를 위해 예비하신 축복의 길로 인도 받을 수 있다.

왜 예수님의 이름으로 기도해야 하는가?

모든 기도는 하나님 아버지께 예수님의 이름으로 하는 것이다. 왜 그렇게 하는가? 우리는 예수 그리스도와의 새 언약을 통해 예수님 안으로 들어와 그분의 지체가 되었다행2:38; 롬12:5. 그리하여 예수님의 이름을 가진 합법적인 자가 되었다. 예수 그리스도는 모든 그리스도인을 대표하는 분이시므로 그 이름으로 기도하는 것이다. 예수님의 이름으로 기도하는 것은 주님의 위치에서 기도하는 것이다.

"내가 진실로 진실로 너희에게 이르노니 너희가 무엇이든지 아버지께 구하는 것을 내 이름으로 주시리라. 지금까지는 너희가 내 이름으로 아무 것도 구하지 아니하였으나 구하라 그리하면 받으리니 너희 기쁨이 충만하리라"요16:23-24.

"또 무엇을 하든지 말에나 일에나 다 주 예수의 이름으로 하고 그를 힘입어 하나님 아버지께 감사하라"골3:17.

전능하신 하나님을 아버지라 부르며, 무엇이든 원하는 것을 구할 수 있고 그 구한 것을 받을 수 있다는 것은 무한한 축복이 아닐 수 없다. 그러한 축복은 예수님을 내 구주로 받아들이고, 성령을 내 안에 모신 자만이 누릴 수 있는 특권이다.

기도에 관한 약속의 말씀들

"너희가 내 안에 거하고 내 말이 너희 안에 거하면 무엇이든지 원하는 대로 구하라 그리하면 이루리라"요15:7.

"내가 너희에게 말하노니 무엇이든지 기도하고 구하는 것은 받은 줄로 믿으라. 그리하면 너희에게 그대로 되리라"막11:24.

"그를 향하여 우리가 가진 바 담대함이 이것이니 그의 뜻대로 무엇을 구하면 들으심이라. 우리가 무엇이든지 구하는 바를 들으시는 줄을 안즉 우리가 그에게 구한 그것을 얻은 줄을 또한 아느니라"요일5:14-15.

"너희 중에 병든 자가 있느냐? 그는 교회의 장로들을 청할 것이요 그들은 주의 이름으로 기름을 바르며 그를 위하여 기도할지니라. 믿음의 기도는 병든 자를 구원하리니 주께서 그를 일으키시리라 혹시 죄를 범하였을지라도 사하심을 받으리라"약5:14-15.

이러한 약속의 말씀들은 좋은 것으로 우리의 필요를 채워주고자 하시는 하나님 아버지의 마음을 알게 한다. 하나님은 기도라는 통로를 통해서 우리의 필요를 공급하신다.

성경 속에 나타난 기도들
• 주님이 가르쳐 주신 기도
"하늘에 계신 우리 아버지여 이름이 거룩히 여김을 받으시오며 나라가 임하시오며 뜻이 하늘에서 이루어진 것 같이 땅에서도 이루어지이다. 오늘 우리에게 일용할 양식을 주시옵고, 우리가 우리에게 죄 지은 자를 사하여 준 것 같이 우리 죄를 사하여 주시옵고, 우리를 시험에 들게 하지 마시옵고 다만 악에서 구하시옵소서. 나라와 권세와 영광이 아버지께 영원히 있사옵나이다. 아멘"마6:9-13.

• 지혜와 계시의 영을 구하는 기도
"우리 주 예수 그리스도의 하나님, 영광의 아버지께서 지혜와 계시의 영을 (나)에게 주사 하나님을 알게 하시고 (나)의 마음의 눈을 밝히사 하나님의 부르심의 소망이 무엇이며 성도 안에서 그 기업의 영광의 풍성함이 무엇이며 그의 힘의 위력으로 역사하심을 따라 믿는 (나)에게 베푸신 능력의 지극히 크심이 어떠한 것을 (나)로 알게 하시기를 예수님의 이름으로 기도합니다. 아멘"엡1:17-19.

( ) 안에 기도할 대상의 이름을 넣어서 기도하라.

• 속사람을 강건하게 하는 기도
"하나님의 영광의 풍성함을 따라 그의 성령으로 말미암아 (나)의 속사람을 능력으로 강건하게 하옵시며 믿음으로 말미암아 그리스도께서 (나)의 마음에 계시게 하시옵고 (내)가 사랑 가운데서 뿌리가 박히고 터가 굳어져서 능히 모든 성도와 함께 지식에 넘치는 그리스도의 사랑을 알고 그 너비와 길이와 높이와 깊이가 어떠함을 깨달아 하나님의 모든 충만하신 것으로 (나)에게 충만하게 하시기를 예수님의 이름으로 기도합니다. 아멘"엡3:15-19.

• 열매 맺는 삶을 위한 기도

"하나님께서 (나)로 하여금 모든 신령한 지혜와 총명에 하나님의 뜻을 아는 것으로 채우게 하시고 주께 합당하게 행하여 범사에 기쁘시게 하고 모든 선한 일에 열매를 맺게 하시며 하나님을 아는 것에 자라게 하시고 그의 영광의 힘을 따라 모든 능력으로 능하게 하시며 기쁨으로 모든 견딤과 오래 참음에 이르게 하시고 (나)로 하여금 빛 가운데서 성도의 기업의 부분을 얻기에 합당하게 하신 아버지께 감사드리며 예수님의 이름으로 기도합니다. 아멘"골1:9-12.

이상의 기도들은 지속적으로 반복해야 하는 기도이다.

기도의 손

우리가 다섯가지 부분으로 하나님 아버지께 기도하며 나아간다면 기도 훈련을 하는 데 도움이 된다.

1. 찬양과 감사 (대상 29:10-13; 살전5:18)
2. 죄의 자백 (요일1:9)
3. 간구 (빌4:6-7)
4. 중보 (딤전 2:1; 엡6:18-19)
5. 믿음의 고백(선포) (롬10:10)

성령 안에서 예배를 통한 하나님과의 교제

"사람들은 하나님을 경배하는 것의 중요성을 과소평가하기 쉽습니다. 그러나 천상에서는 그것이 가장 중요한 일입니다. 지상에서 경배는 너무나 자주 '잃어버린 보석'이 되고 있습니다. 우리의 문제 중 일부는, 우리가 영적인 면보다 물질적인 면에 더 치중한다는 점입니다. 하지만 우리가 해야 할 어떤 일도 하나님을 경배하는 것보다는 중요치 않습니다. 왜냐하면 그것이 하나님이 우리를 창조하신 첫 번째 이유이기 때문입니다." - 마릴린 칼슨 웨버 -

"이 백성은 내가 나를 위하여 지었나니 나를 찬송하게 하려 함이니라" 사43:21.

사람들은 무엇인가를 숭배하고 있다

사람들은 본인이 인식하건 안 하건 무엇인가를 숭배하고 있다. 우리가 하나님을 사랑하고 그분을 예배하지 않는다면, 우리는 다른 무엇(돈, 성공, 명예, 자기만족, 연인, 가족, 쾌락, 오락, 연예인, 새긴 우상 등)에 치중하고 그것을 숭배하는 삶을 살게 된다. "한 사람이 두 주인을 섬기지 못할 것이니 혹 이를 미워하고 저를 사랑하거나 혹 이를 중히 여기고 저를 경히 여김이라 너희가 하나님과 재물을 겸하여 섬기지 못하느니라"마6:24.

인간은 하나님을 섬기고 영화롭게 하기 위해 창조되었다. "내 이름으로 불려지는 모든 자 곧 내가 내 영광을 위하여 창조한 자를 오게 하라 그를 내가 지었고 그를 내가 만들었느니라"사43:7. 그러나 사탄은 하나님을 섬기도록 창조된 인간이 하나님이 아닌 다른 것들에 치중하도록 이끌고 있다. 이러한 사탄의 교묘한 속임수에 빠져 하나님을 섬기도록 창조된 인간이 실체가 없는 우상숭배와 하나님 대신 자기 자신을 섬기는 것이 오늘날 인류의 문제이다. 특히 이기주의는 자기중심적인 생각을 하게 하여 인생의 궁극적 목적을 자기 사랑 자기만족에서 찾으려 한다. 이러한 생각들은 우리

사람은 사람과의 관계 이전에 하나님을 예배하는 자로 창조되었다.

의 근본적 존재 목적이 되는 하나님을 찾지 않고 섬기지 않게 하여 인간을 멸망으로 이끌어가고 있다.

우리는 하나님을 예배하는 자로 부름 받았다

이스라엘 백성이 애굽(이집트)에서 바로 왕의 노예가 되어 바로를 위하여 국고성 비돔과 라암셋을 건축하며 그를 섬길 때, 하나님은 이스라엘 백성들을 바로의 지배에서 해방시켜 하나님을 예배하고 섬길 것에 대하여 말씀하셨다. "여호와께서 모세에게 이르시되 바로에게 들어가서 그에게 이르라 … 하나님 여호와께서 말씀하시기를 내 백성을 보내라 그들이 나를 섬길(예배할) 것이니라"출9:1. 그리고 모세를 통하여 이스라엘 백성들을 바로

의 손에서 구원하셨다. 이 사건을 영적인 눈으로 바라보면 바로 왕은 종노릇하게 만드는 사탄을 상징하며 모세는 우리를 자유케 하시는 예수 그리스도를 상징한다.

하나님께서는 예수 그리스도를 통하여 우리를 구원하시고 죄와 사탄의 세력으로부터 자유롭게 하셨다. 주님이 우리를 구원하신 **목적 중 하나는 하나님을 예배하며 섬기기 위함이다.** 모세가 **하나님에게서** 직접 받아온 십계명도 1~4계명까지가 하나님을 예배하며 섬기는 것을 가르치고 있다출20:3-8.

아버지께서는 자기에게 참되게 예배하는 자들을 찾으신다

하나님 아버지께서는 참된 예배(경배) 속에서 우리를 만나 주신다. 왜냐하면 하나님은 참되게 예배하는 자들을 찾으시기 때문이다. "아버지께 참되게 예배하는 자들은 영과 진리로 예배할 때가 오나니 곧 이 때라 아버지께서는 자기에게 이렇게 예배하는 자들을 찾으시느니라"요4:23.

예배의 원어적 의미는 '자신을 굽히다' '엎드려 앞이마를 땅에 대다' '경의를 표하다' '입 맞추다' '하나님을 섬기다'란 뜻이다. 하나님 아버지는 자녀 된 우리들을 예배자로 부르셨으며 그 부르심은 영광스러운 초청이다. 그리고 참된 예배가 드려지는 곳에서 우리는 그분을 만날 수 있다. 예배는 우리가 하나님과 만나는 거룩한 만남의 장이 된다.

하나님이 바라시는 참된 예배

"하나님은 영이시니 예배하는 자가 영과 진리로 예배할지니라"요4:24.

하나님은 영이시다. 그리고 하나님의 자녀들이 영이신 아버지께 거듭난 영으로 예배하는 것은 하나님의 오랜 바람이었다. 왜냐하면 구약의 이스라엘 백성들은 영이 거듭나지 않았기에 그저 마음과 몸을 드려 예배할 수밖에 없었다. 그러나 주님께서는 이제 아버지께 참되게 예배할 때가 되었다고 말씀하셨다.

그러면 하나님이 바라시는 참된 예배는 무엇일까? 하나님이 찾으시는 예배는 '영과 진리'(in spirit and in truth)로 드리는 예배이다. 이것은 거듭 난 자녀가 영에 이끌리어 영의 아버지께 진리에 근거하여 마음과 몸을 드려 믿음으로 드리는 예배이다. 하나님 아버지를 향한 감사와 사랑은 예배로 표현되어야 하며 그 예배는 영과 진리로 드려져야 한다. 아버지께서는 이렇게 예배하는 자들을 찾으시고 기뻐하신다.

우리는 언제나 스스로 원하는 만큼 하나님께 가까이 다가갈 수 있다. 우리가 고통과 슬픔 가운데 있을지라도 그분을 찬양하며 경배한다면, 이제 머지않아 하나님의 영광과 아름다움을 직접 눈으로 보며 그분을 예배할 날이 올 것이다. 그러나 지금과 같은 이 땅의 어두움과 시험 속에서 사는 성도들이 믿음과 사랑으로 드리는 예배를 하나님은 더욱 기뻐하신다.

예배는 어떻게 드려야 하는가?

믿음으로 드려야 한다. "믿음이 없이는 하나님을 기쁘시게 하지 못하나니 하나님께 나아가는 자는 반드시 그가 계신 것과 또한 그가 자기를 찾는 자들에게 상 주시는 이심을 믿어야 할지니라"히11:6.

감사와 회개: "감사로 제사를 드리는 자가 나를 영화롭게 하나니"시50:23.

"하나님께서 구하시는 제사는 상한 심령이라 하나님이여 상하고 통회하는 마음을 주께서 멸시하지 아니하시리이다"시51:17.

찬양: "주 나의 하나님이여 내가 전심으로 주를 찬송하고 영원토록 주의 이름에 영광을 돌리오리니"시86:12.

헌금: "여호와의 이름에 합당한 영광을 그에게 돌릴지어다 제물을 들고 그 앞에 들어갈지어다 아름답고 거룩한 것으로 여호와께 경배할지어다"대상16:29.

말씀: "너희가 우리에게 들은 바 하나님의 말씀을 받을 때에 사람의 말로 받지 아니 하고 하나님의 말씀으로 받음이니 진실로 그러하도다 이 말

씀이 또한 너희 믿는 자 가운데에서 역사하느니라"살전2:13.

성찬: "내가 너희에게 전한 것은 주께 받은 것이니 곧 주 예수께서 잡히시던 밤에 떡을 가지사 축사하시고 떼어 이르시되 이것은 너희를 위하는 내 몸이니 이것을 행하여 나를 기념하라 하시고 식후에 또한 그와 같이 잔을 가지시고 이르시되 이 잔은 내 피로 세운 새 언약이니 이것을 행하여 마실 때마다 나를 기념하라. 너희가 이 떡을 먹으며 이 잔을 마실 때마다 주의 죽으심을 그가 오실 때까지 전하는 것이니라"고전11:23-26.

성도의 교제: "보라 형제가 연합하여 동거함이 어찌 그리 선하고 아름다운고 머리에 있는 보배로운 기름이 수염 곧 아론의 수염에 흘러서 그의 옷 깃까지 내림 같고 헐몬의 이슬이 시온의 산들에 내림 같도다 거기서 여호와께서 복을 명령하셨나니 곧 영생이로다"시133:1-3.

복의 선포: "여호와는 네게 복을 주시고 너를 지키시기를 원하며 여호와는 그의 얼굴을 네게 비추사 은혜 베푸시기를 원하며 여호와는 그 얼굴을 네게로 향하여 드사 평강 주시기를 원하노라 할지니라 하라 그들은 이같이 내 이름으로 이스라엘 자손에게 축복할지니 내가 그들에게 복을 주리라"민6:24-27.

"주 예수 그리스도의 은혜와 하나님의 사랑과 성령의 교통하심이 너희 무리와 함께 있을지어다"고후13:13.

예배자의 삶을 살라

우리는 공적인 예배 뿐만 아니라 우리가 어디에 있든지 영과 진리로 예배하는 예배자로 서야 한다. 또한 우리의 삶 속에서 하나님이 기뻐하시는 일에 자신을 드리는 예배자의 삶을 살아야 할 것이다.

"형제들아 내가 하나님의 모든 자비하심으로 너희를 권하노니 너희 몸을 하나님이 기뻐하시는 거룩한 산 제물로 드리라. 이는 너희가 드릴 영적 예배니라"롬12:1.

"오직 너희 자신을 죽은 자 가운데서 다시 살아난 자 같이 하나님께 드리며 너희 지체를 의의 무기로 하나님께 드리라"롬6:13.

　　이러한 예배자의 삶은 하나님의 뜻을 이룰 수 있도록 자기 자신과 소유를 그분이 원하시는 일에 드리는 것이다. 이렇게 할 때 예수님은 나를 통하여 일하시며, 나를 통하여 말씀하시며, 나를 통하여 사랑을 나타내신다. 이것이 곧 내 안에서 그리스도께서 사시는 예배자의 삶이다. 진정으로 하나님이 원하시는 것은 우리가 주님과 하나가 되어 한 방향을 향해 함께 걸어가는 것이다.

　　"내가 그리스도와 함께 십자가에 못 박혔나니 그런즉 이제는 내가 사는 것이 아니요 오직 내 안에 그리스도께서 사시는 것이라"갈2:20.

　　"에녹이 하나님과 동행하더니 하나님이 그를 데려가시므로 세상에 있지 아니하였더라"창5:24.

　　"사람아 주께서 선한 것이 무엇임을 네게 보이셨나니, 여호와께서 네게 구하시는 것은 오직 정의를 행하며 인자를 사랑하며 겸손하게 네 하나님과 함께 행하는 것이 아니냐?"미6:8.

성령 안에서 말씀, 기도, 예배를 통한
하나님과의 교제

우주를 창조하신 하나님께서 우리를 자녀로 삼으시고
영원한 교제를 갖기 원하신다는 것은 너무나도 경이로운 일이다.
우리에게 허락된 하나님과의 교제를 붙잡으라.
그렇게 할 때 당신은 인생의 진정한 의미와
만족과 평안을 얻을 것이다.

1 이번 배움을 통해 깨달은 것을 나눠보자

당신은 하나님과 어떻게 교제하는가?

_____

성령 안에서 말씀, 기도, 예배를 통한 하나님과의 교제에 대하여 나눠보자.

_____

2 믿음을 말(고백)하는 것이 믿음을 효과 있게 한다

(진리의 말씀이 자신의 것이 되기 위해서는 지속적인 반복이 필수적이다.
그리고 우리는 자신의 믿음을 고백하는 법을 배워야만 한다.
진리의 말씀과 일치된 고백을 통해 하나님의 구원(축복)이 삶 속에 드러나게 된다.)

하나님과의 교제

하나님은 나를 사랑하시며 나와 교제하길 원하십니다.

나는 삼위일체이신 하나님과 영원토록 교제할 것입니다.

나는 성령님과 교제하고 동역하며 하나가 됩니다.

나는 말씀을 통해 하나님과 교제합니다.

나는 기도를 통해 하나님과 교제합니다.

나는 아버지께 영과 진리로 예배하며 교제합니다.

나는 나의 몸(삶)을 하나님께 드리는 예배자의 삶을 삽니다.

3 하나님 아버지!
나를 하나님의 자녀로 삼아 주셔서 감사드립니다.
나에게 지혜와 계시의 영을 주셔서 진리를 알게 하시고 삼위일체 하나님과
더 깊이 교제하고 동역하고 일치하기를 예수님의 이름으로 기도드립니다. 아멘.

4 암송해야 할 중요한 성경 말씀

"하나님을 가까이하라 그리하면 너희를 가까이하시리라"야고보서4:8.

"너희가 내 안에 거하고 내 말이 너희 안에 거하면 무엇이든지 원하는 대로 구하라
그리하면 이루리라"요한복음15:7.

"아버지께 참되게 예배하는 자들은 영과 진리로 예배할 때가 오나니 곧 이 때라
아버지께서는 자기에게 이렇게 예배하는 자들을 찾으시느니라. 하나님은 영이시니
예배하는 자가 영과 진리로 예배할지니라"요한복음4:23-24.

5 다음 단계로 올라가는 말

새롭게 창조된 사람은 죄와 사망의 법에서 해방되어 하나님을 위하여 독특하고
영화롭게 만들어진 새로운 인류이다. 이제 2권 '어떻게 새 생명으로 살 것인가?'
에서는 새로운 창조된 사람의 삶의 법칙, 삶의 목적, 삶의 방법 등을 알아보도록
하겠다.

6 다음 단계를 위해 읽어올 성경말씀

로마서 8장, 히브리서 11장, 야고보서1장.

성경 역사 개관: 하나님의 큰 계획

　인간은 하나님의 형상과 모양을 닮은 하나님의 동반자로 창조되었다. 하지만 인간은 하나님의 기대를 저버리고 타락하였고, 그 타락한 인간을 구원하기 위해 하나님께서는 자신의 외아들을 우리의 구원자로 보내 주셨다. 하나님은 구원자 예수 그리스도를 받아들이는 사람들에게 하나님의 자녀가 되는 권세를 주셨다. 그리고 구원받은 하나님의 자녀들은 하나님의 나라를 이 땅에 실현시키고, 구원의 복된 소식을 온 세상에 전파하는 사명을 받았다.

　이제 하나님의 구원의 관점에서 쓰여진 성경 역사의 큰 흐름을 살펴보겠다. 이것을 통해 우리가 하나님의 시간의 흐름에서 어디에 서 있는지 알게 될 것이다.

영원하신 하나님
(성부, 성자, 성령)

　하나님은 영원 전부터 존재하시는 분이시다. 그분은 우주 만물을 창조하신 전지전능하신 분이시다. "산이 생기기 전, 땅과 세계도 주께서 조성하시기 전 곧 영원부터 영원까지 주는 하나님이시니이다"시90:2.

천사 창조
(천사 타락)

천사는 하나님께서 인간보다 먼저 창조하신 영적인 존재로서 온 우주 가운데 하나님이 정해주신 지위와 임무에 따른 능력을 부여받아 일하고 있다. 천사들은 자유의지를 지닌 존재이나 사람과 달리 결혼하거나 생육하지 않는다겔28:13-14. 그들 가운데 일부 천사들은 교만해져 자기 위치를 지키지 않고 하나님의 자리를 넘보며 반란을 일으켰다사14:12-15; 유1:6.

그 우두머리가 천사장 루시퍼이며 타락하여 사탄이 되었다. 그리고 그를 따르던 하늘의 천사 3분의 1가량이 반란에 가담하여 천국에서 쫓겨났다계12:4.

천지(인간) 창조
(하나님의 선악과 명령)

하나님은 우리가 지금 사는 물질세계를 창조하셨다. "태초에 하나님이 천지를 창조하시니라"창1:1. 하나님은 특히 자신을 닮은 인간을 창조하셔서 복을 주시고, 그들에게 지구를 다스리는 권세를 주시며 지키게 하셨다. 그리고 선악을 알게 하는 나무의 열매는 먹지 말 것을 명령하셨다창1-3장. 이 선악과의 명령은 하나님께서 아담과 맺은 언약이었으며 또한 창조주와 피조물의 경계선을 정한 것으로 하나님께 순종과 불순종을 가르는 기준이었다.

인간의 타락
(사탄의 속임수와 인간의 불순종)

하지만 인간은 사탄의 유혹에 넘어가 하나님이 금지하신 열매를 먹음으로 불순종의 죄를 범하였다. 그리하여 생명의 근원이신 하나님과 단절됨으로 사망이 이 세상에 들어왔으며 죄인이 된 인간은 또 죄인을 낳게 되었다. 하지만 하나님은 인간을 사랑하셔서 그들을 구원할 계획을 세우셨다.

노아의 홍수
(인류의 타락과 홍수심판)

아담과 하와의 타락 이후 죄인의 본성을 갖게 된 인류가 온 땅에 번성하면서 인간은 육체적 욕망에 사로잡혀 동물적인 존재로 타락하였다. 그리고 온 세상이 죄악으로 가득참으로 하나님은 마침내 홍수로 그들을 심판하기로 결심하시고, 노아에게 방주를 예비할 것을 지시하셨다창6장. 이때 노아는 하나님의 말씀에 믿음으로 순종하여 방주를 만들어 자신의 가족과 동물들의 생명을 구원하였다. 그리고 이 사건은 장차 다가올 마지막 때 인류 심판의 예표가 된다. "노아의 때와 같이 인자의 임함도 그러하리라"마24:37.

하나님의 구원계획
(아브라함을 부르심)

홍수 후 노아의 가족들로 인해 인류는 다시 번성하였다. 그리고 인류를 죄와 사망에서 구원하시려는 하나님의 구원계획은 아브라함을 통해서 구체화된다. 하나님은 아브라함을 통해 한 민족을 조성하시어 하나님의 백성을 장차 어떻게 인도하실지를 보여주셨다창15~22장. 그리고 아브라함의 후손을 통해 인류구원을 위한 그리스도(메시야)가 오실 것을 말씀하셨다창22:18.

선지자들을 보내심
(모세, 엘리야…말라기)

하나님께서는 자신의 구원계획을 인간이 이해할 수 있도록 항상 선지자들을 통해 먼저 알리셨다암3:7. 그리고 그 예언을 그대로 성취하심으로 인간이 하나님을 신뢰할 수 있도록 하셨다. 하나님은 모세를 통해 율법을 주심으로 무엇이 죄인가를 깨닫게 하셨으며출20장, 또한 선지자들을 통해 인간의 죄악

된 실상을 알리시고, 참 신이신 창조주 하나님께로 돌아올 것을 말씀하셨다. 그리고 그들에게 하나님께서 구원자로 오실 것을 계속 말씀하셨다.

구원자가 오심
(하나님이 구원자로 오심)

인류를 죄와 사망에서 구원하기 위해서는 죄인의 피가 흐르지 않는 죄 없는 온전한 인간이 필요했다. 이 때문에 성자 하나님께서 동정녀 마리아의 몸을 통해 남자의 씨가 아닌 성령으로 잉태됨으로 이 땅에 오셨다. 구약의 모든 약속된 예언을 따라 성자 하나님께서 구원자로 오신 것이다 사7:14;마1:20-23.

구원을 이루심
(새로운 피조물의 탄생)

예수 그리스도는 하나님의 말씀을 가르치시고 천국 복음을 전파하시며 백성 중의 모든 병과 약한 것을 고치셨다 마4:23. 또한 그의 제자들과 새 언약을 통해서 하나가 되시고, 그들과 우리 모두의 죄악을 대신 짊어지시고 십자가에서 죽으시고 장사된지 3일 만에 부활하셨다. 그리하여 누구든지 주 예수님을 믿으면 죄와 사망에서 해방된 새로운 피조물이 되게 하셨으며, 그들을 통해 하나님의 나라를 세우고자 하셨다 마16:18. 그래서 예수님께서는 모든 민족을 제자로 삼아 세례를 주고(새로운 피조물의 탄생) 그들에게 새 생명의 원리인 주님의 말씀을 가르쳐 지키게 하도록 명령하셨다 마28:19-20.

복음 전파
(믿는 자에게 성령 오심)

믿는 자들에게 성령이 임하심으로 복음이 온 세상에 전파되기 시작하였다 행1:8. "너희는 온 천하에 다니며 만민에게 복음을 전파하라. 믿고 세례를 받는 사람은 구원을 얻을 것이요 믿지 않는 사람은 정죄를 받으리라"막16:15-16. 복음전파는 죄를 지어 정죄 받고 영원한 지옥의 형벌을 받아야 할 인생들에게 하나님께서 그리스도를 통해 이루신 구원의 복된 소식을 전해주는 것이다.

전파 완료
(온 세상에 전파됨)

주님은 "천국복음이 온 세상에 전파되면 그제야 끝이 오리라"고 말씀하셨다마24:14. 복음은 예루살렘으로부터 시작하여 유럽과 아프리카를 지나 아메리카 그리고 아시아를 거쳐 이스라엘에서 끝마치게 된다. 성경에는 이방인의 충만한 수가 돌아올 때까지 이스라엘이 배교할 것이 예언되었다롬11:25.

그러나 이제 복음이 세계 모든 민족과 족속에게 거의 전파되었고 이스라엘이 복음을 받아들이고 있다. 이제 머지않은 시간에 완료될 것이다.

예수 그리스도의 다시 오심
(믿는 자들을 영원한 처소로 부르심)

복음전파가 완료되면 예수 그리스도께서 성경의 예언대로 천사들과 함께 공중에 재림하시고 천사들을 세계 만국에 보내어 구원받은 자들을 공중으로 불러 올리게 된다마24:31. "주께서 호령과 천사장의 소리와 하나님의 나팔 소리로 친히 하늘로부터 강림하시리

니 그리스도 안에서 죽은 자들이 먼저 일어나고, 그 후에 우리 살아남은 자들도 그들과 함께 구름 속으로 끌어 올려 공중에서 주를 영접하게 하시리니 그리하여 우리가 항상 주와 함께 있으리라"살전4:16-17.

> ⚠️ **휴거**
>
> 성경은 예수님께서 다시 오셔서 성도들을 하늘로 이끌어가는 휴거를 전후로 하여 7년간의 대환난이 있을 것을 예언했다계11:2-3; 12:6,14; 13:5. 그런데 휴거가 어느 때 일어나느냐에 관해서 성경학자들의 견해가 서로 다르다. 그 이유는 성경을 보는 관점이 조금씩 다르기 때문이다. 그러나 우리는 서로의 견해를 존중해야 한다. 휴거에 관한 성경적 견해는 크게 3가지로 나누어진다.
> 1. 환난 전 휴거설 : 이는 7년 환난이 오기 전에 예수님께서 오신다고 믿는 것이다.
> 2. 환난 중 휴거설 : 이는 환난 가운데 예수님께서 오신다고 믿는 것이다.
> 3. 환난 후 휴거설 : 이는 7년 환난 후에 예수님께서 오신다고 믿는 것이다마24:30.

7년 대환난
(하나님의 진노)

구원받은 성도의 휴거를 전후해서 이 땅에는 하나님의 심판이 찾아온다. 창세 이후로 이와 같은 환난은 없을 것이라고 예수님께서는 경고하셨다. 그 환난은 7년 동안 계속된다. 그동안 사탄(마귀)의 세력을 막고 계시던 성령님의 역사는 제한되고 마귀는 최후의 발악을 하며 인간들을 괴롭히게 된다살후2:7. "그러므로 하늘과 그 가운데 거하는 자들은 즐거워하라 그러나 땅과 바다는 화 있을진저 이는 마귀가 자기의 때가 얼마 남지 않은 줄을 알므로 크게 분내어 너희에게 내려갔음이라 하더라"계12:12. 그리고 지상에서는 적그리스도가 전 세계를 지배하여 666표를 받게 하며 우상을 숭배하도록 만든다계13:18. 이때 뒤늦게 회개하고 믿음을 지키려는 사람은 사탄의 표인 666을 받지 않아야 하며, 하나님이 예비하신 비밀요새에 숨거나, 순교를 통해 구원을 얻어야 한다사26:20.

천년 왕국
(예수께서 친히 다스림)

대환난 후 예수께서는 성도들과 함께 지상에 재림하셔서 모든 악한 무리들을 제거하시고, 이 땅을 새롭게 하여 천년 동안 성도들과 함께 이 땅을 직접 다스리게 된다. "이 첫째 부활에 참여하는 자들은 복이 있고 거룩하도다. 둘째 사망이 그들을 다스리는 권세가 없고 도리어 그들이 하나님과 그리스도의 제사장이 되어 천 년 동안 그리스도와 더불어 왕 노릇 하리라"계20:6.

> ❗ 천년 왕국에 관한 성경학자들의 견해는 크게 3가지로 나누어진다
>
> 1. **재림 후 천년설** : 예수 그리스도의 재림 후 천년 왕국이 찾아온다는 계시록 20장을 문자 그대로 믿는 견해이다.
> 2. **무 천년설** : 천년을 문자적으로 해석하지 않으며, 지금의 삶이 천년 왕국이라고 믿는 견해이다.
> 3. **천년 후 재림설** : 예수 그리스도의 재림이 천년 왕국 뒤에 온다는 견해로 현재 우리가 살고 있는 시간을 천년 왕국으로 보고, 이후에 예수께서 재림하신다고 보는 견해이다.
>
> ※위와 같은 3가지 견해는 나름대로 성경적인 공감대를 형성하므로 서로의 견해를 존중해야 한다.

최후의 심판
(심판자 예수 그리스도)

천년왕국이 끝난 후 예수 그리스도께서 최후의 심판(백보좌 심판)을 하신다. 이 심판을 통해 범죄한 모든 피조물들의 영원한 운명이 확정된다.

"내가 크고 흰 보좌와 그 위에 앉으신 이를 보니 땅과 하늘이 그 앞에서 피하여 간 데 없더라. 또 내가 보니 죽은 자들이 큰 자나 작은 자나 그 보좌 앞에 서 있는데 책들이 펴 있고 또 다른 책이 펴졌으니 곧 생명책이라 죽은 자들이 자기 행위를 따라 책들에 기록된 대로 심판을 받으니 바다가 그 가운데에서 죽은 자들을 내주고 또 사망과 음부도 그 가운데에서 죽은 자들을 내주

매 각 사람이 자기의 행위대로 심판을 받고 사망과 음부도 불못에 던져지니 이것은 둘째 사망 곧 불못이라. 누구든지 생명책에 기록되지 못한 자는 불못에 던져지더라"계20:11-15.

새 하늘과 새 땅
(새로운 시작)

하나님께서 보시기에 좋게 창조된 지구는 인간들의 죄로 말미암아 오염되고 파괴되었다. 하나님께서는 죄의 근원이 되는 사탄과 그에게 속한 모든 자들을 영원한 불못으로 심판하시고 새로운 세계를 창조하신다.

"내가 새 하늘과 새 땅을 보니 처음 하늘과 처음 땅이 없어졌고 바다도 다시 있지 않더라. 또 내가 보매 거룩한 성 새 예루살렘이 하나님께로부터 하늘에서 내려오니 그 준비한 것이 신부가 남편을 위하여 단장한 것 같더라. 내가 들으니 보좌에서 큰 음성이 나서 이르되 보라 하나님의 장막이 사람들과 함께 있으매 하나님이 그들과 함께 계시리니 그들은 하나님의 백성이 되고 하나님은 친히 그들과 함께 계셔서 모든 눈물을 그 눈에서 닦아 주시니 다시는 사망이 없고 애통하는 것이나 곡하는 것이나 아픈 것이 다시 있지 아니하리니 처음 것들이 다 지나갔음이러라. 보좌에 앉으신 이가 이르시되 보라 내가 만물을 새롭게 하노라 하시고 또 이르시되 이 말은 신실하고 참되니 기록하라 하시고"계21:1-5.

이것이 인류의 마지막이며, 또한 새로운 시작이다.

암송 말씀 모음

❖Step 1　인간은 영원히 존재한다

"한 번 죽는 것은 사람에게 정해진 것이요 그 후에는 심판이 있으리니"히브리서9:27.

"하나님은 모든 사람이 구원을 받으며 진리를 아는 데에 이르기를 원하시느니라"디모데전서2:4.

"하나님이 세상을 이처럼 사랑하사 독생자를 주셨으니 이는 그를 믿는 자마다 멸망하지 않고 영생을 얻게 하려 하심이라"요한복음3:16.

"이 세상도, 그 정욕도 지나가되 오직 하나님의 뜻을 행하는 자는 영원히 거하느니라"요한일서2:17.

❖Step 2　하나님은 어떤 분이신가

"태초에 하나님이 천지를 창조하시니라"창세기1:1.

"주, 나 여호와는 자비롭고 은혜로우며 노하기를 더디하고, 한결같은 사랑과 진실이 풍성한 하나님이다"출애굽기34:6 새번역.

"모든 천사들은 섬기는 영으로서 구원 받을 상속자들을 위하여 섬기라고 보내심이 아니냐?"히브리서1:14.

"큰 용이 내쫓기니 옛 뱀 곧 마귀라고도 하고 사탄이라고도 하며 온 천하를 꾀는 자라. 그가 땅으로 내쫓기니 그의 사자들도 그와 함께 내쫓기니라"요한계시록12:9.

"도둑이 오는 것은 도둑질하고 죽이고 멸망시키려는 것뿐이요 내가 온 것은 양으로 생명을 얻게 하고 더 풍성히 얻게 하려는 것이라"요한복음10:10.

❖Step 3 인간의 존재 목적 인간의 타락과 하나님의 구원계획

"하나님이 자기 형상 곧 하나님의 형상대로 사람을 창조하시되 남자와 여자 를 창조하시고 하나님이 그들에게 복을 주시며 하나님이 그들에게 이르시 되 생육하고 번성하여 땅에 충만하라, 땅을 정복하라, 바다의 물고기와 하 늘의 새와 땅에 움직이는 모든 생물을 다스리라 하시니라"창세기1:27-28.

"죄의 삯(대가)은 사망이요"로마서6:23.

"모든 사람이 죄를 범하였으매 하나님의 영광에 이르지 못하더니"로마서3:23.

"인자가 온 것은 섬김을 받으려 함이 아니라 도리어 섬기려 하고 자기 목숨 을 많은 사람의 대속물로 주려 함이니라"마태복음20:28.

❖Step 4 새 언약

"내가 받은 것을 먼저 너희에게 전하였노니 이는 성경대로 그리스도께서 우리 죄를 위하여 죽으시고 장사 지낸 바 되셨다가 성경대로 사흘 만에 다 시 살아나사"고린도전15:3-4.

"이것은 죄 사함을 얻게 하려고 많은 사람을 위하여 흘리는 바 나의 피 곧 언약의 피니라"마태복음26:28.

"그 보배롭고 지극히 큰 약속(새 언약)을 우리에게 주사 이 약속으로 말미 암아 너희가 정욕 때문에 세상에서 썩어질 것을 피하여 신성한 성품에 참 여하는 자가 되게 하려 하셨느니라"베드로후서1:4.

❖Step 5 예수 그리스도의 죽음과 부활 그리고 나

"때가 찼고 하나님의 나라가 가까이 왔으니 회개하고 복음을 믿으라"마가복음 1:15.

"예수는 우리가 범죄한 것 때문에 내줌이 되고, 또한 우리를 의롭다 하시 기 위하여 살아나셨느니라"로마서4:25.

"우리가 살아도 주를 위하여 살고 죽어도 주를 위하여 죽나니 그러므로 사나 죽으나 우리가 주의 것이로다. 이를 위하여 그리스도께서 죽었다가 다시 살아나셨으니 곧 죽은 자와 산 자의 주가 되려 하심이라"로마서14:8-9.

"네가 만일 네 입으로 예수를 주로 시인하며 또 하나님께서 그를 죽은자 가운데서 살리신 것을 네 마음에 믿으면 구원을 얻으리니 사람이 마음으로 믿어 의에 이르고 입으로 시인하여 구원에 이르느니라"로마서10:9-10.

❖Step 6 새롭게 창조된 사람

"누구든지 그리스도 안에 있으면 새로운 피조물이라 이전 것은 지나갔으니 보라 새 것이 되었도다"고린도후서5:17.

"내가 하나님의 아들의 이름을 믿는 너희에게 이것을 쓰는 것은 너희로 하여금 너희에게 영생이 있음을 알게 하려 함이라"요한일서5:13.

"우리는 그가 만드신 바라 그리스도 예수 안에서 선한 일을 위하여 지으심을 받은 자니"에베소서2:10.

"평강의 하나님이 친히 너희로 온전히 거룩하게 하시고, 또 너희 온 영과 혼과 몸이 우리 주 예수 그리스도께서 강림하실 때에 흠 없게 보전되기를 원하노라"데살로니가전서5:23.

❖Step 7 새롭게 창조된 사람이 얻은 의로움

"그리스도 예수 안에 있는 속량으로 말미암아 하나님의 은혜로 값없이 의롭다 하심을 얻은 자 되었느니라"로마서3:24.

"하나님이 죄를 알지도 못하신 이를 우리를 대신하여 죄로 삼으신 것은 우리로 하여금 그 안에서 하나님의 의가 되게 하려 하심이라"고린도후서5:21.

"이는 너의 믿음의 교제가 그리스도 예수 안에서 네 안에 있는 모든 선한 것을 의식함으로 인하여 효과가 있게 하려 함이라"빌레몬서1:6 KJV.

"만일 우리가 우리 죄를 자백하면 그는 미쁘시고 의로우사 우리 죄를 사하시며 우리를 모든 불의에서 깨끗하게 하실 것이요"요한일서1:9.

❖Step 8 속량의 효과

"그리스도께서 우리를 위하여 저주를 받은 바 되사 율법의 저주에서 우리를 속량하셨으니 … 이는 그리스도 예수 안에서 아브라함의 복이 이방인에게 미치게 하고 또 우리로 하여금 믿음으로 말미암아 성령의 약속을 받게 하려 함이라"갈라디아서3:13-14.

"무엇을 하든지 말에나 일에나 다 주 예수의 이름으로 하고 그를 힘입어 하나님 아버지께 감사하라"골로새서3:17.

❖Step 9 거듭난 새 생명의 정체성

"이 비밀은 너희 안에 계신 그리스도시니 곧 영광의 소망이니라"골로새서1:27.

"너희는 택하신 족속이요 왕 같은 제사장들이요 거룩한 나라요 그의 소유가 된 백성이니 이는 너희를 어두운 데서 불러 내어 그의 기이한 빛에 들어가게 하신 이의 아름다운 덕을 선포하게 하려 하심이라"베드로전서2:9.

"너희는 이 세대를 본받지 말고 오직 마음을 새롭게 함으로 변화를 받아 하나님의 선하시고 기뻐하시고 온전하신 뜻이 무엇인지 분별하도록 하라"로마서12:2.

"우리가 그를 전파하여 각 사람을 권하고 모든 지혜로 각 사람을 가르침은 각 사람을 그리스도 안에서 완전한 자로 세우려 함이니"골로새서1:28.

❖Step 10 하나님과의 교제

"하나님을 가까이하라 그리하면 너희를 가까이하시리라"야고보서4:8.

"너희가 내 안에 거하고 내 말이 너희 안에 거하면 무엇이든지 원하는 대로 구하라 그리하면 이루리라"요한복음15:7.

"아버지께 참되게 예배하는 자들은 영과 진리로 예배할 때가 오나니 곧 이 때라 아버지께서는 자기에게 이렇게 예배하는 자들을 찾으시느니라. 하나님은 영이시니 예배하는 자가 영과 진리로 예배할지니라"요한복음4:23-24.

믿음의 고백 모음

"사람이 마음으로 믿어 의에 이르고 입으로 시인하여 구원에 이르느니라"롬10:10.

"여호와의 말씀에 내 삶을 두고 맹세하노라 너희 말이 내 귀에 들린 대로 내가 너희에게 행하리니"민14:28.

❖Step 1 인간은 영원히 존재한다

우리는 천국과 지옥 중 어느 한 곳에서 영원토록 살아갑니다.

육체의 죽음 이후에 하나님의 심판이 있습니다.

모든 사람은 회개하고 주 예수를 믿어 구원받아야 합니다.

우리는 하나님을 아는 지식에서 자라감으로 영적으로 성장해야 합니다.

우리는 하나님을 섬기며 주신 사명을 이루어야 합니다.

이 땅에서의 삶은 창조주와의 만남과 영원한 삶을 준비하기 위해 주어진 것입니다.

이 땅에서의 삶은 유한하니 영원한 것을 추구하며 살아야 합니다.

❖Step 2 하나님은 어떤 분이신가

하나님은 창조주이시며 전능하신 분이십니다.

하나님은 사랑과 공의의 하나님이십니다.

하나님은 선하시며 신실하신 분이십니다.

하나님은 성부와 성자와 성령으로 존재하십니다.

천사들은 하나님과 구원받은 성도들을 섬기는 유익한 존재입니다.

사탄은 사람들을 멸망으로 이끌어가는 악한 존재입니다.

❖Step 3 인간의 기원과 존재 목적

우리는 하나님의 형상과 모양대로 창조되었습니다.

우리는 하나님과 사랑의 교제를 나누기 위해 태어났습니다.

우리는 이 세상을 다스리고 지키기 위해 태어났습니다.

우리는 하나님을 알아가고 그분을 닮아가기 위해 태어났습니다.

우리는 하나님을 섬기고 그분을 영화롭게 하기 위해 태어났습니다.

우리는 하나님의 영원한 영광을 함께 누리기 위해 태어났습니다.

모든 사람은 죄를 지었으므로 하나님의 구원이 필요합니다.

하나님은 타락한 인류를 위해 대속을 통한 구원을 준비하셨습니다.

❖Step 4 **새 언약**

그리스도께서 성경의 예언대로 오시고 죽으시고 다시 살아나셨습니다.

새 언약을 통해 예수 그리스도는 우리와 하나 됨을 언약하셨습니다.

새 언약을 통해 그리스도는 나의 죄와 연약함을 담당하셨습니다.

그리고 그리스도의 좋은 것은 나의 것이 되었습니다.

나는 새 언약을 통해 신의 성품(본성)에 참여하였습니다.

❖Step 5 **예수 그리스도의 죽음과 부활 그리고 나**

예수님은 나의 죄를 위한 대속제물이 되어 대신 저주를 받으셨습니다.

예수님은 나의 죄를 씻어 하나님께로 인도하셨습니다.

예수님의 죽음은 죄인 된 나의 옛사람의 죽음입니다.

나는 죄에게 종노릇 하지 않습니다.

예수님은 마귀로부터 나를 해방시키셨습니다.

예수님은 나의 연약함과 질병을 짊어지셨습니다.

예수님의 죽음은 하나님이 나를 사랑하신다는 증거입니다.

예수님의 부활은 예수님이 하나님의 아들이심을 믿을 수 있는 증거입니다.

예수님은 나의 주 나의 하나님이십니다.

나는 예수님과 연합되어 새롭게 창조되었습니다.

예수님은 나로 거듭나게 하여 하나님의 생명으로 살게 하셨습니다.

예수님의 부활은 나의 부활을 확증합니다.

예수님은 나를 의롭게 하셨습니다.

나는 예수님의 몸의 지체입니다.

나는 이제 하나님을 향하여 하나님을 위하여 살아갑니다.

❖Step 6 **새롭게 창조된 사람**

나의 옛 사람은 예수님과 함께 십자가에 못 박혔습니다.

나는 그리스도와 연합된 새로운 피조물입니다.

내 안에 하나님의 생명이 있습니다.

사람의 본질은 영이며 혼을 가지고 몸 안에 살고 있습니다.

나의 영(본성)은 하나님으로부터 다시 태어났습니다.

나의 마음(생각 • 감정 • 의지)은 하나님의 말씀으로 새로워지고 있습니다.

나는 새 생명으로 살아가기 위해 거듭났습니다.

나는 예수님의 형상을 본받기 위해 지음 받았습니다.

나는 선한 일을 위하여 지음 받았습니다.

❖Step 7 **새롭게 창조된 사람이 얻은 의로움**

나의 모든 죄와 허물은 십자가에서 해결되었습니다.

나에게는 예수님의 의로움이 있습니다.

나는 법적으로 의롭고 본성적으로도 의롭습니다.

나는 의로 말미암아 하나님 앞에 담대히 설 수 있고 그분과 교제할 수 있습니다.

나는 의인이며 나의 간구는 역사하는 힘이 큽니다.

나는 의로 말미암아 평안합니다.

나는 의로 말미암아 죄와 사탄의 참소를 무력화시킵니다.

나는 의의 생명으로 하나님의 뜻을 분별하고 행할 수 있습니다.

나는 의로 말미암아 다스리고 정복하는 자입니다.

나는 의의 말씀을 묵상하고 선포함으로 영적으로 성장합니다.

나는 의에 대하여 깨어있음으로 죄를 다스리고 의의 열매를 맺습니다.

나는 죄를 지었을 때 자백함으로 죄용서를 받습니다.

❖Step 8 **속량의 효과**

주님은 나의 의로움이십니다.

주님은 나와 함께하십니다.

주님은 나의 평화이십입니다.

주님은 나의 목자이십니다.

주님은 나의 치료자이십니다.

주님은 나의 공급자이십니다.

주님은 나의 승리이십니다.

Step 9 **새 생명으로 거듭난 나의 정체성**

나는 죄 사함을 받았습니다.

나는 하나님의 생명(ZOE)으로 거듭 태어난 하나님의 자녀 새로운 피조물입니다.

나는 보혜사 성령님을 내 안에 모신 자입니다.

나는 예수님의 의(義)로 의롭게 되었습니다.

나는 사망에서 생명으로 죄와 사탄에서 벗어나 하나님께 속한 자입니다.

나는 하나님의 사랑을 받았고 그 사랑을 행하는 자입니다.

나는 신성한 건강을 얻은 자입니다.

나는 하나님의 상속자이며, 아브라함의 복을 받은 자입니다.

나는 그리스도의 몸의 지체이며 그분의 가지입니다.

나는 예수님의 권세를 가진 승리자입니다.

나는 세상의 빛과 소금입니다.

나는 하나님 아버지를 위한 왕과 제사장입니다.

나는 그리스도의 대사이며 새 언약의 일꾼입니다.

나는 예수님의 신부입니다.

나는 경건의 연습인 말씀과 기도로 새 생명의 삶을 훈련합니다.

❖Step 10 하나님과의 교제

하나님은 나를 사랑하시며 나와 교제하길 원하십니다.

나는 삼위일체이신 하나님과 영원토록 교제할 것입니다.

나는 성령님과 교제하고 동역하여 하나가 됩니다.

나는 말씀을 통해 하나님과 교제합니다.

나는 기도를 통해 하나님과 교제합니다.

나는 하나님께 영과 진리로 예배하며 교제합니다.

나는 나의 몸(삶)을 하나님께 드리는 예배자의 삶을 삽니다.

되짚어보기 답

❖Step1. 인간은 영원히 존재한다

이번 배움을 통해 깨달은 것을 나누기

답: 이번에 주제를 배움을 통해 깨달은 것을 자유롭게 나눠보자.

육체의 죽음 이후의 삶에 대해 나눠보자

답: 육체의 죽음 이후에는 하나님의 심판이 있으며, 그 결과에 따라 천국 혹은 지옥에서 영원히 살게 된다.

우리는 영원한 삶을 어떻게 준비해야 하는가?

답: 첫째, 예수 그리스도를 믿어 죄 용서 받고 새 생명으로 거듭나야 한다. 둘째, 영적으로 성장해야 한다.셋째, 하나님을 섬기며 자신에게 주어진 사명을 감당해야 한다.

❖Step2. 하나님은 어떤 분이신가?

이번 배움을 통해 깨달은 것을 나누기

답: 이번에 주제를 배움을 통해 깨달은 것을 자유롭게 나눠보자.

하나님은 어떤 분이신가?

답: 하나님은 우주만물을 창조하신 창조주이시며 사랑과 공의의 하나님이시다.

하나님께서 존재하시는 방법은 무엇인가?

하나님은 스스로 존재하신다. 하나님은 성부, 성자, 성령, 삼위의 하나님으로 (삼위일체로) 존재하신다.

천사는 어떤 존재인가?

하나님의 피조물로서 하나님과 구원 얻을 자들을 하나님의 계획을 따라 섬기는 영적 존재이다.

사탄은 어떤 존재이며 어떤 일을 하는가?

원래 하나님을 예배하는 천사장이었으나 타락한 영적 존재이다. 사탄은 인간을 멸망으로 이끄는 사악한 존재이다.

❖Step3. 인간의 타락과 하나님의 구원 계획

이번 배움을 통해 깨달은 것을 나누기

답: 이번에 주제를 배움을 통해 깨달은 것을 자유롭게 나눠보자.

우리가 이 세상에 존재하는 이유와 목적은 무엇인가?

답: 1) 우리는 하나님과 사랑의 교제를 나누기 위해 창조되었다.

 2) 우리는 이 세상을 다스리고 지키기 위해 태어났다.

 3) 우리는 하나님을 알아가고 그분을 닮아가도록 태어났다.

 4) 우리는 하나님을 섬기고 그분을 영화롭게 하기 위해 태어났다.

 5) 우리는 하나님과 영원한 영광을 함께 누리기 위해 태어났다.

하나님과 분리되어 영적으로 죽은 사람은 어떤 상태인가?

답: 존귀함을 잃어버린 타락한 죄인이다. 즉 사탄의 권세 아래서 육체와 마음이 원하는 것을 하여 다른 이들과 같이 본질상 진노의 자녀이다엡2:2-3.

하나님께서 인류를 구원하기 위해 어떤 방법을 사용하셨는가?

답: 대속을 통한 구원의 방법을 사용하셨다. 예수 그리스도가 대속물이 되셨다.

❖Step4. 대속을 위해 인간과 맺은 새 언약

이번 배움을 통해 깨달은 것을 나누기

답: 이번에 주제를 배움을 통해 깨달은 것을 자유롭게 나눠보자.

예수님이 성경의 모든 예언을 성취하셨다는 것은 어떤 의미인가?

답: 예수님이 하나님께서 인간을 구원하시기 위해 보내기로 약속하신 그리스도라는 증거이다.

예수님께서 어린양으로 오셨다는 것의 의미는 무엇인가?

답: 예수님께서 유월절 희생양으로 오셔서 우리의 대속 제물이 되셨다. 예수 그리스도의 대속은 하나님의 공의와 사랑을 이루는 방법이다. 유월절에 사람들이 희생양을 먹고 그 피를 문 인방과 설주에 발라 구원을 받았듯이, 유월절 희생양으로 오신 예수 그리스도의 몸과 피를 먹고 마심을 통해 구원 얻게 하셨다.

"우리는 다 양 같아서 그릇 행하여 각기 제 길로 갔거늘 여호와께서는 우리 모두의 죄악을 그에게 담당시키셨도다"사53:6.

"이튿날 요한이 예수께서 자기에게 나아오심을 보고 이르되 보라 세상 죄를 지고 가는 하나님의 어린 양이로다"요1:29.

"인자가 온 것은 섬김을 받으려 함이 아니라 도리어 섬기려 하고 자기 목숨을 많은 사람의 대속물로 주려 함이니라"마20:28.

새 언약은 무엇이며 예수님께서는 왜 제자들과 언약을 맺으셨는가?

답: 새 언약은 첫 언약 때 범한 죄에서 속량하시고 부르심을 입은 자로 영원한 기업의 약속을 얻게 한다는 것이다히9:15.

그리스도의 대속을 통한 구원이 개개인에게 실제가 되려면 언약이 먼저 맺어져야 했다. 예수님께서는 자기 백성들의 죄를 대속하기 위해 제자들과 하나됨을 언약하셨다(아들을 낳으리니 이름을 예수라 하라 이는 그가 자기 백성을 그들의 죄에서 구원할 자이심이라 하니라마1:21). 유월절 희생양으로 돌아가시기 전날 제자들과 함께 최후의 만찬을 가지셨을 때 다음과 같이 말씀하셨다.

"그들이 먹을 때에 예수께서 떡을 가지사 축복하시고 떼어 제자들에게 주시며 이르시되 받아서 먹으라 이것은 내 몸이니라 하시고 또 잔을 가지사 감사 기도 하시고 그들에게 주시며 이르시되 너희가 다 이것을 마시라. 이것은 죄 사함을 얻게 하려고 많은 사람을 위하여 흘리는 바 나의 피 곧 (새) 언약의 피니라"마26:26-28; 고전11:25.

옛 언약과 새 언약의 차이는 무엇인가?

답: 옛 언약은 행위 주체자가 자기 자신이라 자신이 율법을 지키면 복을 받고 지키

지 못하면 저주를 받았다. 하지만 새 언약은 언약의 대표자이신 예수님의 순종하시고 우리를 대속하신 모든 것이 우리에게 전이되고 또한 주님이 성령으로 우리 안에 오셔서 친히 우리의 삶을 인도하신다.

예수님은 이 땅에서 어떤 일들을 하셨는가?

답: 예수님은 자신에 관한 예언으로 이루시고 하나님의 나라를 가르치시고 천국복음을 전파하시고 모든 병과 약한 것을 고치셨다. 그리고 우리의 대속제물로 죽으시고 부활하셨다.

❖Step5. 예수 그리스도의 죽음과 부활 그리고 나

이번 배움을 통해 깨달은 것을 나누기

답: 이번에 주제를 배움을 통해 깨달은 것을 자유롭게 나눠보자.

예 그리스도의 죽음과 부활이 나에게 어떤 의미가 있는가?

답: 나의 죄를 위한 대속 제물이 되어 대신 저주(형벌)를 받으신 것이다.

*나의 죄를 씻어 의롭게 하여 하나님 앞으로 인도하기 위함이다.

*죽음의 세력 마귀로부터 해방시켜 자유케 하기 위함이다.

*나의 연약함과 병을 짊어지시기 위함이다.

*나의 옛 사람이 예수와 함께 죽어 다시는 죄에게 종 노릇하지 않게 하기 위함이다.

*죽음의 세력 마귀로부터 나를 해방시켜 자유케 하기 위함이다.

*나의 연약함과 병을 짊어지시기 위함이다.

*나에게 영원한 생명을 주시기 위해서이다.

*하나님의 사랑을 나타내신 것이다.

인간의 구원주(그리스도)가 되려면 어떤 조건을 갖추어야 하나?

답: 첫째는 전능하신 하나님(신성)이어야 한다. 그리고 둘째는 인간의 고통과 약함을 이해하고 인간의 처지를 대변하며, 인간을 위해 대신 죽을 수 있는 육체를 가진 인간(인성)이어야 하며 죄가 전혀 없어야 한다. 이 두 가지 조건을 충족시킬 수 있는 존재는 한 마디로 하나님이시며 또한 인간이어야 한다는 뜻

이다. 인류의 역사상 우리의 구원주가 되실 수 있는 사람은 오직 예수님뿐이시다 빌2:6-8; 행4:12; 요14:6.

어떻게 하면 구원 받을 수 있는가?

답: 구원은 회개하고 예수님을 나의 구원자와 주님으로 믿을 때 얻을 수 있다. 즉 예수님을 믿지 않고 내가 주인 되어 살아온 죄를 회개하는 것이다. 그리고 나를 위해 죽으시고 부활하신 예수님이 나의 주인이심을 마음 중심으로 믿는 것이다. 예수님께서 그리스도가 되셔서 우리의 죄를 위해 죽으시고 부활하신 이유는 우리의 주가 되기 위해서이다. "이를 위하여 그리스도께서 죽었다가 다시 살아나셨으니 곧 죽은 자와 산 자의 주가 되려 하심이라"롬14:9.

"죄에 대하여라 함은 그들이 나(예수님)를 믿지 아니함이요"요16:9.

"너희가 회개하여 각각 예수 그리스도의 이름으로 세례(침례)를 받고 죄 사함을 받으라 그리하면 성령의 선물을 받으리니"행2:38; 눅24:47; 행20:21.

"네가 만일 네 입으로 예수를 주(主)로 시인하며 또 하나님께서 그를 죽은 자 가운데서 살리신 것을 네 마음에 믿으면 구원을 얻으리니. 사람이 마음으로 믿어 의에 이르고 입으로 시인하여 구원에 이르느니라"롬10:9-10.

"그가 세상에 계셨으며 세상은 그로 말미암아 지은 바 되었으되 세상이 그를 알지 못하였고 자기 땅에 오매 자기 백성이 영접하지 아니하였으나 영접하는 자 곧 그 이름을 믿는 자들에게는 하나님의 자녀가 되는 권세를 주셨으니"요1:10-12.

당신은 자신이 구원 받은 것을 확신하는가?

답: 각 사람이 솔직하게 자신이 구원 받은 상태인지를 나누며 구원의 확신을 갖도록 격려한다.

❖Step6. 새롭게 창조된 사람

이번 배움을 통해 깨달은 것을 나누기

답: 이번에 주제를 배움을 통해 깨달은 것을 자유롭게 나눠보자.

새로운 피조물은 어떤 사람인가?

답: 모든 사람은 죄인의 생명(본성)이 죽고 하나님의 생명(본성)으로 새롭게 태어나야 한다. 예수님께서는 다음과 같이 말씀하셨다.

"예수께서 대답하여 이르시되 진실로 진실로 네게 이르노니 사람이 거듭나지 아니하면 하나님의 나라를 볼 수 없느니라"요3:3.

그러므로 그리스도인은 구원 받은 죄인이 아니라 그리스도의 의로운 생명을 가진 새로운 사람이다. 옛 사람이 변화된 것이 아니다. 옛 사람은 예수님과 함께 죽고 전에 존재한 적이 없던 새로운 사람으로 다시 태어난 것이다. 그들은 하나님과 연합된 신성한 생명을 소유한 자로서 죄와 사탄의 영향력 위에 있는 새로운 인류이다고전6:17; 눅10:19; 롬5:17,21.

"누구든지 그리스도 안에 있으면 새로운 피조물이라. 이전 것은 지나갔으니 보라 새 것이 되었도다"고후5:17; 갈6:15.

하나님은 왜 새로운 피조물을 만드셨는가?

답: 첫째, 하나님의 생명으로 살게 하기 위해서이다.

하나님의 구원이 단지 죄를 용서하는 것에서 끝났다면 죄인의 생명(본성)을 가진 사람은 계속해서 죄를 지으며 살아갈 것이다. 그래서 하나님께서는 새 언약 안에서 죄인의 본성을 제거하시고 하나님의 본성을 가진 새로운 피조물을 만드셔서 새 생명으로 살아가게 하신 것이다.

"그 보배롭고 지극히 큰 약속을 우리에게 주사 이 약속으로 말미암아 너희가 정욕 때문에 세상에서 썩어질 것을 피하여 신성한 성품(divine nature)에 참여하는 자가 되게 하려 하셨느니라"벧후1:4; 요10:10; 롬6:4.

둘째, 예수님을 본 받는 자녀, 하나님의 상속자를 갖기 위해서이다.

"하나님이 미리 아신 자들을 또한 그 아들의 형상을 본받게 하기 위하여 미리 정하셨으니 이는 그로 많은 형제 중에서 맏아들이 되게 하려 하심이니라"롬8:29.

셋째, 선한 일을 하기 위해서이다.

"우리는 그가 만드신 바라 그리스도 예수 안에서 선한 일을 위하여 지으심을 받은 자니 이 일은 하나님이 전에 예비하사 우리로 그 가운데서 행하게 하려 하심이니라"엡2:10; 고후5:17-20; 딛2:14.

"내가 진실로 진실로 너희에게 이르노니 나를 믿는 자는 내가 하는 일을 그도 할 것이요 또한 그보다 큰 일도 하리니"요14:12.

"너희는 가서 모든 민족을 제자로 삼아 아버지와 아들과 성령의 이름으로 세례를 베풀고 내가 너희에게 분부한 모든 것을 가르쳐 지키게 하라"마28:19-20.

인간의 3가지 구성요소는 무엇이며 그 변화는 언제 어떻게 일어나는가?

답: 사람의 본질은 영이며 혼을 가지고 몸 안에 산다.

'영'은 인간의 본질에 해당하는 것으로, 사람의 본성(양심)을 말한다롬7:22; 엡3:16. 우리가 영이신 하나님과 교통하고 영적으로 직감하는 부분이 바로 사람의 영이다욥32:8. '혼'은 사람의 마음에 해당하는 부분으로 생각, 감정, 의지적 역할을 한다. '몸'은 사람의 육체에 해당하는 것으로 물질세계와 접촉한다. 그러므로 사람의 본질은 영이며 혼을 가지고 몸 안에 산다. 따라서 우리의 혼(마음)에 해당하는 생각과 감정과 의지는 하나님의 말씀을 알아가면서 점진적으로 변화된다. 그리고 인간의 몸은 예수 그리스도께서 다시 오실(재림) 때 영원한 부활의 몸으로 변형됨으로써 전인적인 구원이 완성된다고전15:49-53.

우리 마음(혼)은 어떤 역할을 하는가?

답: 혼(마음)은 초자연적인 영과 몸을 연결해 주는 중간 역할을 한다. 영과 몸은 분리되어 있음으로 영의 생각이 혼(마음)에 흘러갈 때만 몸(행동)에 전달된다. 즉 영의 생각을 마음이 받아들이는 만큼 몸에 영향을 주는 것이다. 그러므로 우리의 마음(혼)이 하나님의 말씀으로 변화를 받아 영(성령)에 순응할 때 하나님을 기쁘시게 하고 풍성한 삶을 살 수 있다. "너희는 이 세대를 본받지 말고 오직 마음을 새롭게 함으로 변화를 받아 하나님의 선하시고 기뻐하시고 온전하신 뜻이 무엇인지 분별하도록 하라"롬12:2. "육신의 생각은 사망이요 영의 생각은 생명과 평안이니라"롬8:6. "이는 너의 믿음의 교제가 그리스도 예수 안에서 네 (영) 안

에 있는 모든 선한 것을 인식함으로 인하여 효과가 있게 하려 함이라"몬1:6 KJV.

❖Step7. 새롭게 창조된 사람이 얻은 의로움

이번 배움을 통해 깨달은 것을 나누기

답: 이번에 주제를 배움을 통해 깨달은 것을 자유롭게 나눠보자.

새로운 피조물이 얻은 의로움의 두가지 측면은 무엇인가?

답: **첫째, 예수를 믿음으로 의롭다 하심을 얻었다. 칭의(稱義)**

하나님께서는 예수 그리스도가 하신 일에 근거하여 믿는 자를 의롭다고 선언하셨다. 이 의로움은 나의 행위와 상관없이 나의 죄의 댓가를 치르신 예수님을 구원자와 주님으로 믿고 영접할 때 선물로 주어지는 것이다롬5:17; 빌3:9. "곧 예수 그리스도를 믿음으로 말미암아 모든 믿는 자에게 미치는 하나님의 의니 차별이 없느니라. 모든 사람이 죄를 범하였으매 하나님의 영광에 이르지 못하더니 그리스도 예수 안에 있는 속량으로 말미암아 하나님의 은혜로 값없이 의롭다 하심을 얻은 자 되었느니라 … 곧 이 때에 자기의 의로우심을 나타내사 자기도 의로우시며 또한 예수 믿는 자를 의롭다 하려 하심이라"롬3:22-26; 롬4:25.

둘째, 새로운 탄생으로 의로운 본성을 얻었다.

우리는 예수 그리스도를 믿어 영생을 얻음으로 새롭게 태어났다. 그리고 그 영생이 바로 하나님의 의로운 생명이다. 새로운 피조물은 죄인의 생명(본성)이 아닌 하나님의 생명(본성)을 얻은 자들이다. "또 증거는 이것이니 하나님이 우리에게 영생을 주신 것과 이 생명이 그의 아들 안에 있는 그것이니라 아들이 있는 자에게는 생명이 있고 하나님의 아들이 없는 자에게는 생명이 없느니라"요일5:11-12. "그런즉 누구든지 그리스도 안에 있으면 새로운 피조물이라 이전 것은 지나갔으니 보라 새 것이 되었도다"고후5:17.

"우리를 구원하시되 우리가 행한 바 의로운 행위로 말미암지 아니하고 오직 그의 긍휼하심을 따라 중생(다시 태어남)의 씻음과 성령의 새롭게 하심으로 하셨나니"딛3:5.

의로움의 주는 유익에 관해 나눠보자

답: 의는 하나님과의 교제를 회복시켜 준다.

*의로움은 담대한 믿음을 갖게 한다.

*의로워야 평안할 수 있다.

*의로움은 죄와 사탄의 지배로부터 자유를 준다.

*의로움은 사탄의 참소를 무력화시킨다.

*의는 하나님의 뜻을 행할 수 있는 능력을 준다.

*의로워야 다스리고 정복할 수 있다.

우리가 죄를 지었을 때 어떻게 해야 하나?

답: 죄를 자백하며 회개할 때 하나님께서 깨끗하게 하신다. 우리가 영적인 어린 아이이거나 말씀에서 멀어지고 성령 충만하지 않으면 죄를 지을 수도 있다. 이럴 때 죄에 대해 깊이 반성하고 하나님께 죄를 자백하며 회개하면 하나님께서는 예수님의 보혈로 우리를 깨끗하게 하신다. 이미 거듭난 의인이 세상을 살면서 지은 죄는 자백함으로 용서받을 수 있다. "예수께서 이르시되 이미 목욕한 자는 발밖에 씻을 필요가 없느니라 온 몸이 깨끗하니라"요13:10.

"만일 우리가 우리 죄를 자백하면 그는 미쁘시고 의로우사 우리 죄를 사하시며 우리를 모든 불의에서 깨끗하게 하실 것이요"요일1:9.

"이 흰 옷 입은 자들이 누구며 또 어디서 왔느냐? … 이는 큰 환난에서 나오는 자들인데 어린 양의 피에 그 옷을 씻어 희게 하였느니라"계7:13-14.

❖Step8. 예수 그리스도의 속량(대속)의 효과

이번 배움을 통해 깨달은 것을 나누기

답: 이번에 주제를 배움을 통해 깨달은 것을 자유롭게 나눠보자.

우리의 필요를 채우시는 하나님의 7가지 구원의 이름과 그 효과는 무엇인가?

답: 여호와 칫케누 주님은 나의 의로움이시다.(존귀함의 회복)

*여호와 삼마 주님은 나와 함께하신다.(교제의 회복)

*여호와 살롬 주님은 나의 평화이시다.(평화의 회복)

*여호와 라아 주님은 나의 목자이시다.(인도와 보호의 회복)

*여호와 라파 주님은 나의 치료자이시다.(건강의 회복)

*여호와 이래 주님은 나의 공급자이시다.(물질적 필요의 충족)

*여호와 닛시 주님은 나의 승리이시다.(승리의 회복)

당신은 지금 그리스도의 속량의 효과를 얼마나 누리고 있는가?

답: 각자가 자신이 속량의 효과 7가지를 자신의 삶에서 얼마나 누리고 있는지 솔직하게 나누고 더 온전하게 누리는 방법을 공유한다.

❖Step9. 예수 그리스도 안에서 거듭난 새 생명의 정체성

이번 배움을 통해 깨달은 것을 나누기

답: 이번에 주제를 배움을 통해 깨달은 것을 자유롭게 나눠보자.

자신의 정체성에 대하여 나눠보자

답: 자신이 인간적인 정체성으로 살아가는지 새로운 피조물의 정체성으로 살아가는지를 나눈다.

당신은 그리스도 안에 있는 자신의 정체성을 얼마나 인식하며 누리고 사는가?

답: 하루에 얼마나 새로운 피조물의 정체성으로 생각하고 말하고 행동하는가?

새로운 정체성으로 살아가기 위해서 어떻게 해야 하는가?

답: **첫째, 진리를 알아야 한다.** "그런즉 누구든지 그리스도 안에 있으면 새로운 피조물이라 이전 것은 지나갔으니 보라 새 것이 되었도다"고후5:17.

"너희가 내 말에 거하면 참으로 내 제자가 되고 진리를 알지니 진리가 너희를 자유롭게 하리라"요8:31-32; 엡4:13.

둘째, 진리대로 여긴다(인정한다). "이와 같이 너희도 너희 자신을 죄에 대하여는 죽은 자요 그리스도 예수 안에서 하나님께 대하여는 살아 있는 자로 여길지어다"롬6:11.

셋째, 죄의 옛 습관을 버리고 자신을 하나님께 내어 드린다. "너희는 유혹의 욕심을 따라 썩어져 가는 구습을 따르는 옛 사람을 벗어 버리고 오직 너희의 심령이 새롭게 되어 하나님을 따라 의와 진리의 거룩함으로 지으심을 받은 새 사람을 입으라"엡4:22-24. "또한 너희 지체를 불의의 무기로 죄에게 내주지 말고 오직 너희 자신을 죽은 자 가운데서 다시 살아난 자 같이 하나님께 드리며 너희 지체를 의의 무기로 하나님께 드리라 … 이제는 너의 지체를 의에게 종으로 내주어 거룩함에 이르라"롬6:13, 19.

넷째, 성령 충만을 받고 영을 따라 행한다. "육신을 따르지 않고 그 영을 따라 행하는 우리에게 율법의 요구가 이루어지게 하려 하심이니라. 육신을 따르는 자는 육신의 일을, 영을 따르는 자는 영의 일을 생각하나니 육신의 생각은 사망이요 영의 생각은 생명과 평안이니라"롬8:4-6.

새로운 정체성으로 살아가기 위해서는 육체와 마음을 따르지 않고 진리와 성령을 따르는 훈련을 해야 한다. (경건의 연습)

❖Step10. 하나님과의 교제

이번 배움을 통해 깨달은 것을 나누기

답: 이번에 주제를 배움을 통해 깨달은 것을 자유롭게 나눠보자.

당신은 하나님과 어떻게 교제하는가?

답: 자연스럽게 자신이 하나님과 어떻게 교제하는지를 나눈다.

성령 안에서 말씀, 기도, 예배를 통한 하나님과의 교제에 대해 나눠보자

답: 기본적으로 하나님의 교제는 성령 안에서 이루어진다. 성령님은 내 안에 오셔서 나와 교통 하신다. '교통'이란 교제하고 동역하고 삶을 나누는 것이다. 따라서 성령의 가르침 안에서 말씀을 통해 하나님과 교제하고 성령의 인도하심을 따라 기도하고 성령의 감동하심을 따라 예배를 통해 하나님과 교제해야 한다. 따라서 다음의 말씀과 같다. "주 예수 그리스도의 은혜와 하나님의 사랑과 성령의 교통하심이 너희 무리와 함께 있을지어다"고후13:13.

이 책을 활용하는 방법

이 책은 영적 성장을 위해 쓰여졌다.
영적인 성장을 위해서는 제자가 되고 또 제자를 삼는 것이 필수적이다.
제자 양육을 위해 일대일이나 소그룹으로 모여 진리의 말씀을 함께 공부하고
고백하며 삶에 적용한다면 예수 그리스도의 좋은 제자, 좋은 군사로 성장하는
축복을 누리게 될 것이다. 그리고 모임은 일주일에 한두 번 정도가 좋으며,
소요시간은 약 1시간 30분에서 2시간 정도가 적당하리라 본다.

† 첫 만남

❶ 친교하기.
(첫 만남은 서로에 대한 소개로 시작한다.
 이때 신앙과 관련된 나눔을 간단히 갖는 것이 좋다.)
❷ 기도로 모임을 시작한다.(찬양하는 시간을 갖는 것도 좋다.)
❸ '들어가는 말(영적성장이 왜 필요한가?)'를 함께 읽고 나눈다.
❹ '목차'를 함께 읽으며 공부가 어떻게 흘러가는가의 전체 내용을 파악한다.
❺ 제자훈련을 통해 영적으로 성장할 자신의 모습을 그려본다.
❻ Step1을 읽고 중요 부분에 밑줄 긋기를 과제로 내준다. (내용이 많으므로
한 과를 2-3번 나누어서 공부하는 것을 권장한다.)
❼ 기도로 모임을 마친다.

† 두 번째 만남

❶ 친교하기.

　–영적인 관점에서 지난 한 주간의 삶을 나눈다. (약 10분)

❷ 기도로 모임을 시작한다.

❸ Step1(읽어온 내용)을 얼마나 이해하였는지, 어떤 부분에 감동을 받았는지, 삶에 적용할 부분이 무엇인지를 함께 나눈다. (지, 정, 의를 묻는 질문)

❹ Step1(읽어온 내용)의 지적 이해, 영적 감동, 삶에 적용 부분을 함께 나눈다. (중간마다 말씀을 토대로 서로의 믿음과 삶을 나눈다.)

❺ 과제를 내준다–말씀 암송, 믿음의 고백, 다음 내용 예습하기(읽고 중요 부분 밑줄 긋기), 말씀 읽기, 기도하기. (기도하기는 영의 기도(방언기도)를 많이 하도록 권한다.)

❻ 기도로 모임을 마친다.

　　참고로 한 스탭(Step)의 내용이 많으므로 두세 번에 나눠서 공부하는 것을 권한다. 그렇게 여유 있게 한다면 1권을 마치는데 약 5~6개월 정도가 소요된다. 1권을 마친 분은 2권을 배운다. 2권을 마친 분은 다른 사람을 제자로 삼아 1권부터 가르칠 수 있도록 복습하며 준비한다. 여기에서 우리가 꼭 기억해야 할 것은 배우고 확신한 일에 거하는 것이다. 즉 배운 진리대로 생각하고 말하고 믿음으로 실천함으로 삶이 바뀌는 것을 목표로 삼아야 한다.

† 세 번째 만남부터 열한 번째는 동일하다

❶ 친교하기.

　-영적인 관점에서 지난 한 주간의 삶을 나눈다. (약 10분)

❷ 기도로 모임을 시작한다.

❸ 과제를 검사하고 한 주간의 삶을 간단하게 나눈다. 특히 지난주에 배운 것을 삶에 어떻게 적용했는가를 중심으로 나눈다. (약 10분)

❹ 읽어온 내용을 얼마나 이해하였는지, 어떤 부분에 감동을 받았는지, 삶에 적용할 부분이 무엇인지를 함께 나눈다. (지,정,의를 묻는 질문)

❺ 읽어온 내용의 지적 이해, 영적 감동, 삶에 적용 부분을 함께 나눈다.

❻ '되짚어 보기'로 Step1에서 배운 내용을 함께 나누고 고백하고 기도한다.

❼ 과제를 내준다.-말씀 암송, 믿음의 고백, Step 2 예습(읽고 중요 부분 밑줄 긋기), 말씀 읽기, 기도하기.

　-암송 말씀과 믿음의 고백은 교재 뒤편에 있는 말씀묵상 모음집을 처음부터 배운 데까지 한다.

❽ 기도로 모임을 마친다.

> "너희는 가서 모든 민족을 제자로 삼아 아버지와 아들과 성령의 이름으로 세례를 베풀고 내가 너희에게 분부한 모든 것을 가르쳐 지키게 하라"마28:19~20.

영혼을 구원하고 제자 삼는 일은 목회자나 선교사에게만 주어진 명령이 아니라, 모든 믿는 자에게 주어진 사명이다. 그러므로 당신이 지금 제자 삼는 이 일에 동참하고 있다면 최선의 선택을 한 것이다. 언젠가 당신이 주님 앞에 설 때 "잘하였도다 착하고 충성된 종아"라고 칭찬받게 될 것이다.